LOUIS XIV

ET LA

COMPAGNIE DES INDES ORIENTALES

DE 1664

MADAGASCAR SOUS LOUIS XIV

LOUIS XIV

ET LA

COMPAGNIE DES INDES ORIENTALES

DE 1664

D'APRÈS DES DOCUMENTS INÉDITS TIRÉS DES ARCHIVES
COLONIALES DU MINISTÈRE DE LA MARINE ET DES COLONIES

PAR

LOUIS PAULIAT

PARIS
CALMANN LÉVY, ÉDITEUR
ANCIENNE MAISON MICHEL LÉVY FRÈRES
3, RUE AUBER, 3
—
1886
Droits de reproduction et de traduction réservés.

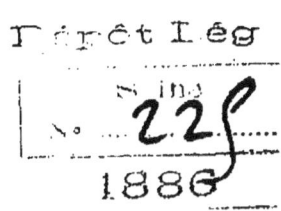

CALMANN LÉVY, ÉDITEUR

DU MÊME AUTEUR

La Conférence monétaire de 1881. (Étude sur le système bi-métallique français) . . . . 1 vol.
Madagascar, 2ᵐᵉ édition . . . . 1 vol.

PARIS, IMPRIMERIE CHAIX, 20, RUE BERGÈRE — 24358-5.

A M. DE MAHY

DÉPUTÉ DE LA RÉUNION,

ANCIEN MINISTRE DE L'AGRICULTURE ET DU COMMERCE,

chargé par intérim, en 1883,

du Ministère de la Marine et des Colonies.

Permettez-moi, Monsieur, en témoignage du patriotisme éclairé et de l'infatigable activité dont, depuis trois années, vous avez donné tant de preuves pour la solution de la question de Madagascar, de vous dédier l'étude historique suivante, consacrée à Louis XIV et à la Compagnie des Indes orientales de 1664.

Je ne saurais placer ce livre sous un meilleur patronage que le vôtre; et la cause, c'est qu'à chaque instant, il y est parlé de cette grande île africaine, jugée du premier coup d'œil par Louis XIV comme étant d'une importance de premier ordre, et sur laquelle, vous le savez mieux que personne, il serait aujourd'hui d'un intérêt capital pour la France de faire enfin valoir ses droits.

Au reste, Monsieur, je ne crois pas que mon travail puisse trouver un lecteur à qui il soit plus susceptible de plaire qu'à vous, car j'y ruine l'argument dont on a le plus abusé depuis soixante-dix ans, chaque fois qu'on a parlé de Madagascar et du champ immense que cette contrée pourrait offrir à la colonisation. J'y démontre en effet, pièces authentiques en main, que, si tous les essais d'établissement tentés dans cette île sous Louis XIV ont échoué, on aurait le plus grand tort d'en attribuer la faute à l'insalubrité de l'île ou au manque de ressources du pays; mais que tout a été amené par des erreurs, par le manque de conduite et surtout par des dissensions, toutes choses qu'il aurait été au plus haut point facile d'éviter.

Quand on aura lu ce livre, il sera évident à tous, que sans ces dissensions, ce manque de conduite et ces erreurs, la grande île malgache aurait été colonisée, dès le xviie siècle, par la France, au même titre et aussi vite que le furent à la même époque ou plus tard Bourbon, l'île de France, la Louisiane, les Antilles ou le Canada.

Veuillez agréer, Monsieur, l'assurance de mes sentiments les plus respectueux et les plus dévoués.

LOUIS PAULIAT.

Paris, novembre 1885.

AVANT-PROPOS

Opinion de la critique historique actuelle sur le rôle de Louis XIV dans les actes de son Gouvernement. — Objection décisive qu'on lui peut opposer.

Nous ne croyons pas qu'il soit jamais arrivé de lire une histoire un peu détaillée de ce qu'on nomme encore le « grand siècle », sans avoir été extrêmement surpris de l'attention toute particulière que Louis XIV, d'après les historiens, aurait accordée au développement du commerce et de l'industrie. Quant à nous, nous avouerons qu'en parcourant les lois et les ordonnances de son règne, nous sommes fréquemment resté confondu devant certaines mesures de détail, d'une ingéniosité infinie, auxquelles il avait eu recours pour favoriser telles ou telles branches de notre production; mesures de détail — car c'est justement de là que venait notre étonnement — que, depuis une soixantaine d'années, aucun de nos hommes d'État n'aurait certainement osé prendre, s'il eût eu le même but à atteindre : tant avec nos façons contemporaines de voir, il aurait été assuré d'être taxé par tout le monde de faiblesse intellectuelle ou d'étroitesse d'esprit, pour en avoir seulement eu la conception.

S'il en est ainsi, qu'on s'en persuade bien, c'est uniquement parce qu'en dépit de l'importance acquise en notre siècle par les choses d'ordre économique, nos sentiments n'ont pas un seul instant cessé d'être aristocratiques, et parce que, consciemment ou non, nous en sommes encore à peu près tous à considérer les commerçants et les industriels comme chargés de ce que l'on aurait appelé jadis « les œuvres serviles » de la société. De là la résistance réelle à supposer que Louis XIV ait jamais travaillé personnellement à accroître le commerce ou l'industrie de son royaume. Certes, il n'est pas douteux que dans les préoccupations de son gouvernement cette question ait tenu une grande place, et il serait d'autant plus difficile de soutenir le contraire, que l'on rencontre une foule de faits qui l'attestent. Mais ce dont chacun instinctivement se refuse à convenir au dedans de soi, c'est, nous le répétons, que le roi ait été pour quelque chose dans tout ce qui s'est fait de ce côté, ou si l'on aime mieux, qu'il y ait apporté du sien.

Évidemment, dans l'état actuel de nos préjugés, nous obéissons à l'idée qu'il y a une incompatibilité absolue entre les facultés de l'homme doué d'un certain goût ou de quelque capacité pour l'économie politique, et celles dont Louis XIV devait être en possession pour s'occuper, comme il le fit pendant toute sa vie, des lettres, des sciences, des arts, de l'hégémonie politique de notre pays. Nous avons beau faire, il nous est impossible de concevoir que les unes et les autres puissent coexister à la fois chez le même individu. C'est pourquoi nous sommes choqués au fond de nous quand l'histoire, ne faisant aucune distinction entre les actes du règne, vient nous présenter tout ce qui s'y est accompli relativement au commerce ou à l'industrie, comme ayant émané de l'initiative du roi.

Or, il ne faudrait point chercher ailleurs que dans ce sentiment généralisé, le secret du succès si rapidement obtenu par la thèse de M. Camille Rousset dans sa belle histoire de Louvois; à savoir que la majeure partie de la gloire communément accordée à Louis XIV aurait été usurpée, et que, depuis deux siècles, on ne l'exalte au total que pour des lois, des institutions et des mesures, qui ont été exclusivement l'œuvre de ses ministres.

Quand on y réfléchit, il est certain en effet que les conclusions de l'éminent académicien n'auraient jamais été aussi aisément acceptées, si les esprits n'y eussent été déjà préparés par quelque chose. Et, lors bien même qu'on eût imprimé le contenu de tous les cartons du Ministère de la guerre, il saute aux yeux qu'on n'aurait pas réussi à faire admettre que, dans les campagnes militaires et la politique extérieure de Louis XIV, tout devait être à peu près complétement attribué à Louvois ou à de Lyonne, si le public, habitué depuis de longues années à entendre féliciter le roi pour tous les actes économiques au bas desquels s'étalait sa signature, n'avait pas eu maintes fois à se dire, à propos de ces mêmes actes, que Colbert seul en pouvait être l'auteur, et que Louis XIV n'avait pas dû autrement y prendre part que pour les signer.

I

Nous commençons par déclarer qu'il serait inexcusable de notre part de vouloir assumer la tâche de défendre Louis XIV, dans le procès en revendication de gloire qui lui est intenté depuis une trentaine d'années, par toute une pléiade d'écrivains de la plus haute valeur, parmi lesquels, en dehors de l'illustre auteur de l'*Histoire de Louvois*, on doit citer en première ligne le chercheur infatigable et sagace qui porte le nom de Pierre Clément. Rien, dans nos études passées, ne justifierait effectivement chez nous une pareille témérité.

Cependant, sans avoir cette prétention, les choses en sont venues à un tel point, que l'heure nous semble avoir sonné où de timides réserves peuvent être permises à tous, et où chacun sans trop d'audace, peut essayer d'opposer quelques objections à l'opinion nouvelle qu'on est presque parvenu à faire dominer de nos jours, touchant le grand roi. La plupart des auteurs en effet qui ont entrepris des études sur Louis XIV, s'y sont généralement engagés avec des idées *à priori*, absolument discutables, qui ne sauraient résister à l'examen, et qui forcément ont dû contribuer à les égarer.

Comme exemple de ces idées *à priori*, nous citerons la principale, c'est-à-dire celle dont les conséquences ont été les plus fâcheuses pour la critique. Cette idée consiste en ceci : que Louis XIV a dû être incapable de se passionner pour la prospérité du commerce et de l'industrie, ou du moins que, s'il en eût été capable, il aurait été d'un caractère à considérer comme indigne de lui de s'en mêler ; et, en second lieu, que si la destinée ne lui avait pas mis sous la main, comme ministre, le fils d'un petit drapier de Reims, jamais rien de ce que son gouvernement a fait en faveur du commerce ou de l'industrie n'aurait eu lieu.

Eh bien, quelque plausibles et rationnelles qu'elles puissent paraître dès l'abord et de quelque crédit qu'on semble universellement les gratifier, il n'existe pas, à notre sens, d'assertions plus fausses que celles-là. La vérité, pour qui connaît l'histoire, est précisément au contraire qu'il aurait été tout à fait exceptionnel que Louis XIV ne fît pas des questions économiques le sujet de ses soins quotidiens, et qu'il n'y attachât point une immense importance.

Pour qu'il s'en désintéressât ou qu'il leur témoignât seulement de la froideur, il aurait effectivement fallu que Louis XIV eût rompu avec toutes les traditions de ses prédécesseurs, ou qu'il eût manqué des aptitudes les plus communes à tous les hommes d'État et à tous les rois de son temps.

Or, si nous nous avisons de rechercher la raison de cette erreur, en dehors bien entendu de la tendance sentimentale dont il vient d'être question et qui sans conteste possible en a été la première source, elle tient simplement à ce qu'en dépit d'une prétendue sûreté critique dont ils mènent le plus grand bruit, la majorité de ceux qui dans ces dernières années ont écrit sur Louis XIV, ont parlé de lui et l'ont jugé absolument comme s'il eût régné au xixe siècle, et qu'ils lui ont prêté, dès lors, les idées et les sentiments d'un souverain d'aujourd'hui.

II

Si l'on cherche, en effet, à se rendre compte des doctrines dont les gouvernements de nos jours s'inspirent en matière économique, on en rencontre deux dont il est aisé de reconnaître sur l'heure qu'elles n'ont jamais dû avoir la moindre action sur l'esprit d'un Louis XIV.

Eh bien, la faute vient de ce qu'on s'en est tenu à ces deux doctrines, sans se demander si, en dehors d'elles, il n'en existait pas quelque autre, au xviie siècle, qui fût alors en vigueur, et par laquelle un roi, fût-il Louis XIV, pouvait se laisser guider.

D'après la première, l'État ou le roi, vis-à-vis du pays à la tête duquel il est placé, serait, pour les choses d'ordre économique, dans la situation d'un véritable père de famille ou, si l'on aime mieux, d'un intendant; nous entendons dire par là que les intérêts matériels de ce pays, d'après les partisans de cette doctrine, doivent faire l'objet de sa sollicitude la plus constante, et que ses efforts devraient journellement tendre à ce que les particuliers ne manquassent jamais de travail et vissent quotidiennement leur bien-être augmenter. Il peut se faire qu'à l'application, dans l'esprit de ceux qui défendent ces idées, elles puissent être soumises à de nombreuses exceptions en ce qui concerne l'intérieur du pays; mais où ils voudraient qu'elles ne cessassent jamais d'être observées, c'est dans les relations internationales. A leurs yeux, le devoir étroit d'un gouvernement, dans le commerce extérieur, devrait consister à tout mettre en œuvre pour que ses nationaux n'aient jamais le moindre dommaeg à y encourir, et pour qu'ils en retirent au contraire les plus grands bénéfices.

C'est de cette doctrine en somme que relève par exemple la politique commerciale de l'Angleterre, de l'Allemagne, des États-Unis, etc. Aussi ne se passe-t-il pas de jour où, soit spontanément, soit parce qu'ils y sont poussés par l'opinion publique, les hommes d'État de ces contrées ne fassent tout au monde pour doter leurs concitoyens de nouveaux débouchés, et pour les mettre, à l'égard des autres peuples, dans une situation qui, commercialement parlant, soit la plus favorable.

L'autre école se caractérise, au contraire, par des principes entièrement opposés. D'après elle, ce ne doit pas être les convenances particulières d'un pays, mais les maximes universelles de la liberté, de l'égalité et de la fraternité des hommes, sans acception de langue ou de lieu d'origine, qui devraient présider à toutes les choses de l'ordre économique ; — maximes, on le sait, qui constituent à la fois le fond de l'évangile et celui des aspirations de la démocratie. Seulement, en attendant l'heure de les appliquer indistinctement à tous les membres de l'espèce humaine, de manière à former une seule nation de tous les peuples, *unus pastor et unum ovile*, ce que demandent les adeptes de cette école, serait que ces maximes devinssent la loi des produits et des objets manufacturés.

En conséquence, pour eux, plus de ces délimitations nationales, appelées douanes, qui isolent les produits d'une contrée de ceux d'une autre : de quelque pays qu'une denrée fût apportée, libre entrée devrait lui être accordée partout. A les entendre, commerce et industrie représentent des modes d'activité d'un genre spécial, qui ne regardent que les particuliers et dans lesquels un gouvernement n'a aucunement à intervenir. La seule mission qu'un gouvernement pourrait avoir, si tant est qu'on lui en dût accorder une, en pareille matière, serait uniquement d'abolir toutes les douanes, lorsqu'il en existe, ou, si l'on aime mieux, de faciliter, dans toute la mesure possible, la circulation des produits, que ces produits aient été ou non fabriqués sur son territoire. On exige même de lui qu'il pousse à cet égard l'impartialité, jusqu'à tenir la balance absolument égale entre les produits nationaux et ceux de l'étranger, quand bien même les produits de ce dernier devraient l'emporter et qu'il dût s'ensuivre la ruine complète de la production du pays.

La conviction des hommes imbus de cette doctrine est tellement entière sur ce point, que lorsqu'on les pressent trop sur les résultats désastreux que la concurrence extérieure est quelquefois susceptible d'entraîner, ils ripostent par une réponse toute prête : affirmant avec une assurance inébranlable qu'au point de vue économique tous les individus quels qu'ils soient et tous les peuples se valent, et que tout finit à un moment donné par s'équilibrer ; c'est-à-dire qu'en abandonnant un pays à la concurrence internationale, il arrive toujours une heure où le mal que cette concurrence a pu lui porter est fatalement réparé.

En principe, pour eux, jamais donc de protection de quelque nom qu'elle se couvre ; elle ne saurait être qu'un expédient contre nature, qu'une prime et un encouragement à l'esprit de paresse et de routine, qu'un empêchement au progrès.

Si le désir d'être bref n'a pas obscurci notre pensée, tels sont en résumé les deux courants d'idées entre lesquels de nos jours se partage la science, pour ce qui a trait au rôle de l'État dans le domaine économique.

Or, pour en revenir maintenant à Louis XIV, une chose indiscutable est qu'aucune de ces deux manières de voir n'aurait été conforme aux idées qui avaient cours au xvie et au xviie siècle. Et il est même probable que si quelqu'un les eût produites alors, ni l'une ni l'autre n'auraient été admises, ni même comprises des gouvernements de ce temps.

Quel est celui d'entre eux, nous le demandons en effet, qui aurait consenti à rester les bras croisés devant l'état industriel ou commercial de son pays, et à ne pas tout tenter au monde, sans se soucier des doctrines, pour le rendre le plus prospère possible? On peut certifier qu'il ne s'en serait trouvé aucun assez entiché de nos préceptes modernes de cosmopolitisme économique, pour vouloir livrer son commerce ou son industrie aux hasards de la concurrence extérieure.

III

On aurait cependant le plus grand tort de supposer, qu'en s'arrogeant le droit d'intervenir dans le domaine économique, ces gouvernements fussent préoccupés, comme le seraient ceux d'aujourd'hui, du bonheur matériel ou de l'aisance de leurs sujets. En aucune manière. Peut-être quelques-uns se seraient-ils laissé conduire par quelque considération de ce genre, mais ce n'aurait été qu'en second lieu. Car la plupart obéissaient avant tout à des mobiles d'une tout autre sorte.

A cette époque, en effet, aux yeux de tous les hommes vraiment politiques, un royaume n'était pas autre chose que ce qu'est de nos jours une ferme pour un propriétaire intelligent, c'est-à-dire un capital qu'il fallait travailler à rendre le plus productif possible et dont, sans porter dommage au fond, on devait chercher à retirer le plus possible de revenus.

Or, il était admis alors par toute la science que, du moment où le commerce et l'industrie gagnaient en prospérité dans un pays et qu'aucun homme n'y manquait d'ouvrage, c'était, pour employer le vocable actuellement en usage, les « facultés » de ce pays augmentant, les impôts rentrant mieux, devenant moins lourds, pouvant être surélevés sans faire crier davantage le contribuable ; et par conséquent, la possibilité pour l'État ou le roi d'entretenir de plus nombreuses troupes, et en politique, le moyen pour lui de faire plus grande figure au dehors et d'y jouer un rôle plus prépondérant.

De là le nom d'économie politique donné à ce moment à la science économique, et qu'en dépit de leurs définitions laborieuses, les économistes du XIXe siècle n'ont jamais pu faire concorder avec l'objet que, dans leurs théories, ils attribuent de nos jours à cette dernière. A cette époque, il n'y avait pas de désignation qui pût mieux lui convenir, vu qu'en réalité la science économique était alors inséparable de la politique proprement dite, et qu'elle en formait même la branche principale.

On conçoit après cela les déterminatifs dont les rois et les grands politiques d'avant le XVIIIe siècle étaient travaillés, lorsque l'histoire nous les dépeint s'intéressant au plus haut degré à tout ce qui était de nature à développer le commerce et l'industrie.

Aussi, les eût-on bien fait rire, si l'on se fût avisé de leur demander de pratiquer les axiomes dont nous sommes si fiers aujourd'hui, du « laissez-faire » et du « laissez-passer », etc., à moins, bien entendu, que leur pays, c'est-à-dire eux-mêmes, n'eussent dû y trouver leur compte ; ou si l'on eût essayé de leur insinuer, qu'ils étaient simplement à la tête de leur pays pour faire le bonheur individuel de chacun de leurs sujets.

Ils n'avaient devant les yeux et dans l'esprit qu'un seul objectif, l'État et la grandeur de l'État. Pour l'État et la grandeur de l'État, rien ne leur aurait coûté, comme rien ne leur coûtait. C'était uniquement à cause de l'État et de la grandeur de l'État qu'ils voulaient leur royaume riche. Et si, pour que leur royaume fût riche, ils étaient gens à imaginer des combinaisons ou des expédients dont l'ingéniosité nous dépasse aujourd'hui, c'est parce que l'argent, selon l'expression favorite du temps, étant le nerf de la guerre, plus leur royaume serait riche, plus l'État serait à même d'entreprendre de grandes choses et de les mener à bonne fin.

Dans ces conditions, nous laissons à deviner quelles merveilleuses facultés d'ordre économique de pareils mobiles et un semblable excitant devaient nécessairement faire naître ou développer en eux.

IV

Ne traitant qu'incidemment cette question, on

comprendra que nous ne nous y arrêtions point davantage. Nous en avons dit assez toutefois pour qu'on sente en quel anachronisme on tomberait, si l'on prétendait juger de la compétence économique de Louis XIV d'après nos idées modernes, c'est-à-dire si partant de ses aspirations vers le beau, le grand, l'idéal, le majestueux, dont on a fait la faculté maîtresse de son génie, on en concluait qu'il dût forcément manquer de cette aptitude aux calculs terre à terre et de ces vues positives, qui constituent de nos jours la marque distinctive de l'économiste.

Au XVIe, au XVIIe et même dans la première moitié du XVIIIe siècle, tout cela au contraire allait très bien de pair chez la même personne, surtout si cette personne était un grand homme d'État ou un grand roi.

Cela étant, ne serait-il pas de prime abord incompréhensible qu'il en eût été autrement pour Louis XIV, le monarque de France chez qui l'idée de l'État atteignit le plus de hauteur, et celui dont la soif de gloire, ou en d'autres termes le besoin d'argent, fut tellement insatiable, qu'il s'en suivit des malheurs sans nombre pour son peuple.

V

Certes nous sommes les premiers à reconnaître qu'au regard des esprits prévenus, une seule chose peut ressortir de ce qui précède, c'est que Louis XIV n'aurait peut-être pas été en matière économique aussi incompétent qu'on a pu le croire jusqu'ici, et qu'il pourrait très bien se faire qu'il n'eût pas vécu dans une insouciance complète de la prospérité industrielle et commerciale de son royaume. A tout prendre, il leur serait donc encore possible de soutenir, que la question n'en continue pas moins pour eux à rester pendante de savoir si Louis XIV s'est, personnellement ou non, mêlé en quelque chose de la politique économique de son gouvernement.

Eh bien, c'est précisément en grande partie dans le but de projeter quelque lumière sur ce point, que nous avons entrepris l'étude qui va suivre. Nous avons voulu faire voir qu'on se méprendrait étrangement, si l'on se figurait qu'en tout ce qui a trait à cette politique, Louis XIV n'a été qu'une « machine à signer » aux mains de Colbert.

Notre conviction est, au contraire, que, de ce côté, son rôle a été des plus actifs. Et pour le démontrer, ainsi qu'on le verra tout à l'heure, nous n'aurons pas besoin de nous lancer dans de longues conjectures ou de profonds raisonnements. Il nous suffira de mettre en lumière des documents d'une authenticité absolue, devant lesquels il n'y a qu'à s'incliner. Nous voulons parler des papiers de la Compagnie des Indes orientales de 1664.

VI

Une heureuse chance a voulu que les papiers de cette Compagnie aient été à peu près intégralement conservés. Une partie dans laquelle se trouvent des pièces très intéressantes, a été imprimée en 1665 par l'écrivain qui fut chargé de présenter la création de cette Compagnie au public, et de faire valoir tous les beaux côtés de « l'affaire »[1]. Il en existe également un certain nombre à la Bibliothèque nationale[2] et dans les archives de Lorient.

Mais les plus précieux, à notre avis, — et nous devons remercier en passant M. l'amiral Peyron d'avoir bien voulu durant son dernier ministère nous autoriser à en prendre connaissance, — sont aux Archives coloniales du Ministère de la marine et des colonies[3]. Disons que ces derniers papiers sont restés jusqu'aujourd'hui si profondément inconnus, qu'ils nous paraissent pour la plupart avoir complètement échappé aux recherches de Pierre Clément lui-même ; et l'on sait pourtant si ce fureteur émérite a remué les archives de France pour ses nombreuses publications sur l'administration de Colbert et le règne de Louis XIV.

---

1. *Relation de l'Establissement de la Compagnie françoise pour le commerce des Indes orientales*, par CHARPENTIER, académicien. — Il y a eu des éditions successives de ce petit opuscule, en 1665, 1666 et 1668.

2. Voir le fonds dit des *Volumes verts*.

3. Archives coloniales du Ministère de la marine: fonds MADAGASCAR, *Correspondance générale* (1642-1754). carton C_3. — Fonds COMPAGNIE DES INDES ORIENTALES, *administration en France* (1640-1686); Registres 2 C_2, 3 C_2, 4 C_2, 5 C_2. — Fonds INDES ORIENTALES, *Correspondance générale*, registre 62 C_2. — REGISTRES DES ORDRES DU ROY ET AUTRES EXPÉDITIONS POUR LES COMPAGNIES DES INDES ORIENTALES ET OCCIDENTALES DE FRANCE, de l'année 1663 à l'année 1675, B_1, B_2, B_3, B_4, B_5. — INDES ORIENTALES, *Correspondance générale*, (1664-1710), carton 1, C_2.

VII

Or, dès que l'on prend la peine de feuilleter ces documents, on a sur-le-champ la vision d'un Louis XIV sans le moindre rapport avec le roi sorti des recherches contemporaines.

Là, nulle trace de ce souverain tout à ses maîtresses, à ses plaisirs, à l'ostentation, au soin de sa gloire, qu'on est porté à regarder comme ayant été incapable de se plier aux fatigues comme aux tracas journaliers d'un gouvernement. On se trouve au contraire devant un homme d'un esprit précis, méthodique, possédant au dernier point le sens et le goût des affaires, non seulement dans leur conception, mais encore dans leur exécution, et ne semblant nullement avoir besoin de faire effort, qu'on nous pardonne cette expression familière, pour « mettre la main à la pâte » et payer de sa personne.

Dans ces papiers effectivement apparaît un Louis XIV brûlant d'une ardeur incroyable pour l'établissement de cette Compagnie des Indes orientales de 1664. Et l'on est stupéfait de le voir user aussi largement de son prestige et de toute son influence de roi en faveur de cette entreprise, écrivant aux villes de France, et faisant agir toutes les classes de la société pour le placement des actions, présidant des assemblées d'actionnaires, exerçant une pression ouverte afin d'avoir des « directeurs » ou, comme nous dirions aujourd'hui un « Conseil d'administration », de son choix. En un mot, on a un Louis XIV tellement emporté dans son idée, que ces papiers donnent le spectacle du roi Soleil, descendant pour arriver à ses fins, à des intrigues de détail et à des pratiques d'une moralité douteuse, qu'on ne trouve de nos jours que chez les lanceurs d'affaires peu scrupuleux.

VIII

En matière de critique historique, nos exigences sont trop rigoureuses pour prétendre que, du fait particulier sur lequel nous allons nous appuyer, on doive tirer cette conclusion générale, que, dans tous les autres actes de son gouvernement, Louis XIV ait apporté la même énergie et la même initiative qu'en cette affaire de la Compagnie des Indes orientales de 1664. Non.

Cependant, quand nos lecteurs auront considéré ce que Louis XIV fit pour la fondation et le maintien de cette Compagnie, quand ils auront suivi pas à pas la conduite qu'il tint en cette circonstance, et qu'ils se seront soigneusement rendu compte que le beau feu, dont il fut animé à cette occasion, persista des années sans se ralentir jamais, il y a une concession que nous leur demanderons et qu'il leur sera bien difficile de ne pas nous faire : c'est que pour les affaires d'ordre économique, Louis XIV devait disposer de facultés, d'aptitudes, d'une force de continuité et d'une puissance d'application extraordinairement remarquables, et que toutes les probabilités, à moins de preuves contraires, sont que durant son règne il a nécessairement dû les utiliser.

Peut-être quelques-uns croiront-ils devoir aller plus loin ; peut-être, après nous avoir lu, s'en trouvera-t-il qui se regardent comme suffisamment fondés, pour soutenir qu'avec le Louis XIV que nous leur aurons fait entrevoir, Colbert n'a jamais dû être autre chose que l'instrument et le commis du grand roi. Mais pour nous, nous en demandons si peu autant, que nous nous considérerions comme amplement satisfait, si nos documents avaient pour effet d'amener les critiques qui ne veulent accorder aucune part au roi dans l'œuvre de Colbert, si nos documents avaient pour effet disons-nous, de les amener à convenir d'eux-mêmes, qu'en somme et tout bien pesé, Louis XIV a dû au moins être pour son surintendant des finances, un de ses collaborateurs les plus infatigables et les plus intelligents.

Inutile d'ajouter que, le jour où l'on reconnaîtra à Louis XIV une part vraiment personnelle dans les actes de l'administration de Colbert, il sera impossible de penser qu'il soit resté étranger au détail de ce que firent Louvois ou de Lyonne; car il est clair qu'en raison précisément des conquêtes, de la gloire et des batailles qui étaient en jeu dans l'administration de ces deux derniers ministres, l'esprit, le goût et le tempérament de Louis XIV avaient tout particulièrement dû le porter à travailler avec eux.

IX

Ne terminons pas cet avant-propos sans exprimer le vœu, que les documents dont nous venons de parler soient repris quelque jour et intégralement publiés par un écrivain de loisir, désireux de remettre la figure de Louis XIV dans tout son relief.

Qu'on n'aille pas croire que nous ayons épuisé même ceux des Archives coloniales du Ministère de de la marine et des colonies ; à peine ont-ils été déflorés dans cette étude. Et le motif, c'est que, tout en voulant montrer un Louis XIV inédit, notre intention a également été d'accorder une large place à des pièces qui nous permettaient de retracer, avec preuves à l'appui, un épisode encore imparfaitement connu de l'histoire de la colonisation française à Madagascar. Nous voulons parler de ce que la Compagnie des Indes orientales de 1664 entreprit dans cette île, où l'on sait qu'au début elle concentra ses efforts, et dont elle s'était proposé de faire ce que la Compagnie hollandaise des Indes avait elle-même fait de Java, son entrepôt principal et son centre de ravitaillement.

Indépendamment de ce qui concernait Louis XIV, nous avons effectivement tenu à exposer avec détails ce que la France tenta alors pour la colonisation de Madagascar, à raconter les préparatifs des armements destinés à cette île et à mettre sous les yeux du public les appels qui furent adressés aux colons de bonne volonté ou aux entrepreneurs d'émigration, ainsi que les avantages faits aux gens qui consentaient à s'y transporter. Nos lecteurs se formeront ainsi une idée de l'importance que l'ancien régime accordait à ces questions de politique coloniale, dont le réveil aujourd'hui rencontre trop de dédain chez la plupart de nos hommes politiques.

Quant à ceux qui, vainement après deux siècles, s'interrogent encore sur les causes réelles de la fameuse guerre de Hollande de 1672, nous serions fort déçus si leur curiosité ne trouvait pas une ample satisfaction dans notre travail. Car ils y verront aussi clair que le jour, que cette guerre, dont la durée fut de sept années, n'eut pas d'autre cause au début, que le désir chez le grand roi de faire passer aux mains de la Compagnie fondée en 1664 toutes les possessions que les Hollandais avaient aux Indes.

PREMIÈRE PARTIE

CE QU'ÉTAIENT LES ANCIENNES COMPAGNIES DES INDES
ÉTAT DU COMMERCE DE LA FRANCE
AVEC LES INDES ORIENTALES EN 1664

I

Avant de voir ce que fit Louis XIV pour la Compagnie des Indes orientales de 1664, nécessité de deux aperçus préliminaires, l'un sur les anciennes Compagnies des Indes, l'autre sur l'état du commerce de la France en 1664 avec les Indes orientales.

Avant d'aborder le fond même de cette étude, deux aperçus, on en conviendra tout à l'heure, sont absolument indispensables, car sans eux on serait dans l'impossibilité de se faire une idée juste des raisons auxquelles obéit Louis XIV, en s'occupant de la création d'une Compagnie des Indes orientales en 1664, et surtout en s'en occupant avec la passion et l'énergie que nous venons d'indiquer.

En premier lieu, il y a à exposer ce qu'était, à cette époque, pour les nations et les gouvernements d'Europe, l'importance du commerce des Indes, et en quoi consistaient les relations commerciales que la France avait alors dans ces contrées.

On comprend en outre que des explications soient absolument nécessaires sur ces grandes compagnies de commerce que l'on appelait, au xviie et au xviiie siècle, les Compagnies des Indes.

A chaque instant, en effet, les historiens nous en parlent. On sent même confusément à leurs récits que, dans la plupart des événements européens dont ils nous entretiennent, il s'agissait souvent beaucoup plus des intérêts de quelqu'une de ces Compagnies que de questions continentales proprement dites. Néanmoins, aucun d'eux n'a jamais eu la pensée de nous donner à leur sujet des renseignements pouvant permettre de savoir exactement quelle était leur raison d'être et sur quoi reposait leur organisation.

Aussi l'ignorance du public est-elle à peu près générale sur ce point, et parmi les publicistes conemporains qui écrivent sur la politique coloniale, peut-être s'en trouverait-il beaucoup qui seraient fort embarrassés de faire un exposé précis de ce que ces Compagnies étaient.

II

Quels étaient les principes économiques des gouvernements d'Europe, quand on découvrit l'Amérique et le passage du cap de Bonne-Espérance pour aller aux Indes. — Compagnies des Indes occidentales et des Indes orientales. — Caractères distinctifs de ces diverses Compagnies.

Ce serait s'engager dans une digression complètement inutile, que de vouloir rappeler l'énorme contre-coup politique et social que causèrent dans l'Europe du xvie et du xviie siècle la découverte de l'Amérique et celle de la route du cap de Bonne-Espérance pour aller aux Indes. Chacun sait qu'il s'ensuivit dans tous les pays une prodigieuse explosion de l'esprit d'aventure. Chez toutes les nations, l'imagination des peuples fut mise en feu ; il n'y était plus question que de ces contrées nouvelles, regorgeant d'or, où les denrées et les épices, que les Vénitiens et les Génois vendaient précédemment à des prix exorbitants, s'achetaient pour rien, où d'immenses étendues de terre d'une fécondité inépuisable étaient à prendre, où il suffisait de faire un seul voyage et d'en rapporter un chargement, pour être riche à jamais. On les regardait comme autant de paradis terrestres ou, comme disaient les Espagnols et les Portugais, comme autant d'*Eldorados*. Aussi n'y avait-il pas eu que les trafiquants qui dans un but de négoce eussent été tourmentés du désir de s'y rendre ; presque dès le début, nombre d'agriculteurs, d'artisans, de soldats, de gens de petite noblesse, n'avaient pas hésité à s'y faire transporter sans esprit de retour, mus par la seule espérance de pouvoir constituer là-bas une petite patrie où il leur serait permis de vivre moins gênés et plus libres que dans la grande.

A un moment, le mouvement s'était même à tel point généralisé dans toute la population, qu'il avait été impossible aux gouvernements de ne pas intervenir. D'ailleurs s'ils n'avaient pas été disposés à s'en mêler pour une foule d'autres considérations de divers genres, ils y auraient été poussés par tous les axiomes économiques du siècle.

A cette époque, en effet, n'importe quelle matière d'or ou d'argent introduite dans un royaume était regardée comme un accroissement effectif de la richesse publique ; et l'on considérait, au contraire, comme une marque d'appauvrissement tout ce qu'on en exportait. Pour tous les hommes d'État, d'autre part, la preuve la plus incontestable de la prospérité d'un pays était de se suffire à soi-même et de n'avoir rien à acheter chez les autres.

On conçoit dès lors combien les gouvernements avaient dû sentir de leur devoir de ne pas rester étrangers au besoin d'expansion qui, sous forme d'émigration ou d'expéditions commerciales, s'était emparé de leurs peuples. Non seulement ils avaient compris qu'il y avait pour eux un intérêt capital à ce que leur nation eût la plus grande part possible des richesses métalliques qu'offraient les contrées nouvelles ; non seulement ils tenaient encore à ce que leurs sujets allassent s'approvisionner eux-mêmes des denrées nécessaires à leur consommation et que ces pays étaient les seuls à produire ; mais le principe du « se suffire à soi-même » était si absolu, si dominant, qu'ils en étaient arrivés à vouloir en outre que ces denrées importées fussent autant que possible cultivées et récoltées sur les lieux mêmes, par de leurs nationaux qui s'y seraient établis.

De là naquit cette doctrine du pacte colonial sur laquelle beaucoup ont écrit au xixe siècle qui n'auraient peut-être jamais su en expliquer les origines.

Eh bien, à propos de ces Compagnies des Indes, ce n'est pas pour autre chose qu'en vue de donner une solide organisation au commerce exotique et à la colonisation que, dans la plupart des États d'Europe, s'étaient constituées à une certaine époque, de vastes sociétés privées qu'on appela partout Compagnies des Indes.

Selon que ces sociétés avaient pour champ d'affaires les pays d'Amérique ou ceux de l'Orient par delà le cap de Bonne-Espérance, elles prenaient, dans le premier cas, le nom de « Compagnies des Indes *occidentales* », et dans l'autre, celui de « Compagnies des Indes *orientales* ».

Quel que fût cependant le pays d'Europe dont elles relevassent, et qu'elles eussent à opérer en Orient ou en Occident, nous dirons que ces Compagnies se distinguaient par deux caractères communs. Le premier est que de par un privilège à elles octroyé par leur gouvernement métropolitain, elles jouissaient du monopole du commerce dans toutes les contrées spécifiées par leur charte; en sorte par exemple qu'un Français, sous peine de voir ses navires ou ses marchandises confisqués, n'aurait pu aller trafiquer dans un pays dont le monopole avait été donné à une Compagnie française, à moins, bien entendu, qu'il n'en eût reçu d'elle l'autorisation expresse.

Leur second caractère consistait en ce que les territoires concédés à une Compagnie lui appartenaient en propre, avec tous les droits de haute, basse et moyenne justice, ou, pour parler plus en général, avec les droits de la souveraineté la plus entière. Les territoires d'une Compagnie formaient de cette façon de véritables royaumes coloniaux, rattachés à une métropole européenne par le lien féodal de la suzeraineté, mais lien, dans l'espèce, qui était tout nominal, vu qu'il n'entraînait d'ordinaire aucun devoir sérieux. Il en résultait donc qu'un Français désireux par exemple d'aller coloniser sur la côte occidentale d'Afrique, aux Antilles, ou sur le continent américain, était obligé de passer sous la juridiction de la Compagnie des Indes occidentales, laquelle avait généralement ces diverses contrées dans son privilège. C'est à elle qu'il devait s'adresser pour avoir des terres, et une fois établi, il était à son égard dans la même situation qu'il aurait été sur le sol de France, vis-à-vis du roi.

Il y a chez nous une tendance tellement invétérée à juger le passé d'après le présent, sans tenir compte des conditions toutes spéciales où l'on a pu s'y trouver, que, depuis la Révolution, nous n'avons jamais eu assez de railleries pour l'institution des anciennes Compagnies des Indes; et chaque fois même que les économistes de nos jours s'en sont occupés, il semblerait que tous se soient donné le mot pour en parler comme d'une des plus grandes erreurs économiques de la Renaissance.

Et cependant, quand on prend la peine d'examiner la question de près, on est immédiatement forcé de reconnaître que ces Compagnies ont beaucoup moins été une création arbitraire des gouvernements, que le produit spontané de l'époque elle-même, et que, tout considéré, elles ont constitué en leur temps le meilleur moyen qu'il y eût alors d'obtenir les résultats les plus sérieux et les plus durables, tant sous le rapport de la colonisation que du commerce d'outre-mer.

III

Première raison d'être de la formation des grandes Compagnies des Indes : dangers de tous genres que couraient les navires isolés.

D'abord, en effet, il ne faudrait pas croire qu'à cette époque la sécurité des mers existât comme de nos jours. C'était au contraire le beau temps de la piraterie et des corsaires.

Devant avoir beaucoup ici à parler de Madagascar, nous emprunterons un exemple à l'histoire de ce pays.

Flacourt, qui fut commissionné par la Compagnie Rigault comme successeur de Pronis dans l'administration de cette île[1], et que la plupart des historiens font mourir de maladie en mer, y périt au contraire de mort violente. Le 20 mai 1660, tandis qu'il retournait à Fort-Dauphin, après un séjour en

---

1. Voir notre ouvrage intitulé *Madagascar*, Calmann Lévy, 1884.

France utilement employé à la publication de ses travaux sur la grande île africaine, attaqué à la hauteur de Lisbonne par des Barbaresques, il aima mieux sauter avec son navire, où le feu s'était déclaré, que d'être fait prisonnier.

Or, si les pirates venaient exercer leurs déprédations jusque dans les eaux du Portugal, on n'a pas beaucoup à faire pour se figurer ce qu'il en devait être ailleurs.

On sait en second lieu combien les sentiments patriotiques et l'exclusivisme national étaient alors dans leur floraison. Ç'aurait été bien vainement qu'on eût demandé à des hommes de nationalité différente d'avoir à ce moment-là, les uns pour les autres, ces sentiments de fraternité qu'on exige d'eux aujourd'hui, ou du moins cette sorte de courtoisie et ce respect mutuel qui peuvent, au besoin, en tenir lieu. Les peuples en étaient encore aux maximes internationales de la loi des Douze Tables, où personne n'ignore qu'aucune distinction n'était faite entre l'ennemi et l'étranger. Quelque navire malouin, dieppois ou d'un autre port de France, se rencontrait-il au milieu de l'Océan avec un bâtiment d'Angleterre, de Hollande ou d'Espagne? Il n'est point nécessaire de dire de quel œil on se regardait, et il n'était guère nécessaire, d'une part comme de l'autre, de s'exciter beaucoup pour en venir aux prises.

On s'exterminait moins pour la dépouille du vaincu, qu'on se vantait ensuite d'avoir pris en flagrant délit de piraterie, que pour se distraire du voyage et passer un mouvement de mauvaise humeur patriotique.

Et il n'y avait pas que les corsaires attitrés ou d'occasion que l'on avait à craindre.

Aujourd'hui, nous connaissons à fond les endroits où l'on allait alors commercer, et en disant que nous les connaissons à fond, nous ne parlons pas uniquement au point de vue géographique, mais encore sous le rapport commercial et industriel, c'est-à-dire que nous savons ce qu'il y faut porter et ce qu'on peut en recevoir. A cette époque, au contraire, il en allait autrement. Tout était à peu près dû à l'aventure. Un coup de vent ou un courant inconnu avait-il porté un navire sur une côte? Si le capitaine, qui était toujours doublé d'un traitant, y faisait de bonnes affaires, ce lieu, ses ressources, ses besoins, l'esprit et les mœurs de ses habitants, tout cela demeurait son secret. Il n'en parlait à personne. Selon les circonstances, il y nouait des relations ou y fondait un comptoir pour les achats et les ventes; et chaque année, ou à chaque voyage, il y revenait. Mais, avant de prendre la mer, il avait toujours la précaution de faire jurer aux hommes de son équipage de ne jamais révéler l'endroit où il les conduirait.

Ces secrets étaient aussi jalousement gardés que, dans l'industrie, les procédés de fabrication ou les nouveaux modèles de machines. Malheur donc au navire, étranger ou de la même nation, peu importe, qui par aventure venait louvoyer dans de semblables parages ! Il courait les plus grands périls. S'il n'était pas impitoyablement coulé, et avec lui ceux qui le montaient, on peut affirmer que c'est uniquement parce que le premier occupant ne s'était pas senti en force. Quant à l'intention, on peut être convaincu qu'elle ne lui avait pas fait défaut.

Durant le XVIIe et le XVIIIe siècle, il n'est bruit en effet dans les mers de Chine et des Indes, que de luttes engagées entre trafiquants hollandais, portugais, danois, anglais ou français, pour des rivalités de négoce dans telle ou telle localité, ou pour le monopole que chacun d'eux prétendait s'y arroger.

Rien n'atteste d'ailleurs l'âpreté de la concurrence qui se donnait là-bas carrière, comme les pages de ses mémoires où Bényowsky nous raconte son arrivée à Macao. A peine est-il débarqué et apprend-on qu'il arrive du Kamtchatka, d'où il est venu en suivant les côtes de la Chine et d'une partie du Japon et en mouillant dans un certain nombre d'îles, que les représentants entretenus dans cette ville par les diverses Compagnies européennes des Indes s'empressent immédiatement de lui rendre visite.

De la part de tous, ce ne sont qu'offres répétées de sommes considérables ou de positions magnifiques, à son choix, sous une seule condition pour chacun, que Bényowsky, en échange, lui cédera en faveur de sa Compagnie la propriété exclusive de ses cartes, de son journal de bord et des notes qu'il a prises sur les pays où il s'est arrêté. Mais, ayant entendu dire que l'intention de Bényowsky est de tout donner à la France, de suite ces agents changent du tout au tout leurs dispositions à son égard ; leur exaspération ne connaît plus de bornes ; ils se coalisent et vont jusqu'à soudoyer des gens pour lui voler ses papiers, et au besoin pour l'assassiner.

A ces dangers, que nous nous contentons d'énumérer, s'ajoutaient encore les guerres.

Tel voyage pour acte de commerce qui s'effectue de nos jours en deux ou trois mois, exigeait souvent alors plusieurs années. Or, si l'on n'oublie pas que les cabinets du XVIIe et du XVIIIe siècle n'avaient pas coutume de parlementer de longs mois quand ils voulaient faire la guerre, et qu'il n'existait aucun câble télégraphique pour en porter la nouvelle dans les cinq parties du monde, il n'était pas rare qu'un navire parti un an ou deux auparavant se trouvât subitement attaqué, durant son voyage ou à son retour, par des vaisseaux dont il était d'autant moins en droit de se défier, qu'il ignorait que son pays fût en ce moment en guerre avec le leur.

On juge par tout cela de combien d'aléas dépendaient les opérations d'un chef de traite qui tentait le commerce d'outre-mer, notamment celui de la Chine, du Japon ou des Indes. Non seulement dans son négoce il avait à craindre des pertes causées par telle raison ou par telle autre, mais il pouvait de plus se produire une foule de circonstances imprévues, dans lesquelles l'entreprise courait à chaque instant le risque de sombrer. C'était un véritable jeu de hasard.

Aussi en était-il résulté qu'à la longue, les armateurs avaient fini par s'apercevoir qu'il n'y avait vraiment pour eux possibilité de diminuer les chances contraires, qu'en imitant les marchands du Levant qui s'organisaient en caravanes; de là des associations qui s'étaient naturellement formées entre les armateurs du même pays, qui allaient trafiquer aux mêmes lieux. En mettant à la voile ensemble, en naviguant de conserve, en négociant et en revenant ensemble, ils composaient de véritables flottes, capables de décourager toute attaque et, le cas échéant, de résister aux escadres elles-mêmes d'un gouvernement étranger.

Il est évident pour tous que de ces réunions d'armateurs devait à la première occasion sortir comme d'un germe, l'idée de la création de grandes compagnies; car du fait de partir et de commercer ensemble à celui de s'associer pour un commerce en commun, où les pertes et les profits de chacun seraient en raison de sa mise, il n'y avait qu'un pas devant être d'un instant à l'autre franchi.

IV

Impossibilité où l'on aurait été de constituer sérieusement les anciennes Compagnies, sans leur accorder le monopole du commerce et tous les droits de souveraineté dans les pays de leur concession. — Sans ces anciennes Compagnies, les États n'auraient pu jadis faire de la politique coloniale et se tailler des empires coloniaux.

Mais la force des choses n'avait pas seulement conduit les armateurs à reconnaître que c'était uniquement au moyen de l'institution de grandes compagnies que le commerce des Indes pouvait avoir pour eux des bases certaines et sûres. Le bon sens et la raison venant également de leur côté avaient fait comprendre à tous que ces compagnies ne pouvaient offrir elles-mêmes de sérieuses garanties de durée et une véritable chance de prospérité, qu'à la condition de posséder les deux privilèges dont il a été question tout à l'heure : le monopole du commerce et des droits souverains indiscutables sur toutes les contrées de leur concession.

Que serait-il advenu, en effet, nous le demandons, si ces compagnies n'avaient pas eu le monopole du commerce? C'est que, soit pour les Indes orientales, soit pour les Indes occidentales, on aurait vu, dans le même État, se former plusieurs compagnies pour exploiter les mêmes pays, et que des compétitions, des conflits, des concurrences inutiles se produisant immanquablement entre elles, il en aurait résulté les plus funestes déperditions de forces.

Dans la supposition en effet, et l'hypothèse n'avait alors rien de chimérique, où à un certain moment la métropole se serait trouvée dans l'incapacité de défendre les possessions lointaines de ses sujets ou de protéger leurs convois, n'est-il pas certain qu'avant que ces compagnies rivales, habituées chaque jour à se jalouser, eussent pu dominer leur rancune et s'entendre pour une défense commune, tout ce qu'elles possédaient aurait eu le temps d'être conquis ou détruit dix fois?

Avec le monopole du commerce, au contraire, on établissait tout naturellement une concentration de forces à l'état permanent.

Au reste, comme ce monopole était octroyé en grande partie dans le but d'indemniser les compagnies des dépenses de premier établissement, auxquelles elles étaient astreintes pour l'occupation, l'organisation et la conquête des pays qui leur avaient été souvent nominalement concédés, il va de soi que cet avantage leur aurait été enlevé complètement, si n'importe qui, sans leur permission, avait eu le droit de venir commercer ou s'installer sur leurs territoires.

Quand on parle de ces anciennes Compagnies des Indes, bien des personnes seraient encore disposées à passer condamnation sur ce monopole du commerce, lequel après tout, nous le répétons, pouvait se justifier par les dépenses qu'elles devaient faire. Mais il y a une chose dont tout le monde est choqué chez elles, et qu'il nous est absolument impossible d'admettre aujourd'hui, c'est cette souveraineté que leurs États suzerains leur reconnaissaient.

On doit convenir qu'il n'y a rien là effectivement qui soit plus en contradiction avec nos principes modernes et toutes les idées au milieu desquelles nous vivons. Il est bon d'ajouter néanmoins que ce privilège ne causait aucun froissement à l'époque, et que personne n'y aurait trouvé rien d'anormal.

A cette époque, en effet, l'attribution à une collectivité quelconque de particuliers ou même à des individus séparés, de droits souverains sur des pays plus ou moins étendus, n'était nullement contraire aux mœurs; attendu qu'on était en somme dans le courant féodal, c'est-à-dire que les esprits n'avaient pas encore tout à fait dépouillé la conception de l'État politique et social tel qu'il était compris au moyen âge. Il était généralement admis en principe que chaque élément social ne devrait jamais être privé de son autonomie, et que la société idéale devrait consister en une hiérarchie savante d'autonomies superposées depuis le roi jusqu'au sujet, et reliées entre elles par des droits et des devoirs, sans qu'aucune, même la plus humble, fût, dans le sens absolu du terme, assujettie aux autres.

Aussi chercherait-on vainement pour cette raison chez les gouvernements d'alors cette prétention à l'omnipotence et à l'omniscience, qui caractérise ceux du XIXe siècle, ou du moins une ombre quelconque du préjugé des partisans actuels de la centralisation, que les simples particuliers sont des incapables, des ignorants, des pervers, en qui il faut se garder d'avoir confiance, et auxquels la grande mission d'un État bien conçu est en tout et pour tout de se substituer.

Un gouvernement n'éprouvait à ce moment aucun ombrage à créer ou à sentir à ses côtés de puissantes organisations, comme celles des Compagnies des Indes. Le lien féodal de la suzeraineté qu'il conservait sur elles suffisait amplement à le tranquilliser sur leur compte, et il se trouvait complètement garanti par la durée de leur privilège, ne dépassant pas le plus souvent vingt années. Car, s'il n'était pas content, rien ne l'obligeait de le proroger.

Il n'y a donc point lieu d'être surpris si, dans tous les cas où une grande compagnie verrait de nos jours son initiative et son énergie enserrées dans les règlements les plus méticuleux, ayant besoin pour le moindre de ses actes de l'autorisation de gens de bureau de Paris, si, disons-nous, celles de jadis jouissaient en plein de toute leur indépendance, et si l'État n'avait l'idée de se mêler de leurs affaires, que pour leur accorder quelque faveur nouvelle ou les protéger contre l'étranger.

Du fait néanmoins que les gouvernements et les particuliers ne voyaient aucun inconvénient à ce que les Compagnies des Indes fussent dotées d'un privilège semblable, qu'on ne croie pas que ce soit l'unique motif qui le leur avait fait accorder. Si tous les pays maritimes d'Europe, sans exception, avaient reconnu à leurs Compagnies le même privilège, il avait nécessairement fallu une puissante raison qui les y décidât.

Or cette raison peut se résumer en quelques lignes : c'est que, sans l'institution de ces Compagnies, avec ce droit de souveraineté et une autonomie absolue pour base, jamais les États européens n'auraient pu fonder de colonies dans les lointaines contrées de l'Orient ou de l'Occident.

De nos jours, en effet, les gouvernements sont riches et disposent, soit en hommes, soit en argent, de ressources considérables. Pour prendre un exemple, la conquête d'un pays d'outre-mer aussi peuplé et aussi important que l'Algérie ou le Tonkin, n'offre rien de nature à les arrêter. Ils peuvent y envoyer des troupes, y soutenir la guerre pendant des années, organiser et y entretenir tout un service d'administration pour le gouverner. Tout cela, l'État moderne peut en supporter les frais sans trop se préoccuper des comptes, et sans même chercher à retirer de sa conquête des bénéfices directs et immédiats. Il fait en grand seigneur toutes les dépenses nécessaires à l'établissement de sa domination sur la contrée, puis il laisse à la bonne volonté des gens et aux capitaux de la métropole, le soin de mettre ce pays en valeur.

Mais au XVIIe siècle jamais il n'aurait été possible de faire de même.

Voit-on un gouvernement d'alors, avec le peu de moyens qu'il avait dans les mains, ambitionner d'avoir un empire colonial, qu'il aurait eu à conquérir, à étendre, à administrer, à livrer à l'exploitation de ses sujets ? Mais il n'y en aurait pas eu un seul dont les finances eussent pu subvenir aux dépenses d'une pareille œuvre ! Et puis aucun n'aurait été de force à mener de front ses affaires d'Europe et celles de là-bas ; aucun n'aurait pu, en outre, découvrir ou su se créer le personnel de fonctionnaires nécessaire à un établissement de ce genre. Il faudrait ignorer absolument ce qui existait alors pour en douter un seul instant.

Eh bien ! l'institution de ces Compagnies des Indes monopolisées et privilégiées, avait justement donné la faculté de tourner toutes les impossibilités matérielles auxquelles les États, en cette circonstance, se seraient vainement heurtés. Car ce qui aurait été au-dessus des forces d'un gouvernement devenait relativement facile au contraire, avec l'intermédiaire d'un certain nombre de particuliers, réunis en société, et que l'âpreté au gain animait.

Grâce à ces sociétés de particuliers, un État avait la possibilité d'avoir indirectement, pour les entreprises d'outre-mer, des sommes énormes qu'il aurait essayé en pure perte d'obtenir de l'impôt. Et grâce à elles et à leur activité qu'aiguillonnait un indomptable amour du lucre, il pouvait mettre en œuvre d'infatigables énergies et des intelligences spéciales, qui ne se seraient peut-être jamais révélées, si elles n'avaient eu à s'employer qu'au service d'un gouvernement.

Cela étant, nous le demandons, n'est-il pas de la dernière évidence, que ces intelligences et ces énergies n'auraient jamais consenti à développer leurs moyens, et que les capitaux se seraient toujours tenus eux-mêmes à l'écart de semblables affaires, si les uns et les autres n'avaient pas été assurés d'avance, de relever sans cesse de leur propre spontanéité, de n'avoir jamais à redouter l'ingérence arbitraire du gouvernement, et d'être laissés absolument libres, n'ayant à compter avec rien autre, si ce n'est avec leur initiative et leur responsabilité.

Or, parmi les privilèges et les prérogatives dont ils avaient besoin, il y avait un droit notamment dont il leur était par-dessus tout indispensable d'être munis : c'était, dans les contrées inconnues et neuves où ils avaient à pousser leur conquêtes et à établir leur domination, celui de faire, au gré de leurs intérêts, la paix ou la guerre, et de s'organiser en édictant telles lois qu'ils jugeraient à propos.

Au surplus, tout le monde, dans ces conditions, était intéressé à ce que les Compagnies eussent entièrement leurs coudées franches. Leurs actionnaires d'abord, car c'était pour eux une espérance plus certaine de faire fortune; ensuite la métropole, puisque plus les Compagnies étaient libres et avaient la faculté de devenir entreprenantes, plus elles étaient susceptibles d'ouvrir d'immenses débouchés à l'exportation de ses produits ou à l'émigration de ses enfants ; l'État enfin qui, sans bourse délier, sans courir le moindre risque, sans s'affaiblir en Europe, pouvait, au moyen de ces Compagnies, acquérir la suzeraineté de contrées vastes et productives, dans lesquelles ses sujets jouissaient de la facilité d'aller s'enrichir dans le commerce ou les plantations.

Et, en ce qui touche l'État, nous ne parlons point des avantages qu'à chaque renouvellement de privilège, il ne manquait jamais de tirer des Compagnies, avantages bien entendu d'autant plus considérables que la situation de ces Compagnies se trouvait sur un meilleur pied.

V

Preuves de la solidarité étroite existant entre les États métropolitains et leurs grandes Compagnies des Indes.

D'ailleurs le témoignage le plus indiscutable, que l'institution des Compagnies des Indes répondait à un besoin national et reconnu de tous, c'est que les États n'hésitaient jamais à identifier leurs intérêts avec ceux de leurs Compagnies, et cela sans crainte de soulever la plus légère réclamation dans le public.

Ceux qui veulent savoir jusqu'où allait cette communauté d'intérêts n'ont qu'à lire les articles suivants qui, sauf d'imperceptibles différences de forme, se retrouvent dans les statuts de toutes les Compagnies des États d'Europe ; nous les empruntons aux statuts de la Compagnie des Indes occidentales, créée deux mois environ avant celle dont nous avons à nous occuper ici.

Voici d'abord les articles XXVIII et XXX :

Art. XXVIII. — Pourra ladite Compagnie armer et équiper en guerre tel nombre de vaisseaux qu'elle jugera à propos pour la défense des pays qui lui sont concédez et la sûreté de son commerce ; sur lesquels vaisseaux elle pourra mettre tel nombre de canons de fonte que bon lui semblera, arborer le pavillon blanc avec les armes de France et establir tels capitaines, officiers, soldats et matelots qu'elle trouvera bon, sans que lesdits vaisseaux puissent être par nous employez, soit à l'occasion de quelque guerre ou autrement, sans le consentement de ladite Compagnie.

Art. XXX. — Pourra ladite Compagnie traiter de paix et d'alliance en notre nom avec les rois et princes des pays où elle voudra faire ses habitations et commerce, et convenir avec eux des conditions desdits traitez qui seront par nous approuvez ; et en cas d'insulte leur déclarer la guerre, les attaquer et se défendre par la voie des armes.

On voit que ces deux articles disent déjà beaucoup. Mais ce n'est encore rien auprès de ce dernier :

Art. XXXI. — Et en cas que ladite Compagnie fût troublée en la possession des pays à elle concédez et dans son commerce par les ennemis de nostre Estat, nous promettons de la défendre et assister de nos armes et de nos vaisseaux à nos frais et dépens.

Ainsi, non seulement les Compagnies des Indes avaient « en toute seigneurie, propriété et justice » (art. XX des statuts), c'est-à-dire en toute souveraineté, les terres dont elles avaient obtenu la concession de leur métropole et celles sur lesquelles, par force ou par traité, elles réussissaient à mettre la main ; non seulement encore elles jouissaient du droit d'entretenir sous le drapeau national une armée de terre et de mer à elles ; non seulement enfin il dépendait de leur volonté, selon qu'elles le jugeaient ou non à propos, de faire la paix ou la guerre ; mais le principe de la protection qui leur était due par la métropole était si absolu, qu'elles pouvaient à chaque instant jeter cette dernière dans d'interminables guerres continentales.

Et il n'y a qu'à se reporter effectivement à l'histoire du XVIIe et du XVIIIe siècle, pour se rendre compte que c'est ce qui arrivait le plus souvent.

Les Compagnies de pays à pays se jalousaient tellement entre elles, et représentaient si bien aux yeux des États d'Europe des institutions nationales de premier ordre, que, pendant la majeure partie de ces deux siècles, les Indes orientales et occidentales furent pour le vieux monde une source inépuisable de guerres. C'est au point que, de toutes les luttes qui, pendant près de 150 ans, désolèrent l'Europe, on n'en citerait peut-être pas deux qui, directement ou indirectement, n'aient eu des intérêts coloniaux pour origine, c'est-à-dire les intérêts de Compagnies créées pour l'exploitation de pays d'outre-mer. En tout cas, on n'en trouverait pas une seule qui ne se soit soldée à la fin pour les belligérants, par des acquisitions ou des pertes de colonies en Amérique, en Afrique ou aux Indes.

C'est seulement après la Révolution que les préoccupations coloniales cessèrent de dominer la politique des cabinets européens.

L'Angleterre seule leur resta fidèle, si jalousement fidèle même qu'en vue d'empêcher les autres peuples d'y revenir et de s'y intéresser, elle n'eut pas d'autre politique en Europe après 1815, que de les maintenir en état d'hostilité les uns à l'égard des autres, et de les condamner à de vaines luttes sur le continent.

Qui sait même si, par son abstention encore plus imprévoyante qu'égoïste de 1870, elle n'a pas poursuivi le secret dessein de faire créer en Europe un ordre de choses qui, en obligeant les nations continentales de s'entre-dévorer encore pendant trois quarts de siècle, pût lui donner le temps d'ajouter à son empire colonial, déjà si vaste, l'Afrique équatoriale et la Chine?

Si tels avaient été ses calculs, les événements de ces dernières années ont dû lui montrer quelle faute elle a commise à cette époque, et combien, d'un instant à l'autre, il peut lui en coûter.

VI

Dans les premières années du xviie siècle, grâce à l'invention du système des grandes Compagnies, tous les peuples du bassin de l'océan Atlantique avaient un commerce organisé avec les Indes. — La France seule faisait exception. — Où et comment s'était constituée en Europe la première Compagnie des Indes.

Quoi qu'il en soit, en s'en tenant aux longues considérations qui précèdent, il résulte que les anciennes Compagnies des Indes formaient d'importantes institutions d'État, à la création comme à la prospérité desquelles le devoir d'un grand prince était de s'intéresser. Cela cependant ne suffirait encore pas pour apprécier toute la conduite de Louis XIV, au sujet de la Compagnie des Indes orientales de 1664. Aussi nous faut-il donner quelques détails sur ce que notre commerce avec les Indes orientales était l'année même où cette Compagnie fut fondée, et montrer dans quelle situation nous étions à cet égard comparativement aux autres pays d'Europe.

Nous dirons tout d'abord qu'en 1664, le commerce des nations européennes avec les Indes orientales était organisé sur une bien plus vaste échelle, qu'on ne serait tenté de le croire. Mais nous devons faire observer néanmoins qu'il n'avait réellement commencé à fonctionner avec une véritable régularité que dans les premières années du siècle, lorsque, dans les provinces bataves, on eut l'idée de constituer une grande Compagnie des Indes.

C'est effectivement en Hollande que l'idée de ces Compagnies prit pour la première fois naissance, et qu'après une suite de tâtonnements qui devaient durer près de huit années, elle parvint à trouver sa formule pratique. Les Hollandais ont donc la gloire d'avoir été de ce côté les initiateurs des pays d'Europe, et d'avoir créé les premiers une Compagnie des Indes dont les statuts, le fonctionnement et les principes, devaient être ensuite copiés par les autres peuples.

Cette Compagnie s'étant manifestement formée sous l'effort de toutes les raisons et de toutes les circonstances dont nous avons parlé plus haut, on nous permettra d'en dire quelques mots ; ce sera, au reste, l'occasion de faire voir à quel prodigieux degré de puissance une Compagnie des Indes pouvait alors arriver.

Lorsqu'on découvrit l'Amérique et le moyen de pénétrer dans les Indes par le cap de Bonne-Espérance, il n'y avait en Europe que deux peuples où les grandes explorations sur mer fussent en réelle faveur, et dont on rencontrât les vaisseaux en nombre respectable sur les flots de l'Océan : c'étaient le Portugal et l'Espagne. Mais ces découvertes avaient eu presque immédiatement pour effet de troubler leurs rapports. A chaque instant, c'étaient des conflits innombrables et de tous côtés entre Espagnols et Portugais pour la propriété des nouveaux territoires, les uns soutenant avoir déjà découvert ceux sur lesquels les autres prétendaient faire acte de possession en qualité de premiers occupants, et *vice versa*. Bref, quelques années s'étaient à peine écoulées que leurs relations avaient pris une aigreur telle, qu'une guerre à mort, dont la civilisation aurait naturellement fait tous les frais, semblait d'un instant à l'autre sur le point d'éclater entre eux.

Dans le but d'éviter un pareil malheur, le pape Alexandre VI, comme arbitre suprême du monde chrétien, crut de son devoir d'intervenir, et c'est en cette circonstance qu'il lança la fameuse bulle *Inter cætera* de 1494, au sujet de laquelle la diplomatie européenne devait avoir plus tard à instrumenter pendant près de deux siècles.

D'après cette bulle, divisant toute la partie de l'univers encore à découvrir, par une ligne idéale qui passait à 376 milles à l'est des Açores et allait rejoindre les deux pôles, Alexandre VI avait décidé, de son autorité privée, que tout ce qui était à droite de la ligne appartiendrait à l'Espagne, et ce qui serait à gauche au Portugal.

Comme à cette époque on n'admettait point la forme sphérique de la terre, le pape avait naturellement pensé qu'avec cette sorte de jugement de Salomon, toutes les difficultés seraient tranchées, aussi bien pour le présent que pour l'avenir ; dans son esprit, comme dans celui de tout le monde savant d'alors, il était en effet désormais impossible à l'Espagne et au Portugal de se rencontrer dans leur œuvre de découverte et de civilisation, et par conséquent de se heurter.

Le respect de la papauté était alors si grand que la décision du pape fut acceptée des deux parties.

En y acquiesçant cependant, le Portugal ne l'avait pas seulement regardée comme opposable à l'Espagne; il l'avait considérée, en outre, comme une attestation de ses droits, et s'en était hautement prévalu pour revendiquer la souveraineté absolue de tous les pays sans exception situés de l'autre côté du Cap, et pour se réserver notamment le droit exclusif d'y faire le commerce. Aussi ses escadres donnaient-elles impitoyablement la chasse à tous les navires de nationalité étrangère qu'elles surprenaient naviguant, pour une cause ou pour une autre, dans les mers de Chine ou des Indes. Et comme à un moment, dans la deuxième moitié du XVIe siècle, la marine marchande hollandaise s'était portée en masse dans ces régions pour y trafiquer, et qu'elle y faisait une concurrence dangereuse aux Portugais, ces derniers en avaient conçu une telle irritation, qu'ils s'étaient mis à lui faire une guerre sans merci, courant sus aux vaisseaux hollandais, et traitant leurs équipages comme s'ils eussent été composés de forbans.

Cette guerre était la cause de pertes immenses pour la marine hollandaise, à tel point qu'à la fin, vers 1592, le découragement était devenu général dans les Provinces-Unies.

Dans cette conjoncture, des négociants de la Zélande, plus tenaces que les autres, s'étaient concertés pour envoyer à frais communs quelques navires dans le nord de l'Europe. Leur intention était de rechercher si, au-dessus de la Suède, de la Norwège et de la Finlande, il n'existait pas quelque passage pouvant permettre d'aller en Chine et aux Indes, et qui les dispensât en conséquence de passer par le cap de Bonne-Espérance.

Ces navires revinrent au bout de deux années sans avoir rien trouvé.

Ces armateurs étaient donc dans l'alternative, ou de renoncer à leur commerce avec les Indes, ou de s'arranger de façon à n'avoir plus rien à craindre du Portugal.

Or c'est à ce moment, sous la pression de la nécessité, qu'il leur vint une idée de génie, en raison des conséquences économiques qu'elle devait avoir pour l'Europe. Elle était des plus simples, mais on n'y avait pas songé jusque-là : elle se réduisait à faire partir leurs navires avec ceux de leurs confrères d'Amsterdam qui en envoyaient également aux Indes, de manière à en former une flotte qui pût en imposer aux coureurs portugais.

S'étant donc abouchés dans ce sens avec les armateurs d'Amsterdam, et leur proposition ayant été agréée, un premier départ eut lieu.

Le voyage s'effectua en pleine sécurité, mais la combinaison avait été sur-le-champ jugée si bonne et si bien conçue, que l'exemple fut immédiatement imité dans toute la Hollande. En 1597, 1598, 1599 et 1601, on vit s'organiser des associations semblables dans presque toutes les provinces bataves. Encore un peu, et chaque ville maritime aurait eu la sienne, quand tout à coup les États-Généraux comprirent la nécessité d'adopter une mesure destinée à couper court aux rivalités qui s'étaient déjà déclarées entre ces sociétés, et qui, aux Indes, menaçaient de dégénérer en batailles rangées : c'était d'obliger toutes ces petites compagnies de fusionner en une seule, en dehors de laquelle défense serait faite à toute autre de se former.

Un autre motif avait du reste guidé les États-Généraux : c'est qu'une Compagnie unique serait mieux à même de lutter victorieusement contre les armements que le Portugal faisait alors, pour parer à la nouvelle situation.

De là cette grande Compagnie hollandaise des Indes, instituée par la loi du 20 mars 1602. Elle recevait le monopole du commerce des Indes orientales ; interdiction était faite à tout citoyen hollandais d'aller trafiquer là-bas sans son autorisation formelle. Enfin les États lui accordaient le droit de gouverner et d'organiser, comme elle le voudrait et l'entendrait, tous les territoires dont elle ferait la conquête. La concession était de vingt années, et pouvait être renouvelée.

Il serait superflu d'entrer dans de grands détails au sujet de cette Compagnie. Tout ce qu'on en peut dire c'est qu'elle arriva immédiatement au plus haut degré de prospérité, et qu'elle mit si bien les Portugais à la raison, qu'elle n'eut bientôt plus rien à en redouter. Avec son commerce, elle réalisa d'autre part des bénéfices qui, pour le temps, tiennent du fantastique.

En 1613, par exemple, c'est-à-dire après moins de onze années d'existence, les dividendes touchés par chaque « intéressé » ou propriétaire d'une part de 4,000 livres, s'étaient élevés à 10,400 livres, soit une somme représentant plus de deux fois et demie le capital engagé. Année moyenne, le revenu n'était pas inférieur à 30 ou 40 0/0. En 1606, il avait même été de 75 0/0. Et ce n'était pas tout, car, en dehors des dividendes distribués, le capital initial de 7,920,000 livres s'était de son côté accru dans de si belles proportions, que d'après le bilan de 1661, la Compagnie était obligée d'entretenir 15,000 hommes de troupes pour la défense de ses places fortes aux

Indes, et que, sur ses vaisseaux, dans ses comptoirs, dans ses docks, elle comptait 80,000 employés ou matelots.

On peut juger par là du montant prodigieux de ses affaires, de la quantité formidable de marchandises qu'elle avait en magasin, de l'étendue des territoires où elle avait établi sa domination.

On imagine par ces renseignements la somme énorme de richesses et de puissance qu'une Compagnie des Indes prospère pouvait apporter à un État européen.

Il était aisé de deviner que l'invention ne resterait pas longtemps le privilège des Provinces-Unies. L'année même en effet de sa constitution, cette Compagnie hollandaise des Indes dont la première nouvelle avait fait pousser un cri d'admiration à l'Europe commerciale, tant elle représentait un progrès considérable, s'était vue adoptée partout. Et l'Angleterre, comme le Danemarck, qui possédait alors la Norvège, n'avaient rien eu de plus pressé que de s'en approprier l'idée et de créer des Compagnies du même genre chez eux.

Il s'ensuivit en conséquence que, dès les premières années du XVIIe siècle, tous les peuples du bassin de l'océan Atlantique, le Portugal, l'Espagne, l'Angleterre, le Danemark, la Hollande, soit par droit de conquête ou de premier occupant, soit en s'imposant par l'intermédiaire de grandes Compagnies, avaient un commerce plus ou moins développé avec la Chine et les Indes.

Il n'y avait que la France seule qui fît exception.

VII

Tentatives infructueuses faites sous Henri IV et Louis XIII pour doter la France d'un commerce avec les contrées exotiques. — En 1664, nous n'avions pas de commerce avec les Indes orientales, et pour les produits qu'on en tirait nous dépendions de l'étranger. — Conséquences générales de cet état de choses.

On se demande naturellement pour quelle raison la France faisait alors ainsi exception, et pourquoi il en dut être encore de même pendant un si grand nombre d'années, car nous pouvons dire ici que la Compagnie des Indes orientales de 1664 fut la première Compagnie pour les Indes orientales créée chez nous.

Cela tint à des causes multiples; d'abord, au début, à nos luttes civiles et religieuses, qui nous avaient épuisés pendant quarante ans et qui, en nous condamnant à nous dépenser misérablement dans de vaines querelles domestiques, avaient presque totalement fermé notre esprit à toute idée d'entreprise au dehors. Il y eut, en second lieu, ces dangers provenant de la maison d'Autriche qui, après nos querelles religieuses, devaient pendant des années et des années encore, nous imposer le devoir de nous ramasser sur le continent.

Mais on aurait le plus grand tort de se figurer que, même à ces moments-là et quand les autres peuples s'occupaient de négoce avec les Indes, il y eût chez nous une indifférence quelconque pour les colonies ou le commerce au long cours, et que leur utilité nous échappât. Nous en saisissions au contraire toute l'importance. Nous la saisissions même si bien, que sans les circonstances qui nous barrèrent le chemin, nous aurions très certainement marché dans cette voie de pair avec les autres pays. Nous conseillons, pour s'en convaincre, de parcourir la lettre patente du 26 octobre 1626, qui nomme le cardinal de Richelieu « grand maistre, chef et superintendant de la navigation et commerce de France [1] ».

Un court extrait que nous en donnerons montrera en effet qu'Henri IV, « le précédent roi », s'était préoccupé de la question, et que Louis XIII y avait de son côté mûrement pensé [2]. On y verra par sur-

---

1. *Mercure françois,* t. XIII, p. 359.

2. Une histoire complète avec documents à l'appui de toutes les tentatives qui furent faites sous Henri IV et Louis XIII pour organiser le commerce de la France avec les Indes, nous est promise par M. P. Margry, l'ancien directeur des archives du Ministère de la marine et des colonies.

Du commencement du xviie siècle à 1642, date de la forma-

croît que les mêmes arguments dont on se sert aujourd'hui pour faire ressortir les avantages d'une politique coloniale, n'avaient alors rien de secret.

Le feu roy nostre très honoré seigneur et Père, que Dieu absolve, — dit Louis XIII dans cette lettre patente, — n'ayant pu faire résoudre, ny exécuter, pour avoir esté prévenu de la mort, les propositions qui luy avoient esté faites pour l'establissement d'une Compagnie puissante et bien réglée pour entreprendre un commerce général par terre et par mer, afin que par le moyen de la navigation nos subjets puissent avoir à bon prix, de la première main, comme ils avoient anciennement, les denrées et marchandises qui leur sont utiles et commodes, et faire transporter hors nostre royaume et terres de nostre obéissance, celles desquelles la sortie est permise et dont nos voisins et estrangiers ne se peuvent passer, à l'honneur et grandeur de nostre Estat, profit et accroissement de la chose publique, bien et advantages de nos subjets; nous avons cru que, l'ouverture nous estant faite par plusieurs marchands des principales villes maritimes de ce royaume, de remettre la navigation et le commerce entre les mains de nos subjets, par establissemens de Compagnies et Sociétez, nous ne devions pas davantage différer d'embrasser les occasions qui s'en offrent, ny en retarder les moyens, s'ils sont trouvez justes, sensez, profitables à nostre Estat et à l'a-

tion de la Compagnie Rigault, on compterait quatre tentatives. Le 13 novembre 1600, il y eut une Compagnie de marchands de Saint-Malo, Laval et Vitré pour le commerce des mers orientales ; une autre en 1606 avec le sieur Deroy pour chef; une troisième en 1616 composée d'armateurs et de capitalistes de Rouen et de Paris ; la quatrième enfin fut formée en 1633 par Dumé d'Aplemont. Mais ces Compagnies pour une raison ou pour une autre ne donnèrent pas de résultats.

vantage de nos subjets ; cela estant un dessein qui peut autant apporter de réputation et de gloire à nos affaires et mieux que nul autre occuper et enrichir nos dits subjets, chasser l'oisiveté et fainéantise, retrancher le cours des usures et gains illégitimes...

Or, ce n'était pas dans un autre but que celui de s'occuper de cette question, continue la lettre, que la charge de grand maître, chef et surintendant général de la navigation et commerce de France, abolie sous les guerres de religion, était rétablie et confiée au cardinal de Richelieu,

avec pouvoir, authorité et mandement spécial de traiter avec toutes sortes de personnes, voir et examiner les propositions qui nous ont esté et seront faites sur le sujet de l'establissement du commerce, en discuter et reconnoistre le mérite, bien et utilité, résoudre et assurer tous articles, traitez, contrats et conventions avec tous ceux qui se voudront lier et joindre pour former les dites Sociétez et Compagnies de commerce, et autres particuliers traitez et entreprises de mer, à la charge toutes fois que tous les dits contrats, traitez et autres actes passez à cet effet, n'auront aucune force ny vertu qu'ils ne soient ratifiez par nous.

En octobre 1626, on en avait à peu près fini avec les protestants et la noblesse ; nos lecteurs savent d'autre part que tout marchait à souhait contre la maison d'Autriche. Or cet instant de répit, on le voit, la royauté française l'employait immédiatement à essayer de réparer le temps perdu, et à tâcher de nous mettre, sous le rapport colonial, au niveau des autres nations. Le fait seul que la besogne était confiée à Richelieu prouve jusqu'à quel point elle avait cette question à cœur.

Quels que fussent cependant le zèle et l'activité que Richelieu apportait d'habitude en tout ce dont il se chargeait, quand on consulte les faits, on reconnaît qu'il ne devait point lui être donné de réussir dans cette mission. Nous ne savons si c'est qu'il fut absorbé par les soins de sa politique intérieure et les nécessités de ses combinaisons continentales, ou s'il préféra se consacrer exclusivement à la création d'une marine d'État, laissant au second plan et pour plus tard ce qui regardait les colonies et le commerce au long cours.

Ce qui est certain en tous cas, c'est qu'en partant de l'idée que les possessions coloniales sont de quatre espèces : *les colonies de production*, comme à Java par exemple, et dans quelques parties de l'Inde anglaise, où les conquérants obligent les indigènes à produire telle ou telle denrée qu'ils leur achètent ensuite ; *les colonies de commerce*, qu'on utilise principalement comme débouchés aux produits de la métropole, ainsi que la Grande-Bretagne fait aux Indes, et comme elle projetait voilà trois années de le faire en Égypte ; *les colonies* qu'on peut appeler *d'administration*, où l'on se contente de gouverner le pays et de lui faire payer l'impôt, comme cela se passe pour nous en Cochinchine et dans la partie arabe de l'Algérie ; — ce qui est certain, disons-nous, c'est que ce fut, pour ainsi parler, uniquement dans la création de colonies de la quatrième espèce, c'est-à-dire dans la création de *colonies de peuplement*, que Richelieu paraîtrait avoir eu une conduite et un plan suivis.

Il donna bien des règles au courant d'émigration qui nous portait alors presque exclusivement du côté des Indes occidentales ; on doit même dire que c'est sous son ministère et en vertu de chartes de concession signées de lui, que les « îles de l'Amérique » et quelques points du continent américain ont réellement commencé à se peupler de colons Français. Mais ce serait en vain qu'on chercherait de sa part un acte attestant qu'il ait positivement songé à déterminer de sérieux courants commerciaux entre la France et les contrées exotiques. La preuve la plus convaincante nous en est justement fournie par ses colonies de peuplement.

La question du commerce y était en effet tellement regardée comme secondaire, ou l'on devait si bien la négliger par la suite, qu'en 1664, c'était précisément cette raison qu'invoquait Louis XIV, pour prononcer la déchéance des petites compagnies fondées par le grand ministre, et pour les remplacer par une grande Compagnie des Indes occidentales.

Comme il ne suffit pas à ces compagnies, — dit effectivement Louis XIV dans l'édit de constitution de cette grande Compagnie, — de se mettre en possession des terres que nous leur concédons, et de les faire défricher et cultiver par les gens qu'elles y envoyent à grands frais, si elles ne se mettent en estat d'y establir le commerce par le moyen duquel les François qui s'habitueront aux dits pays communiqueront avec les naturels habitans en leur donnant, en échange des denrées qui croissent dans leur pays, les choses dont ils ont besoin; et comme il est aussi absolument nécessaire pour faire ce commerce d'équiper nombre de vaisseaux pour porter journellement les marchandises qui se débitent aux dits pays, et rapporter en France celles qui s'en retirent, ce qui n'a point esté fait par les compagnies ci-devant formées...

Et un peu plus bas :

Et comme dans les isles de l'Amérique où la fertilité des terres y a attiré un grand nombre de François, ceux de la compagnie à laquelle nous les avions concédées en l'année 1642, au lieu de s'appliquer à l'agrandissement de nos colonies et d'établir dans cette grande étendue de pays un commerce qui leur devoit estre très avantageux, se sont contentés de vendre les dites isles à divers particuliers, lesquels s'estant seulement appliqués à cultiver les terres, n'ont subsisté depuis ce temps-là que par le secours des estrangers ; en sorte que jusqu'à présent ceux-ci ont seuls profité du courage des François qui ont les premiers découvert et habité les dites isles et du travail de plusieurs milliers de personnes qui ont cultivé les dites terres...

Les tentatives de Louis XIII n'ayant donc guère plus réussi que celles de Henri IV, et Mazarin, en raison des guerres civiles et étrangères de la Fronde, s'étant trouvé de son côté dans l'impossibilité d'entreprendre quoi que ce fût au point de vue colonial, on sait pourquoi la France, depuis le commencement du xvııᵉ siècle, était arrivée à l'année 1664 sans avoir, avec les contrées exotiques, une organisation de commerce quelconque ressemblant de près ou de loin à cette Compagnie hollandaise des Indes dont il vient d'être parlé. Par leur Compagnie des Indes orientales et avec celle des Indes occidentales qu'ils établirent quelque temps après, les Bataves avaient si bien accaparé le commerce international, qu'on les appelait couramment *portitores mundi*, « les facteurs du monde ». Les seules colonies que nous eussions et où se rendaient les émigrants de France, étaient toutes situées en Occident, de l'autre côté de l'océan Atlantique, et au total elles ne constituaient que des colonies de peuplement dont le commerce était aux mains de l'étranger.

On pourrait peut-être objecter que depuis 1642 notre pays était doté d'une « Compagnie d'Orient » dont la concession avait été accordée à un Dieppois du nom de Rigault. Mais cette Compagnie ne mérite pas plus la peine d'être mentionnée, que celles dont il a été précédemment question en note. Ses opérations étaient exclusivement bornées à la mise en valeur de Madagascar, et l'on connaît par l'histoire que, même dans cet objet restreint, vu l'incapacité ou les idées fausses de ses administrateurs, elle n'arriva jamais à rien de satisfaisant [1].

1. Voir à ce sujet notre ouvrage précédemment cité sur Madagascar.

En résumé, pour en revenir à la question de l'état du commerce de la France avec les Indes orientales, on voit qu'en l'année 1664, tandis que les autres pays, l'Espagne, l'Angleterre, le Portugal, la Hollande et le Danemark avaient avec ces contrées un commerce suivi et solidement organisé, nos relations commerciales avec elles étaient pour ainsi dire complètement nulles. Elles consistaient en de rares armements, entrepris de distance en distance par des marins aventureux, armements tellement rares et exceptionnels, que, sur toutes les côtes de France, à leur départ comme à leur arrivée, on leur donnait les proportions de véritables événements.

Il s'ensuivait donc que pour toutes les denrées apportées alors des Indes et dont il était de notoriété publique que la consommation française absorbait près d'un tiers, nous étions tributaires des Espagnols, des Portugais, des Danois, de l'Angleterre ou de la Hollande.

Or il n'était ignoré de personne que les Hollandais, chez lesquels nous nous approvisionnions au meilleur compte, nous faisaient payer ces denrées 12 0/0 plus cher que si nous étions allés les chercher nous-mêmes dans le pays; — ces 12 0/0 représentés en grande partie par les droits d'entrée et de sortie que ces marchandises acquittaient en Hollande, où leur Compagnie était forcée de les débarquer avant de les écouler sur les marchés de l'Europe.

Devant un pareil chiffre, il serait superflu de

faire ressortir tout ce qu'un tel état de choses avait de préjudiciable à la France; d'autant plus qu'avec la Hollande, la question économique se compliquait d'une question politique, puisque nous contribuions ainsi à enrichir une nation qui prétendait alors régenter l'Europe, et avec laquelle d'un instant à l'autre nous pouvions être appelés à nous mesurer.

VIII

Obligation morale pour Louis XIV d'essayer d'établir chez nous un commerce avec les contrées exotiques et surtout avec les Indes orientales. — Raison particulière qui pouvait l'y encourager.

On comprend, dans ces conditions, dans quel regrettable état d'infériorité se trouvait la France en 1664, par rapport aux autres peuples de l'Europe occidentale.

De quelque côté que l'on envisageât la question, tout nous conseillait, pour ce qui regardait nos approvisionnements des Indes orientales, de nous affranchir des services de l'étranger et de nous arranger pour nous suffire à nous mêmes.

Il y avait là une lacune de la plus haute importance, d'une importance d'État, à combler.

Mais en dehors de toutes les raisons économiques ou politiques qui auraient pu l'y décider, il est incontestable que l'entreprise était d'autant plus de nature à tenter Louis XIV, qu'il y avait pour lui, en espérance, la gloire de réussir et d'aboutir là où ses deux plus grands aïeux, Henri IV et Louis XIII, n'avaient pu faire que des projets.

IX

Étant donnée l'importance économique du commerce des Indes orientales et notre manque absolu de relations commerciales avec ces contrées, exposé de ce qu'aurait fait Louis XIV en pareille circonstance, s'il eût été le roi que les critiques se sont efforcés de nous décrire.

Les vues générales, auxquelles il nous était nécessaire de nous arrêter, nous ayant permis de circonscrire la question et de la placer dans son relief entier, nous avons maintenant toute liberté d'entrer dans le sujet de notre étude et de poser nettement le problème.

Étant donc donné ce que nous savons et des grandes Compagnies des Indes et du défaut absolu de relations commerciales entre la France et les Indes orientales, si l'on admettait un moment la supposition que Louis XIV eût été le souverain fastueux, gonflé d'orgueil, l'homme frivole et « à perruque », tout à l'ostentation et aux plaisirs, qu'on s'est évertué depuis trente ans à nous dépeindre ; à quoi se serait-il résolu, ou plutôt qu'aurait-il fait si quelque particulier ou l'un de ses secrétaires d'État, lui avait soumis le projet de créer une Compagnie des Indes orientales ? Telle est la question. Il est probable qu'il y aurait souscrit en principe, peut-être même avec une certaine chaleur. Mais il est certain que, pour le reste, c'est-à-dire pour l'exécution et le détail, il se serait complètement reposé sur son ministre, surtout quand ce ministre était un homme de la taille et de la capacité de Colbert.

Il nous semble que ç'aurait très certainement été ainsi que tout se serait passé. Accordons néanmoins qu'il aurait fait un peu plus, justement dans l'ambition d'illustrer son règne par une œuvre où ses prédécesseurs avaient échoué, et par exemple qu'il se fût inquiété de temps en temps des suites du projet qu'on lui aurait soumis. Mais s'il eût poussé l'intérêt jusqu'à exiger d'être plus ou moins régulièrement mis au courant de l'exécution, il est peu croyable qu'il serait allé au delà, et nous ne pensons pas qu'en dépit de tout, la conscience de ses devoirs de roi eût obtenu davantage de lui.

Telle est bien, à n'en point douter, la conduite que Louis XIV aurait tenue en cette affaire, s'il eût été l'homme et le roi que la critique contemporaine prétend.

Eh bien, nous allons mettre à présent les documents sous les yeux de nos lecteurs, et leur raconter ce que Louis XIV fit au contraire *en personne* dans cette circonstance. Et, lorsqu'ils auront vu l'activité et l'intelligence pratique dont il fit preuve, nous serions étonné que cette parole de Mazarin ne leur revînt pas en mémoire, que pour le travail et l'application il y avait en Louis XIV l' « estoffe de quatre roys », et qu'en conséquence, ils ne fussent pas disposés à croire que, dans ce jugement, l'astucieux Italien doit avoir eu complètement raison.

DEUXIÈME PARTIE

LOUIS XIV, POUR LE COMMERCE DE LA FRANCE
AVEC LES INDES ORIENTALES, FAIT FONDER
UNE COMPAGNIE PAR ACTIONS.

I

Probabilité que Louis XIV eut de lui-même l'idée d'organiser un commerce suivi entre la France et les Indes orientales. — Faits attestant en tous cas qu'il eut une façon, particulière à lui, de comprendre ce que devait être la Compagnie qui serait chargée de ce commerce.

Nous avons parlé tout à l'heure de l'idée d'un projet de création d'une Compagnie des Indes présenté à Louis XIV, et auquel ce dernier aurait accordé son approbation. Mais ce n'était là qu'une simple hypothèse. Car après avoir examiné les choses de près, on est conduit au contraire à cette conviction, qu'au lieu d'un rôle tout passif, Louis XIV dut en avoir un des plus actifs à cet égard, et par exemple qu'on lui doit attribuer une part très réelle dans le dessein premier de créer en France un sérieux courant commercial avec les Indes.

D'abord, du moment où, du temps de Henri IV et de Louis XIII, la question du commerce avec les contrées exotiques avait agité les Conseils du gouvernement, il n'est pas douteux qu'il dut en être à plus forte raison de même après ce dernier roi, lorsque les désordres de la Fronde eurent pris fin. Quand de petits États européens, comme la Hollande, le Danemark, le Portugal, possédaient là-bas d'importants et riches établissements, il est même certain que notre manque absolu de relations commerciales avec les Indes orientales avait dû constituer alors en France une sorte de problème politique, dont tous les esprits sérieux de notre pays devaient, chacun de son côté, s'efforcer de trouver la solution.

Il y a une heure surtout où cette question dut particulièrement s'imposer à l'attention publique. C'est vers 1661, à la mort de Mazarin, lorsque Louis XIV prit la direction effective des affaires. Les guerres civiles dont nous avions tant souffert semblaient alors à jamais terminées ; toutes nos appréhensions de naguère relativement à la maison d'Autriche avaient disparu ; cette Espagne qui nous avait causé pendant près d'un siècle les plus grands maux, était maintenant liée à la France par le traité des Pyrénées ; et le mariage de Louis XIV avec la fille de Philippe IV était encore venu cimenter l'alliance. Dans quelque direction que l'on sondât l'horizon, nulle part n'apparaissait le moindre sujet de conflit, capable d'engendrer une grande guerre. Depuis le traité d'Aix-la-Chapelle, les peuples, comme les gouvernements, étaient persuadés qu'une longue période de paix s'ouvrait enfin devant l'Europe.

Un meilleur ensemble de circonstances ne pouvait en conséquence se présenter pour tenter l'organisation dans notre pays d'un commerce avec les Indes, et pour essayer de combler une lacune qui, sous le rapport économique, nous portait les plus graves préjudices. Il n'y avait pas d'autre part de tâche plus féconde, plus utile et en même temps plus nécessaire, à laquelle un homme politique pût se dévouer durant la paix. On est donc en droit d'affirmer que vers cette époque, soit de lui-même, soit pour en avoir fréquemment entendu parler autour de lui, Louis XIV, comme tout le monde, dut très sérieusement réfléchir à cette question.

Cependant malgré les recherches auxquelles nous nous sommes livré à ce sujet, il nous serait impossible de dire d'une façon positive à quelle date exacte Louis XIV et ses Conseils prirent la résolution de trancher définitivement cette question du commerce avec les Indes. En s'en tenant au simple fait de la conservation dans les archives du Ministère de la marine et des colonies, d'un certain nombre de mémoires envoyés au roi au sujet des Indes orientales, et qui vont tous de la fin de 1663 au commencement de 1664, peut-être en pourrait-on conclure que ce fut dans les derniers mois de 1663[1].

1. Parmi ces mémoires, il s'en trouve de fort remarquables ; un entre autres de *Plusieurs notables marchands de Tours*,

En tous cas, ce qui atteste bien qu'on voulut à ce moment résoudre complètement la question du commerce d'outre-mer, tant avec les Indes orientales qu'avec les Indes occidentales, c'est qu'à l'époque où le projet pour les Indes orientales n'était encore qu'en préparation, Louis XIV faisait un édit (28 mai 1664) portant *Establissement d'une Compagnie pour le commerce des Indes occidentales*, Compagnie aux statuts de laquelle nous avons emprunté les citations données plus haut.

A propos de cette Compagnie des Indes occiden-

Nantes, La Rochelle et autres lieux, qui demanderait à lui seul une étude spéciale, car si les propositions faites au roi par ses auteurs avaient été adoptées, il est probable que la Compagnie des Indes de 1664 aurait donné d'autres résultats. Nous publions au reste ce mémoire à la fin du volume. — Un autre, qui mériterait d'arrêter, émane d'un chevalier de Jant, ancien envoyé de Mazarin à la cour de Lisbonne, où il avait entamé de son propre mouvement des négociations pour la cession à la France de quelques-uns des établissements que les Portugais avaient encore aux Indes. — Plusieurs sont de Hollandais : un notamment très instructif du « sieur Hubert Hugo », ancien agent de la Compagnie hollandaise des Indes, et qui, ayant pris du service dans la Compagnie française de 1664, fit partie du premier armement envoyé à Madagascar.

Ces mémoires, très étudiés, conseillaient tous à Louis XIV de créer en France une Compagnie des Indes orientales.

Ils sont aux Archives coloniales du Ministère de la marine et des colonies, dans le carton n° 1, intitulé MADAGASCAR, *Correspondance générale* (1642-1664). Bien qu'ils regardent spécialement la Compagnie des Indes dans le fonds de laquelle ils devraient en conséquence être placés, ces mémoires n'ont eu d'autre raison d'avoir été classés jusqu'ici dans ce carton, que quelques paragraphes qu'ils renferment sur la grande île africaine. — Il y a également quelques mémoires du même genre dans le registre in-folio, coté COMPAGNIE DES INDES ORIENTALES, *administration en France* (1649-1669), 2 C².

tales, nous devons dire toutefois que, comparativement à ce qu'il devait faire pour celle des Indes orientales, Louis XIV ne s'en occupa que fort peu. Sa création ne semblerait avoir eu pour lui d'autre objet, que de concentrer dans cette partie du monde les efforts que les Français y dépensaient un peu partout, et de faire surtout qu'on n'y laissât plus le commerce au dernier plan, comme cela s'était passé jusque-là.

Quoi qu'il en soit, s'il ne nous a pas été possible de déterminer exactement le mois et la semaine où le gouvernement de Louis XIV décida de mettre un terme à l'infériorité de la France sous le rapport du commerce avec les Indes orientales, nos recherches nous ont du moins fourni la preuve certaine que cette question fut envisagée dès le début par Louis XIV à un point de vue tout personnel. Et cette preuve, nous l'avons découverte dans un petit volume, dont nous aurons tout à l'heure beaucoup à nous servir[1] ; petit volume dans lequel l'auteur, tout spécialement placé pour tout savoir, nous informe en passant que Louis XIV n'avait songé à la fondation d'une Compagnie des Indes orientales, qu'après avoir eu tout d'abord la pensée de faire le commerce avec ces pays pour son propre compte, comme les choses se passaient en grande partie pour les rois d'Espagne et de Portugal.

1. *Relation de l'Establissement de la Compagnie françoise pour le commerce des Indes orientales*, par CHARPENTIER, académicien, 1665, pages 3 et 4.

Par quelle cause Louis XIV, renonçant au dessein de faire ce commerce pour son propre compte, en vint-il à l'idée d'une Compagnie ? La besogne et la responsabilité lui firent-elles peur ? Craignit-il de se diminuer en cas d'échec, ou de compromettre la dignité royale dans des opérations de négoce ? Ne songea-t-il à une société par actions qu'afin de n'avoir pas à hasarder les 10 ou 15 millions d'avances qu'une entreprise pareille exigeait ? Serait-ce au contraire que ses ministres s'entremirent pour lui faire abandonner un projet d'où pouvaient résulter les plus graves inconvénients ? Aucun de nos documents ne nous renseigne à cet égard.

Mais on comprend toute l'importance de ce détail en apparence insignifiant. Car non seulement il atteste que Louis XIV s'intéressait assez à l'idée pour ne pas hésiter à entrer personnellement dans sa réalisation ; mais il suggère l'hypothèse que si Louis XIV avait eu l'intention de faire le commerce des Indes pour son propre compte, ce pourrait fort bien avoir été, sinon dans le but d'avoir personnellement ce commerce dans la main et de s'en appliquer tous les bénéfices, du moins dans celui d'être maître des territoires et des relations que ce commerce devait forcément permettre d'acquérir aux Indes.

Plus on considère, en effet, la conduite qu'il tint dans la suite, plus cette hypothèse est nécessaire pour se l'expliquer. Car ce désir d'avoir le commerce des Indes dans la main, pour une raison ou pour une autre, hanta si bien le roi, que, même après qu'il en fut venu à l'idée de la création d'une Compagnie, il fut amené par lui à se faire de la Compagnie à créer une conception absolument en dehors de celle dont on s'était inspiré dans les autres pays, quand il s'était agi pour eux de se donner des Compagnies des Indes.

Plus on étudie en effet la Compagnie des Indes orientales, telle que la comprit et la voulut Louis XIV, plus on est forcé de reconnaître que, dans la pratique, elle est sans rapport avec les Compagnies qui étaient fondées ailleurs, et dont l'un des traits principaux était d'être autonomes et de se gouverner elles-mêmes.

Dès le début, on le voit effectivement prétendre en être le maître, s'arroger le droit d'employer ses capitaux comme il l'entendait, et vouloir s'en servir pour des desseins dont il est peu probable qu'elle se serait jamais souciée, si elle eût eu à en délibérer. Aussi, dans la réalité, fut-elle beaucoup moins une Compagnie des Indes au sens généralement accordé alors à ce terme, qu'une véritable société de capitalistes et d'actionnaires, commanditant Louis XIV pour des opérations, censées commerciales, aux Indes et en Chine.

Cette manière d'entendre une Compagnie des Indes se marie trop bien avec les tendances autoritaires et centralistes bien connues de Louis XIV, pour que la Compagnie des Indes orientales de 1664 n'ait pas été une œuvre entièrement à lui, qui dut germer dans son cerveau, s'y développer et y mûrir en dehors de toute influence étrangère. Et cette opinion sera corroborée tout à l'heure au dernier point, par la somme de temps, d'argent, de peines et de soucis que le roi ne craindra pas de s'imposer à son sujet, et qu'il ne se serait évidemment jamais imposés, si cette Compagnie n'avait pas constitué une entreprise où son amour-propre, son orgueil et certaines vues politiques à lui personnelles étaient en jeu.

On va d'ailleurs en avoir bientôt la certitude, car nous allons entrer maintenant dans l'exposé de tout ce qu'il fit pour la formation de cette société.

II

Difficultés présentées, en 1664, par la création en France d'une Compagnie pour le commerce des Indes orientales.

Du moment où dans l'esprit du roi ou entre ses conseillers, il avait été décidé que le commerce de la France avec les Indes orientales serait fait comme dans les autres pays au moyen d'une Compagnie, le grand point était de constituer cette Compagnie, et de réunir le capital dont elle aurait besoin pour fonctionner.

Or, pour tout cela, la chose n'est pas contestable, on se heurtait à de très sérieuses difficultés.

Quand les autres peuples, dont nous avons dit les noms, s'étaient proposé de former leurs Compagnies des Indes, l'exécution n'avait souffert chez eux aucun embarras, et avait pour ainsi dire marché toute seule.

Ces peuples étaient maritimes, en ce sens qu'ils vivaient plus ou moins de la mer ou sur la mer. Aussi leurs gouvernements n'avaient-ils eu à proprement parler qu'à donner des statuts au mouvement commercial, existant déjà chez eux, vers l'Orient. Mais, on se le rappelle, dans notre pays, rien de semblable. Nous possédions bien une marine, mais elle valait beaucoup plus par le courage et l'énergie de ceux qui la montaient, que par le nombre ou le tonnage de ses navires. Elle était au reste presque exclusivement occupée à la pêche, et les quelques navires que nous employions plus spécialement au commerce n'opéraient guère que sur la côte occidentale de l'Afrique, au Sénégal, dans la Gambie ou au Congo.

Vouloir, dans de pareilles conditions, fonder en France une Compagnie pour le commerce des Indes orientales, indépendamment de ce qu'il y avait à faire pour y préparer les esprits, c'était donc au fond entreprendre de créer une œuvre de toutes pièces : marine, personnel de marchands et de commis, établissements et comptoirs.

N'importe qui aurait considéré la besogne comme ni aisée, ni commode ; et, avant d'y mettre la main, beaucoup auraient demandé à réfléchir.

Mais il ne fallait guère s'attendre à quelque mouvement de circonspection de ce genre de la part de Louis XIV, à qui les désastres de la fin de son règne purent à peine faire perdre quelque peu de sa confiance en lui-même. Si quelqu'un de ses ministres avait essayé de lui ouvrir les yeux sur les difficultés de l'affaire, il n'aurait certainement réussi qu'à le piquer davantage au jeu : car on sait qu'un des principaux travers de son caractère était la conviction absolue, qu'il lui suffisait de se montrer pour triompher de tout ce qui, pour d'autres, aurait constitué des impossibilités ou des obstacles insurmontables.

Quoi qu'il en soit, en ce qui regarde la fondation d'une Compagnie des Indes orientales, le roi ne douta pas un seul instant que tout irait à souhait, du moment qu'il lui plairait de s'en mêler.

Une seule question le préoccupait, c'était de savoir de quelle façon il fallait s'y prendre pour amener le public à donner son argent. A ses yeux, toute la question était là, et n'était que là. Et, pour lui, elle était si bien là seulement, qu'il n'allait pas balancer à intervenir de sa personne et à tout faire au monde, pour se procurer les actionnaires et, avec eux, le capital dont il avait besoin.

Or, chose que le sociologue fera bien de noter, — tant il est vrai de dire que les modes de l'activité humaine sont limités, c'est-à-dire que quels que soient les temps, les milieux ou les circonstances, les mêmes faits amènent fatalement les hommes les plus dissemblables à des façons identiques d'agir, — pour « lancer cette affaire » de la Compagnie des Indes orientales de 1664, et pour attirer souscripteurs et souscriptions, on va voir un roi de France, et qui plus est un Louis XIV, employer, voilà plus de deux siècles, les mêmes procédés dont se servent de nos jours les hommes de Bourse, lorsqu'il leur faut à tout prix dans une opération et sous peine d'échec, capter la bonne foi du public et lui faire apporter ses fonds.

Ajoutons toutefois que, sur ce terrain, on ne verra pas Louis XIV cesser une seule minute d'être le roi, attendu que la somme d'habileté qu'il saura déployer — peut-être même qu'au lieu d'habileté, on devrait dire « rouerie », l'élève de beaucoup au-dessus de tous nos hommes d'affaires contemporains.

Nos révélations à cet égard vont inaugurer la série des étonnements et des surprises, par lesquels auront certainement à passer les écrivains, qui n'ont encore jamais pu croire à la capacité administrative de Louis XIV ou à son action directe dans les détails de son gouvernement.

III

Plan général de conduite adopté par Louis XIV pour lancer l'affaire de la Compagnie des Indes à créer, et pour trouver des actionnaires. — Il commence par faire faire une brochure. — Analyse de cette brochure.

Le plan de conduite que Louis XIV jugea en cette circonstance comme le plus propre à gagner des souscripteurs dénoterait déjà un coup d'œil de maître et l'expérience d'un praticien de premier ordre.

Ce plan consistait tout d'abord pour lui à rester dans la coulisse et à s'effacer, tout en faisant énergiquement travailler l'opinion au sujet de la création d'une Compagnie des Indes orientales. D'après ses calculs, ce n'était que plus tard, lorsqu'un courant sérieux aurait été déterminé en faveur de l'idée, qu'il devait avoir à se montrer, soit qu'il s'agît d'accorder les autorisations nécessaires, soit qu'il y eût à porter le dernier coup au public en affichant toute sa sollicitude pour une création de cette nature.

Mais ce qui marque peut-être encore plus d'adresse chez Louis XIV, et ce qui atteste en tous cas qu'en 1664, il ne suffisait nullement comme de nos jours que le gouvernement patronnât une affaire, pour que l'actionnaire s'y jetât tête baissée, c'est que, tout en sentant qu'il devait en apparence demeurer à l'écart, il avait encore compris que, dans l'intérêt de l'opération, il fallait absolument donner à entendre aux gens, non seulement que l'idée et l'initiative de l'idée d'une Compagnie des Indes orientales émanaient à la fois de la bourgeoisie et du négoce de Paris, mais que de plus, c'étaient les marchands de la capitale qui auraient la direction et l'administration de l'entreprise.

Sans être doué d'un grand esprit pratique, il est bien certain que c'était une grosse absurdité, que de vouloir des négociants parisiens à la tête d'une Compagnie des Indes orientales ; car il est clair comme le jour qu'entre le commerce tel qu'il se pratiquait dans la capitale ou les provinces et celui des Indes, aucune assimilation n'était possible, le savoir et l'expérience acquis dans l'un ne pouvant être d'aucun service dans l'autre. Mais les véritables motifs par lesquels s'était laissé guider Louis XIV en cette circonstance, c'est que de notoriété publique les commerçants de Paris étaient riches, et qu'il y avait là un moyen détourné de les bien disposer en faveur de l'affaire ; et c'est en outre qu'auprès de toutes les classes de la société française, tant de Paris que du reste de la France, les commerçants parisiens jouissaient d'une réputation justement méritée de prudence et d'honorabilité. Or en les mettant ainsi en avant et en déclarant très haut qu'ils seraient tout et feraient tout, Louis XIV avait prévu que c'était le moyen de couper court à toute discussion sur la façon dont la Compagnie serait gérée, et obliger chacun d'admettre *de plano*, que sous ce rapport il n'y aurait rien à désirer.

On voit par là que la manœuvre dont l'objet est d'attirer les actionnaires par l'appât d'une liste de membres de conseil d'administration bien composée, ne date point du XIXe siècle.

Nous venons d'indiquer le plan d'ensemble de Louis XIV. Mais le curieux et l'instructif est de suivre ce plan dans les détails de son exécution. C'est seulement d'ailleurs par ces détails que nous pourrons fournir la preuve matérielle des agissements personnels et directs du roi.

Avant tout, nous poserons une question. Supposons un financier, ayant aujourd'hui à lancer sur le marché une affaire aussi importante que devait l'être en 1664 la fondation d'une Compagnie des Indes, comment s'y prendrait-il, de quelle manière jugerait-il nécessaire de procéder? Nous nous contentons de poser cette question. Il n'est pas douteux, répondra-t-on, que ce financier commencerait par faire imprimer un écrit : brochure, volume ou feuille volante, dans lequel l'entreprise serait tout au long expliquée, et que cet écrit lui servirait de base pour organiser une propagande énergique dans le public et arriver aussi à la mise à exécution. Il n'est point besoin d'avoir vécu de longues années dans le monde des affaires, pour savoir pertinemment que, de nos jours, les choses se passent toujours de cette façon.

Eh bien ! voilà plus de deux siècles, Louis XIV ne crut pas que, pour la Compagnie des Indes, il fallait faire différemment.

Dans la domesticité littéraire de la Cour [1], et plus spécialement de Colbert, il y avait un littérateur natif de Paris, du nom de Charpentier, homme intelligent et tenace, écrivain de bon sens, que son crédit faisait jalouser de tous ses confrères en lettres, dont la plume nette, précise et la façon tranchante de dire les choses ne manquaient jamais de soulever de furibondes polémiques. Ce fut au reste à quelques pages de lui, à propos d'une question insignifiante, que cette tant fameuse querelle des anciens et des modernes prit le caractère aigu qu'elle garda pendant près d'un siècle. Il faisait partie de l'Académie française. Avec Charpentier, on pouvait être sûr qu'une chose ne passerait pas inaperçue, et qu'on aurait de la bonne réclame.

---

1. D'après la liste des pensions publiée par Pierre Clément, de 1663 à l'année de sa mort, Charpentier toucha une pension annuelle de 1,500 livres sur la cassette du roi.

Or c'est lui qui fut choisi par Louis XIV pour ce que nous appellerions aujourd'hui, dans notre langage familier, « attacher le grelot ». Des notes lui furent fournies ; ce qui donne le droit de faire cette supposition, c'est que, dans son travail, on rencontre des idées qui seront reproduites plus tard dans le préambule de la *Déclaration du Roy*, portant établissement de la Compagnie. Pour une raison de même genre, ont peut également penser qu'il eut communication des mémoires dont il a été précédemment parlé.

En tout cas, le 1er avril 1664, paraissait sans nom d'auteur une petite brochure in-4, de 57 pages, composée par Charpentier, et dont le titre fera tout de suite saisir l'objet : « *Discours d'un fidèle sujet du Roy touchant l'Establissement d'une Compagnie françoise pour le commerce des Indes Orientales. — Adressé à tous les François.* »

Tel était l'écrit à l'aide duquel Louis XIV s'était proposé de saisir l'opinion publique de la question et de lui faire des partisans.

Si quelqu'un s'avisait de mettre en doute l'origine royale de cette brochure, il suffirait comme réponse d'invoquer le témoignage de Charpentier lui-même.

Dans une publication qu'il fit imprimer l'année suivante, en 1665, toujours au sujet de cette même Compagnie, Charpentier avoue, en effet, en toute franchise, que le roi ne fut pas étranger au *Discours d'un fidèle sujet*. Car nous ayant dit en commençant qu'en

1664, Louis XIV projetait la création d'une Compagnie des Indes Orientales, il ajoute :

Les prémices de ce dessein parurent dans un discours qui fut publié au mois d'avril mil six cent soixante et quatre, sous le titre de : *Discours d'un fidèle sujet du Roy, touchant l'Establissement d'une Compagnie françoise pour le commerce des Indes Orientales*, et le Roy voulut bien que tous les François fussent informez par ce moyen de ses royales intentions [1].

Maintenant, quant au rôle de ballon d'essai que le ou les auteurs de la brochure avaient entendu lui donner, il nous est attesté par une autre personne, par Souchu de Rennefort, secrétaire du Conseil particulier, qui fut envoyé en 1665 à Fort-Dauphin. A propos de cette Compagnie de 1664, Souchu de Rennefort affirme effectivement, sans le moindre ambage et de la manière la plus naturelle du monde, que :

Cet Establissement avoit esté précédé de la publication d'un *Discours* contenant les motifs et advantages qui devoient faire souhaiter aux François la permission de fonder une Compagnie [2].

La paternité ou, si l'on veut, la collaboration de Louis XIV, en ce qui touche la brochure de Char-

1. *Relation de l'Establissement de la Compagnie françoise pour le commerce des Indes Orientales*, par CHARPENTIER, académicien, 1665, p. 4.

2. *Histoire de la Compagnie des Indes orientales*, 1668, par SOUCHU DE RENNEFORT, p. 2.

pentier, ne pouvant souffrir l'ombre d'un doute, on nous pardonnera d'autant plus de donner une analyse succincte de cette brochure que, dès les premières pages, on est littéralement émerveillé de l'art avec lequel l'affaire y est présentée. Sous ce rapport, elle est sans contredit un véritable chef-d'œuvre, digne du grand siècle de Louis XIV. Et, quand on l'a parcourue, on se demande avec inquiétude si parmi ceux auxquels elle s'adressait, il a pu s'en trouver un seul, ayant le moyen d'être actionnaire, qui ait eu la force de résister à l'argumentation et de garder son argent. Comme spécimen du genre, cet écrit mériterait d'être réimprimé, et sa place est aussi bien marquée dans la bibliothèque des gens de lettres que dans celle des hommes d'affaires.

Charpentier y débute tout d'abord par de hautes considérations sur le commerce des Indes orientales en général, détaillant complaisamment les ressources et la puissance qu'un État comme la France en pourrait retirer. Puis il examine successivement les occupations que nombre de Français actuellement inactifs trouveraient dans ce commerce, le développement qu'il apporterait à nos manufactures dont les débouchés en seraient naturellement augmentés, le bon marché auquel il permettrait à notre consommation intérieure d'acheter les produits des Indes, le tribut qu'un aussi grand pays que le nôtre avait l'humiliation de payer chaque année aux Danois, Anglais, Espagnols, Portugais, Hollandais, puisque c'était par eux que nous nous approvisionnions de ces produits, etc.

Dans ces considérations, Charpentier avait beau s'en tenir à des généralités élevées, la fibre patriotique y était si dextrement touchée, qu'on peut mettre en fait qu'après la lecture de ces pages, il aurait été impossible de rencontrer un vrai Français, dont les yeux n'eussent été humides et qui ne se fût réellement contristé avec l'auteur, de voir la France encore privée de tout commerce avec les Indes.

Après cet appel au patriotisme, en venait un autre à des sentiments moins nobles, il est vrai, mais que, de toute nécessité, il fallait avoir pour soi, autrement pas d'actionnaires. Comme le précédent il était également en sourdine. C'était simplement une histoire de la Compagnie hollandaise des Indes, au point de vue des bénéfices prodigieux dont elle enrichissait chaque année ses intéressés. Mais Charpentier s'était arrangé de telle sorte, pour faire miroiter ces dividendes annuels de 30 à 40 p. 100, que toutes les convoitises devaient être fatalement allumées chez ses lecteurs, et que chacun d'eux, sans exception, en fermant le livre, avait été amené à se faire en lui-même la réflexion suivante, que ce commerce des Indes orientales prêtait véritablement aux plus belles opérations, et que si une Compagnie française pouvait s'établir là-bas, dans de bonnes conditions, ses actions constitueraient, à n'en pas douter, le plus superbe des placements.

Une fois arrivé là de son « Discours », comme s'il eût été convaincu qu'il était désormais maître de son lecteur, Charpentier partait comme un trait, affirmant du ton le plus catégorique que le commerce des Indes orientales était aussi aisé aux Français qu'aux autres peuples, et que nous n'avions qu'à le vouloir pour en avoir un qui nous enrichît comme eux. Puis, continuant :

Que faut-il donc faire ? me demandera-t-on. Il faut, en premier lieu, former une Compagnie ou Société de plusieurs personnes qui contribueront unanimement à l'exécution de cette entreprise, et qu'on pourra appeler pour cette raison la Compagnie françoise pour le commerce des Indes orientales. Il faut ensuite équiper une flotte et aller descendre droit dans notre isle de Madagascar où nous ne trouverons aucune résistance, et commencer à y faire un grand establissement qui y sera soutenu par de fortes colonies que l'on continuera d'y envoyer. Il faut faire estat de n'y mener que des hommes de courage et de bonnes mœurs, et non point des criminels rachetés du gibet et des galères, ni des femmes persécutées pour leur débauche. Une partie de ces gens s'occupera à cultiver la terre qui sera d'un très grand rapport, tandis que les autres se rendront maîtres des principaux postes du pays et s'assureront des ports, parmi lesquels il y en a plusieurs qui peuvent facilement contenir 2 ou 300 navires qui y seront à l'abri de tout vent...

Pour y parvenir donc, il faut faire un fonds de 6 millions qui seront employés à l'équipage de 12 ou 14 grands navires, du port depuis 800 jusqu'à 1,400 tonneaux, afin de passer un très grand nombre de personnes dans notre isle de Madagascar pour en prendre possession de la bonne sorte.

Sa Majesté pourra estre très humblement suppliée d'y entrer pour un dixième, et je ne doute point qu'elle ne le fasse très volontiers.

Je suis de plus asseuré que divers seigneurs du Royaume y entreront pour des sommes considérables, au cas que les marchands qui s'uniront tout d'abord pour cette Compagnie l'estiment avantageux, et je tiens en ce cas que l'ont peut espérer d'eux près de 3 millions, ce qui formera une moitié du fonds nécessaire, et qu'il ne restera plus qu'à trouver l'autre, et c'est pour ce reste que j'exhorte tous les marchands, bourgeois des villes, etc...

Dans cette brochure, il n'y aurait qu'une chose dont le lecteur d'aujourd'hui pourrait peut-être se trouver choqué, c'est d'y voir revenir un peu trop fréquemment le nom de Madagascar. Dans l'espèce, en effet, il s'agissait d'une Compagnie de commerce pour les Indes orientales, et l'on n'aperçoit pas dès l'abord la moindre corrélation entre la colonisation de cette île dont parle Charpentier et le commerce des Indes proprement dit. Mais quand on arrive à savoir pour quelle raison Charpentier insistait autant sur ce point, — et on l'apprend par la suite des événements, — c'est encore un nouveau motif d'admirer l'habileté avec laquelle la brochure était rédigée. Louis XIV voyait effectivement dans Madagascar bien plus que cet entrepôt, ce lieu de relâche ou ce centre de ravitaillement, que Charpentier faisait surtout sonner, car il fallait de toute nécessité faire valoir quelques-uns des avantages que la Compagnie nouvelle pouvait se procurer en l'occupant. Madagascar colonisée par des Français, était dans son esprit étroitement associée avec le commerce des Indes orientales et se confondait même avec lui. Pour Louis XIV, Madagascar colonisée par des Français constituait une base d'opération de premier ordre, qui, au moment voulu, pouvait donner à la France le moyen de dominer en maîtresse dans la mer des Indes, et d'accaparer le commerce entier de ces contrées à son profit.

Lors donc que Charpentier parlait plus que de raison de Madagascar, et ne tarissait pas sur l'utilité que cette île offrirait à une Compagnie des Indes, il posait des jalons, et son intention était de chercher à influencer l'opinion, de manière que les actionnaires futurs, quand l'heure serait venue, fussent tout préparés à ce que Louis XIV méditait d'y accomplir.

Nous aurons au reste à y revenir plus longuement.

Quoi qu'il en soit, commencée sournoisement et en mode philosophique par une sorte de regret platonique que la France fût encore sans aucun commerce avec les Indes, cette brochure, après des précautions oratoires sans fin, était graduellement conduite à une exhortation expresse aux marchands bourgeois des villes, etc., d'avoir à ouvrir leur bourse.

Faire ouvrir leur bourse aux marchands et bourgeois des villes, tel était bien en résumé le but qu'il s'agissait d'atteindre. Mais Louis XIV et Charpentier n'ignoraient point que les gens ne sont guère enclins à mettre leur argent dans des entreprises nouvelles, et cette Compagnie des Indes était alors une chose toute nouvelle en France. Aussi la partie de la brochure dans laquelle ils s'efforcent par avance de dissiper toutes les craintes d'échec ou de perte, est-elle traitée avec une adresse incomparable.

Charpentier s'y est manifestement surpassé.

Parlant de ces bourgeois des villes, marchands, etc., qu'il invite à souscrire,

Pour leur donner plus de courage, dit-il, j'ay sujet de croire avec quelque fondement qu'on pourra obtenir de Sa Majesté qu'après s'estre engagée pour un dixième dans le premier armement, elle en fournira davantage, s'il est besoin, pour le second, le troisième et le quatrième.

Il va même jusqu'à prétendre que quelque chose lui dit que « Sa Majesté accorderoit volontiers de porter sur sa part toute la perte qui se pourroit faire dans les huit ou dix premières années ». Bref, il parle si souvent du roi, sur l'appui duquel la Compagnie pourrait entièrement compter, — et il s'exprime sur ce chapitre du ton d'un homme absolument autorisé à le dire, et il groupe si habilement les privilèges qu'obtiendrait la Compagnie et les concours qu'elle rencontrerait partout, que la question de la somme à verser en arrivait à ne plus avoir dans l'esprit des capitalistes que les proportions d'une question de troisième ordre. Son but évident était de leur laisser l'idée qu'on leur demanderait très peu d'argent, et, dans tous les cas, qu'aucune perte n'étant à redouter, ils n'avaient à s'attendre qu'à des bénéfices.

Puis, la brochure se terminait par le finale suivant, d'un lyrisme dont nous n'aurions jamais soupçonné le XVIIe siècle capable, si la preuve n'en était point imprimée :

Associez-vous donc, généreux François. Unissez-vous pour vous ouvrir une route glorieuse qui ne vous a esté fermée que par les malheurs passez de l'Estat, une route qui vous conduira à des biens innombrables et qui se multiplieront encore entre les mains de vos enfants, une route enfin par laquelle vous porterez la terreur de vos armes dans les parties du monde qui vous sont encore inconnues! Bannissez de vos esprits les soubeçons injustes et qui sont si éloignez de la courageuse confiance que vous avez ordinairement en vous-mêmes! Naviguez hardiment sous le pavillon de l'Auguste et invincible Louis, et soyez asseurez que vous n'avez rien à redouter de la part des autres nations, à qui la majesté de son nom impose le respect et la crainte. Vous avez tout à espérer de sa protection, de sa bonté, de sa munificence.

A lire son sous-titre, ce « discours » semblerait adressé à « tous les François ».

Mais dans la réalité il s'adressait aux seuls capitalistes du temps : les bourgeois et les marchands. Et c'est même si bien les marchands qu'il avait principalement en vue, qu'au cours de sa brochure, autant pour obtenir leurs bonnes grâces qu'afin qu'on ne doutât pas un seul moment de la bonne administration de la Compagnie, Charpentier spécifiait que,

afin d'oster tout soubeçon aux négotians d'estre opprimez par les autres intéressez, les directeurs seront pris du corps des marchands seul, et tout le fond sera versé entre les mains d'un homme nommé de leur part.

Nous n'en avons point la preuve palpable, mais ce n'est pas beaucoup s'avancer en disant que cette brochure, composée dans le double but d'exposer l'affaire d'une Compagnie des Indes orientales et de lui créer des commanditaires, dut être tirée à un nombre respectable d'exemplaires et répandue largement.

IV

Louis XIV s'occupe de gagner à la Compagnie le patronage du commerce de Paris. — Il fait travailler les principaux commerçants. — Réunions publiques. — Vote des statuts de la Compagnie. — Nomination d'une délégation chargée d'aller à Fontainebleau saisir le roi de l'affaire et lui demander d'approuver les statuts.

Nous serions désolé qu'on s'imaginât avoir une idée exacte et suffisante de la brochure de Charpentier par l'analyse rapide que nous venons d'en donner. Nous avons simplement indiqué son esprit général. Mais elle ne renferme pas un mot de trop; tout y est calculé pour l'effet. Aussi ne pourrait-on s'en former vraiment une opinion complète qu'à la condition de la lire depuis la première ligne jusqu'à la dernière, tant tout y est traité à fond et concourt au même but.

Quoi qu'il en soit, si l'on tient compte premièrement et de l'habileté avec laquelle cet écrit de Charpentier était rédigé, et des personnes auxquelles ainsi que cela se fait de nos jours, on eut probablement soin de le faire tenir; et si l'on songe en second lieu au bruit qu'on s'efforça de faire faire autour de lui, ou à celui qu'il dut très certainement produire de lui-même, une chose est sûre, c'est qu'après la publication de cette brochure, l'idée de la création d'une Compagnie des Indes orientales pouvait être considérée, en parlant la langue du xixe siècle, comme très sérieusement lancée dans le public.

Ce n'était là toutefois en somme qu'un premier pas, bien peu important, et en tout cas qu'un simple commencement.

Qu'on interroge en effet sur ce point les hommes d'affaires qui ont l'habitude de la publicité pour en user beaucoup. Tous vous répondront que, dans tous les cas analogues à celui de cette Compagnie des Indes de 1664, ce serait faire une œuvre absolument inutile et vaine, si l'on devait s'en tenir à de la publicité, cette publicité dût-elle être la meilleure possible, tout le monde dût-il lire ce qu'on a écrit, et les sympathies générales dussent-elles être entièrement acquises à l'entreprise qu'on aurait voulu porter à la connaissance de l'opinion. Tous même ajouteront qu'au bout de quelques semaines, le bruit qu'on aurait provoqué autour, se serait totalement éteint de lui-même, n'ayant pas plus laissé de traces dans les esprits que le passage de l'oiseau dans l'air.

L'essentiel, à les entendre, pour les initiateurs d'un projet, est d'avoir la précaution d'organiser un groupe ou un comité quelconque, — peu importe le nom, — qui, une fois l'opinion saisie d'une idée, ramasse cette dernière, la fasse sienne et s'occupe sans désemparer de sa réalisation.

Il paraîtrait qu'en matière d'affaires de finance ou de crédit, il y a là une vérité pratique, à laquelle on a toujours le plus grand tort de ne pas se conformer.

Eh bien! la suite va nous faire voir que Louis XIV était sur ce sujet en parfait accord avec nos hommes d'affaires d'aujourd'hui.

Pour le roi, cette question de constitution d'un comité ou d'un groupe se compliquait d'une difficulté particulière. Il ne pouvait le composer avec n'importe qui, et cela se comprend sans peine, puisqu'il entrait dans ses combinaisons de faire croire au public que le projet de création d'une Compagnie des Indes orientales était né dans le commerce de Paris, et que le commerce de Paris en était le promoteur. Dans cette situation, ce dont il avait de toute nécessité besoin, c'était d'un certain nombre de commerçants de Paris, qui prissent l'affaire en main, et dont il lui aurait été possible ensuite de faire ce qu'il voudrait. Mais il s'agissait de les trouver. Or ce n'était point une chose aisée que de faire consentir des gens aussi circonspects, aussi sérieux, aussi peu accessibles aux illusions ou à l'enthousiasme que les commerçants d'alors, que de les faire consentir, disons-nous, à se charger d'une entreprise rentrant aussi peu dans leur compétence qu'une Compagnie des Indes. Avec eux il est certain, d'autre part, qu'on avait affaire à des gens trop honnêtes et trop fiers de leur considération, pour qu'on pût leur demander de servir de prête-noms ou de participer à une intrigue.

La difficulté était donc grande. Quelle qu'elle fût cependant, avant de pouvoir songer d'une façon quelconque à trouver des actionnaires, ou plutôt pour être sûr d'en avoir au moment voulu, ce qu'il fallait, c'étaient quelques négociants parisiens, autant que possible les plus riches et les plus considérés, que Louis XIV pût avoir l'espérance, quand il le faudrait, d'endoctriner et d'enjôler, afin de les amener à jouer, consciemment ou non, le personnage que dans ses desseins il attendait d'eux.

Voyons les moyens employés par Louis XIV pour se procurer son comité.

S'il nous a été permis de dire au chapitre précédent que la brochure de Charpentier méritait dans son genre d'être placée à côté de tous les chefs-d'œuvre du grand siècle, eh bien, ou nous nous trompons fort, ou nos contemporains les plus dextres dans l'art de ce qu'on appelle « monter des affaires », vont dans un instant convenir d'eux-mêmes, que la conduite de Louis XIV, dans le but d'avoir un semblant de patronage du commerce parisien, égale en adresse et en savoir-faire celle des maîtres les plus consommés.

Sa tactique fut si habilement conçue, en effet, et serrée de si près à l'exécution, qu'il aurait été absolument impossible qu'elle n'aboutît point. On va en juger.

Mais auparavant, une observation, à propos de nos sources à cet égard.

Une fois que la Compagnie fut formée et son premier armement sur le point de partir (1665), il y eut de toute part une confiance si entière dans l'entreprise, on fut si sûr de son succès, si convaincu que, devant la Compagnie française des Indes, les Compagnies des autres pays n'avaient plus que quelques années à vivre, que Louis XIV et Charpentier furent pris de la crainte que les promoteurs plus ou moins occultes d'une œuvre aussi grandiose, restant ignorés du public, ne fussent par conséquent frustrés de la gloire immortelle à laquelle ils avaient droit. Dans cet état d'esprit, Charpentier, du consentement du roi à qui du reste la publication fut dédiée, crut nécessaire de faire imprimer une nouvelle brochure, dans laquelle, si nous pouvons ainsi parler, « tous les trucs étaient débinés », et où, afin de faire connaître son rôle et celui du roi, il divulguait les manœuvres dont ils avaient fait usage pour la création de la Compagnie [1].

Ce deuxième écrit parut en février ou mars 1665. C'est par lui que nous avons déjà eu connaissance de la part du roi dans le *Discours d'un fidèle sujet*,

---

1. *Relation de l'Establissement de la Compagnie françoise pour le commerce des Indes orientales*, par CHARPENTIER, académicien. Paris, 1665.

et c'est encore à lui que nous allons nous adresser pour les renseignements qui vont suivre. Dans une pareille question, on ne saurait souhaiter un témoignage à la fois plus sûr et plus authentique que celui de Charpentier.

Bien que, dans le *Discours d'un fidèle sujet*, l'auteur eût parlé des commerçants de Paris comme de ceux qui devaient avoir la haute direction de la Compagnie, il est présumable qu'il en aurait été alors de même qu'aujourd'hui, c'est-à-dire qu'en dépit de l' « invite », pas un d'eux n'aurait pris la peine de se déranger pour s'enquérir de l'affaire et venir spontanément y apporter son concours. On en était si bien convaincu, qu'il fut arrêté chez le roi, qu'on verrait les plus recommandables et les plus influents pour les décider à patronner ouvertement l'idée.

Quelque temps après la publication du *Discours*, nous dit Charpentier, plusieurs personnes de *grande qualité* allèrent visiter les principaux négociants de Paris et eurent de nombreuses conférences avec eux, les assurant que le roi était absolument acquis à la création d'une Compagnie des Indes orientales.

Pas n'est besoin de chercher, pour savoir de qui ces personnes devaient être les émissaires. Cependant, si on les avait choisies parmi les personnes de *grande qualité*, c'est qu'évidemment on sentait qu'il y aurait à forcer la main aux gens, et parce qu'il fallait qu'on leur accordât, à elles, ce qu'il était fort possible qu'on refuserait à l'entreprise.

Charpentier ne nous dit pas sur quelles questions portèrent ces nombreuses conférences, ni si l'on vit beaucoup de commerçants ou s'ils firent de grandes objections. Ce qui prouve néanmoins qu'on finit par trouver des hommes de bonne volonté, c'est que, cinq ou six semaines environ après la brochure, le 21 mai, chez « le sieur Faverolles », un des grands négociants de Paris, une « assemblée publique » était convoquée avec l'autorisation du prévôt des marchands, assemblée dans laquelle on devait s'occuper de la question de la constitution d'une Compagnie des Indes orientales.

A cette réunion, d'après Charpentier, assistaient

non seulement les plus considérables marchands de la ville, mais même quantité de personnes de toutes sortes de qualitez, et entre autres le sieur Berryer, secrétaire du Roy et de ses Conseils.

Ainsi ces marchands qu'on travaillait depuis six semaines pour les amener là, n'offraient même pas encore de garantie suffisante ; on avait jugé prudent de les encadrer au milieu de personnages, devant lesquels on avait calculé qu'ils n'oseraient pas faire d'opposition.

Dans cette première séance, on se contenta de lire « les advis et propositions de plusieurs particuliers, et on les examina ensuite avec beaucoup de liberté et d'exactitude ».

Deux jours après, cette assemblée fut suivie d'une

seconde, puis d'une troisième, le 26 mai. Les meneurs avaient évidemment ordre d'aller vite, car il est aisé de voir à ces réunions précipitées qu'on ne tenait guère à ce qu'on s'attardât en besogne.

C'est dans cette assemblée du 26 mai qu'on se mit complètement d'accord.

On y adopta en premier lieu un projet de statuts en 40 articles, spécifiant non seulement le mode d'organisation et de fonctionnement de la Compagnie, mais encore les privilèges regardés par les assistants comme absolument indispensables à la Compagnie, si l'on voulait qu'elle réussît. Ce projet qu'on fit imprimer après son acceptation par le roi, avait pour titre :

ARTICLES ET CONDITIONS SOUS LESQUELLES LES MARCHANDS ET NÉGOTIANTS DU ROYAUME SUPPLYENT TRÈS HUMBLEMENT LE ROY DE LEUR ACCORDER SA DÉCLARATION ET LES GRACES Y CONTENUES POUR L'ESTABLISSEMENT D'UNE COMPAGNIE POUR LE COMMERCE DES INDES ORIENTALES.

Or, si l'on considère que ces 40 articles, qui devaient devenir plus tard la charte de la Compagnie, furent arrêtés et discutés en moins de trois séances, la première ayant été employée à autre chose, et d'autre part, que Louis XIV, à l'adoption de qui ils furent soumis, n'y changea pour ainsi dire rien, aux yeux de beaucoup il n'en faudrait pas davantage pour supposer qu'ils avaient dû être libellés à l'avance avec le roi, et que d'intelligents amis, comme cela a fréquemment lieu dans des cas analogues, avaient été chargés d'en enlever le vote dans la réunion. Mais heureusement les doutes peuvent être complètement levés sur ce point, et cela par la présence dans les papiers de la Compagnie d'un projet en 35 articles, ayant toutes les apparences d'être sorti du cabinet du roi, et qui en tous cas, antérieur à celui des 40 articles, ne diffère de lui que par des dispositions peu importantes [1].

A l'examen, il est clair que ce projet en 35 articles dut être rédigé avant toute réunion, de concert avec le roi, et qu'il avait été convenu dans des conciliabules préparatoires que ce serait lui qu'on ferait passer. Mais, comme on n'avait pas prévu ce qui aurait lieu au cours de la discussion, on avait dû être débordé, et l'on s'était trouvé dans l'impossibilité d'empêcher l'assemblée d'y apporter quelques modifications.

Quoi qu'il en soit, dans cette séance du 26 mai, on ne s'en était pas tenu au vote de ces 40 articles. A peine le vote acquis, une motion avait été faite, par ceux, sans doute, qui, dans l'assemblée, avaient la direction de l'intrigue. Car il s'agissait là d'une proposition, dont tout homme qui a l'habitude des réunions publiques comprendra immédiatement la valeur ; puisque, tout en faisant avancer les choses, elle

---

[1]. Archives coloniales du Ministère de la marine et des colonies : Fonds COMPAGNIE DES INDES ORIENTALES, *administration en France* (1664-1669), 3 C², folios 2-8.

impliquait, pour tous ceux dont l'auditoire se composait, une sorte d'engagement moral de continuer jusqu'au bout.

Elle demandait de faire désigner sur-le-champ par l'assemblée neuf assistants, avec mandat d'aller à Fontainebleau trouver le roi pour en obtenir une audience et pour le prier d'approuver par une Déclaration expresse les 40 articles, et d'accorder du même coup à la Compagnie les privilèges et tous les avantages dont il y était question.

Cette proposition était trop rationnelle pour provoquer la moindre objection, attendu qu'avant d'aller plus loin il était absolument indispensable de connaître les sentiments du roi, qu'on se figurait ignorant de tout. On l'adopta donc ; mais après y avoir apporté deux amendements extrêmement habiles, étant donné le but poursuivi par Louis XIV : c'était le premier, que la délégation serait uniquement composée de marchands, ce qui devait être une façon de faire croire à ceux qui ne jugeraient les choses qu'à la surface que cette délégation venait du commerce de Paris ; et le deuxième qu'en raison de l'urgence, les délégués partiraient le surlendemain 28 mai pour Fontainebleau.

Une fois l'accord fait sur la proposition, il y avait à choisir les délégués. A quelques mots de Charpentier, on sent très distinctement 1° qu'ils furent nommés sans avoir été préalablement consultés, 2° qu'ils invoquaient de mauvaises excuses, et 3° que, du côté des agents du roi dans la réunion, on avait de sérieuses craintes que, même en promettant, ils ne manquassent au rendez-vous. C'est à la page où Charpentier nous informe qu'après la nomination des délégués, « le sieur Berryer, secrétaire du Roy et de ses Conseils » — qui, on en conviendra, se trouvait là tout à fait à point nommé, proposa obligeamment d'avertir la Cour de la visite des délégués et même de les accompagner à Fontainebleau.

Quand on sait lire entre les lignes, ces offres n'avaient évidemment pu être attirées que par des résistances qu'on voulait faire tomber. Elles furent en tous cas, au dire de Charpentier, acceptées des délégués avec les plus grands remerciements.

Berryer avait de la sorte une raison toute naturelle, dans les deux jours qui précédaient le départ de Fontainebleau, de voir les délégués ou de les faire voir, et de tout disposer pour qu'ils ne se dérobassent point au dernier moment. Quoique Charpentier ne nous en dise rien, notre conviction est que Berryer dut largement en user.

V

Accueil bienveillant et empressé fait par le roi à la délégation. — En la recevant, il se conduisit comme s'il se doutait à peine de ce dont il s'agissait.

On avouera que l'intrigue n'avait pas été trop mal conduite dans ces deux mois. Mais ce n'est encore rien auprès de ce qui allait avoir lieu à Fontainebleau.

D'abord si, au moment de leur nomination, les délégués avaient redouté la moindre rebuffade ou quelque froideur dans l'accueil qu'ils recevraient à la Cour, ils durent, le surlendemain, reconnaître que leurs craintes avaient été des plus chimériques. Louis XIV les reçut au contraire avec tant d'empressement et de bienveillance, qu'il était impossible de s'expliquer accueil pareil, à moins d'être dans le secret de ce qui se tramait.

Ces malheureux, en effet, n'avaient aucun soupçon que leur démarche représentait pour le roi une victoire à laquelle il travaillait depuis plusieurs mois. Il est probable même qu'il leur fallut les révélations ultérieures de Charpentier, dans sa *Relation de l'Establissement*, etc., pour leur apprendre que dans cette affaire, ils n'avaient été que les acteurs inconscients d'une grande menée, dirigée de haut et dont le roi en personne tenait les fils.

Ainsi qu'il avait été convenu, le départ pour Fontainebleau eut lieu dans la matinée du 28 mai.

En arrivant à Melun, les délégués trouvèrent une lettre de Colbert, informant « le sieur Berryer » que l'objet de la délégation était si agréable à Sa Majesté, qu'Elle avait donné des ordres pour que ceux qui en faisaient partie, durant leur séjour à Fontainebleau, fussent logés et nourris au château. Il y avait déjà là de quoi les tranquilliser.

A leur arrivée, il faisait nuit close. Ils n'en furent pas moins immédiatement reçus par Colbert, qui les complimenta de leur projet et s'entretint longuement avec eux. Il est présumable que dans la distribution des rôles, Colbert avait été chargé de les tâter et d'étudier de quelle façon il fallait les prendre. Cet examen ayant sans doute été satisfaisant, à l'issue de la conférence, il leur promit d'arranger les choses pour que, dès le lendemain, ils pussent être présentés au roi.

Le lendemain, en effet, une audience solennelle

de Sa Majesté leur était accordée. Un délégué devait prendre la parole au nom de tous, « le sieur Maillet » ; il voulut, selon l'usage, parler à genoux ; le roi le fit relever, et c'est debout qu'il expliqua ce qui les amenait.

Charpentier ne peut évidemment pas en faire l'aveu, mais il est permis de supposer, — autrement la comédie aurait été incomplète et manquerait d'une de ses meilleures scènes, — qu'en écoutant le « sieur Maillet », Louis XIV dut se contraindre pour paraître entendre parler sérieusement pour la première fois de cette affaire d'une Compagnie des Indes orientales. Ce que l'on sait, en tous cas, c'est qu'en recevant le cahier des 40 articles que le « sieur Maillet » avait à lui remettre, Sa Majesté félicita les délégués de leur idée et de leur initiative ; et qu'en les congédiant, Elle leur promit, comme témoignage de l'intérêt qu'elle portait à l'affaire, d'examiner sans délai « leurs articles », de façon que le jour même ils pussent connaître sa volonté.

Après cette audience, dont il va de soi que les délégués avaient dû sortir éblouis, on les conduisit dans une grande salle du château, où un repas magnifique avait été servi à leur intention. Par ordre du roi, plusieurs grands de la cour devaient y assister en qualité de commensaux. Puis on leur fit visiter les jardins. On s'attachait évidemment à les gagner.

Dans l'après-dînée, on vint les prier de se rendre pour une communication dans l'appartement du maréchal du palais. Et à peine y étaient-ils que Colbert les y rejoignit, tenant « le Cahier de leurs articles respondu de la propre main de Sa Majesté, article par article ». Après avoir commencé par leur donner à entendre qu'ils allaient avoir sujet d'être satisfaits, il leur fit lecture des articles et des observations que le roi avait faites sur chacun d'eux, s'interrompant chaque fois qu'il y avait lieu pour leur fournir des explications.

Somme toute, le roi leur accordait tout. Il allait même au fond, pour les avantages et les privilèges, beaucoup au delà de ce qu'on avait osé lui demander. Un changement notable était seul imposé ; mais il aurait fallu connaître les desseins de Louis XIV pour en comprendre toute la portée. C'était à propos de l'article 7, concernant l'époque où l'élection des directeurs, c'est-à-dire du conseil d'administration de la Compagnie, devait avoir lieu.

En face de cet article, Louis XIV avait effectivement mis en marge :

Accordé, à la condition que tous ceux qui voudront entrer dans ladite Compagnie s'en déclareront et signeront à la première assemblée, et y éliront en même temps douze syndics qui prendront soin de tout ce qui reste à faire pour l'establissement de ladite Compagnie jusques au temps de la nomination des directeurs.

Lorsque Colbert arriva à cette partie du cahier, si les délégués avaient pu soupçonner l'usage que le roi entendait faire de ces quatre ou cinq lignes, à l'air si débonnaire, nul doute qu'à leur joie d'avoir tout obtenu aurait immédiatement succédé la plus profonde déconvenue. Mais ce ne fut qu'ensuite et des mois après, qu'ils devaient avoir sujet d'être éclairés à ce sujet. Il n'est donc pas surprenant que, dans leur ravissement présent, ils aient supplié Colbert d'intercéder auprès de Sa Majesté, pour qu'Elle voulût bien leur permettre de La remercier de vive voix le lendemain matin, avant leur départ pour rentrer à Paris.

Ce qui fut receu du Roy, dit Charpentier, avec cette douceur auguste et cette gravité charmante qui le rendent maistre absolu des cœurs de tous ceux qui ont le bonheur de l'approcher. Il les asseura de nouveau de sa protection, et les exhorta de presser le plus qu'ils pourroient l'exécution d'un si grand dessein.

Il est vraiment dommage que les *Mémoires* de Saint-Simon commencent seulement en 1695, car il n'y aurait eu qu'à les compulser pour savoir ce qu'on pensa et ce qui se dit dans les recoins du palais, à propos de cette démarche de neuf marchands de Paris, démarche, on le sait, dont la plupart des contemporains, insuffisamment renseignés, ont parlé comme s'ils eussent été une véritable délégation du commerce parisien. Quoi qu'il en soit, il est probable que parmi les courtisans, elle dut pendant longtemps être l'occasion de pas mal de gorges chaudes ou de fins sourires, au petit lever comme au coucher du roi.

VI

Assemblée publique convoquée par les délégués à leur retour à Paris. — Salle manifestement préparée. — Nomination d'un comité d'initiative de douze syndics, tous marchands de Paris.

L'envoi de la délégation à Fontainebleau et l'accueil qu'elle avait reçu du roi, avaient assurément fait faire un nouveau pas à l'affaire. Mais le grand point était maintenant de pousser les délégués, car c'était de leur initiative qu'on dépendait, pour récolter le bénéfice de tout ce qui avait eu lieu jusque-là.

Certes, on pouvait entièrement compter sur leur bon vouloir.

Ils étaient rentrés dans la capitale dans un état d'esprit facile à comprendre. Non seulement il devait leur tarder d'informer leurs mandants du succès complet de leur mission, mais en les exhortant

« de presser le plus qu'ils pourroient l'exécution d'un si grand dessein », le grand roi avait exprimé à ces braves négociants un désir, qu'ils avaient naturellement à cœur de satisfaire au plus tôt.

Dès leur retour, ils n'avaient donc rien eu de plus pressé que d'arrêter, dans le plus bref délai possible, la convocation de l'assemblée visée dans le paragraphe additionnel du roi, assemblée où ceux qui voudraient s'intéresser dans la Compagnie, devaient avoir à donner leur signature et à élire les douze syndics.

Cette assemblée fut effectivement convoquée pour quelques jours après, le 5 juin.

Cette réunion était capitale ; aussi, après ce que nous savons déjà des manœuvres de Louis XIV, il n'est donc pas téméraire de supposer qu'il dut faire prendre toutes les dispositions nécessaires pour qu'elle tournât bien.

En effet, qu'on n'y nommât point les syndics, et c'était tout le temps et toutes les peines dépensés jusque-là complètement perdus ; et il fallait en outre que le roi renonçât au paravent de commerçants, dont il avait senti l'obligation de se couvrir pour opérer. Qu'on y nommât au contraire les syndics, mais qu'ils fussent par trop indépendants, et c'était la direction de la Compagnie lui échappant pendant tout le temps qu'ils resteraient en fonctions, et l'impossibilité par suite de rien leur faire faire de ce qu'il ugerait nécessaire pour le succès de ses vues.

Or tout se passa si bien dans cette assemblée, qu'évidemment, comme on dit aujourd'hui, on avait eu soin de « préparer la salle ». Charpentier l'avoue presque en toutes lettres, lorsqu'il nous informe que l'auditoire comprenait « plus de trois cents personnes *de tous ordres* ». Ces mots *de tous ordres*, quand rationnellement l'assistance n'aurait dû être composée que de commerçants et de bourgeois, indiquent assez qu'il y avait là des gens dont ce n'était point l'affaire, et qui auraient à peine dû s'y trouver comme spectateurs.

A l'ouverture de la séance, les délégués obtinrent le plus vif succès, en rapportant d'abondance de cœur leur réception à Fontainebleau et les paroles du roi. Le récit de leur voyage et l'accueil qu'on leur avait fait causa chez tous une véritable émotion. Mais où cette émotion se transforma subitement en une frénésie indescriptible, c'est lorsqu'ils eurent mis sous les yeux de l'assistance le cahier des 40 articles, « avec les appostilles en marge escrites de la propre main de Sa Majesté ». Il n'est pas nécessaire d'avoir beaucoup d'imagination pour se figurer le mal qu'à ce moment-là, durent se donner ceux qui avaient été envoyés pour chauffer les autres.

Les dispositions de la salle, à partir de ce moment, durent être on ne peut plus favorables. Aussi un assistant, qui était probablement un compère, désireux de profiter de l'occasion, se leva-t-il alors pour demander aux personnes présentes, et cela afin que la Compagnie eût un commencement d'embryon, pour leur demander, disons-nous, d'accorder leur adhésion au projet de Compagnie sur la base des quarante articles, « sans spécifier néantmoins les sommes pour lesquelles elles s'intéresseroient, chacun ayant du temps pour se résoudre sur ce subjet ».

Il est manifeste que sous cette forme, la motion n'engageait guère; c'était presque un simple témoignage de bonne volonté que l'on sollicitait. Au reste l'enthousiasme était si général, si complet, il y avait d'autre part si peu de raison de défiance ou de réflexion, qu'aucune objection ne s'élevant contre, tout le monde vint signer au bureau.

Les signatures une fois recueillies, un autre compère, à moins que ce ne fût le même, s'adressant doucement à l'Assemblée, lui fit une nouvelle proposition, celle de choisir les douze syndics qui auraient à s'occuper des intérêts de la Compagnie, dans les termes du paragraphe additionnel sus-mentionné.

Un membre de l'assistance, comme amendement, émit tout d'abord l'avis d'élire en qualité de syndics les neuf délégués qui étaient allés à Fontainebleau; on accepta; mais deux d'entre eux, qui voyaient probablement plus clair que les autres et qui ne consentaient pas à être menés plus loin, ayant décliné tout nouveau mandat, il n'y en eut que sept d'élus comme tels. On leur adjoignit cinq autres personnes pour compléter le nombre 12, mais après avoir préalablement fait voter que ces cinq derniers membres ne pourraient être, comme les sept autres, que des marchands de Paris.

C'est de la sorte que l'on eut douze syndics, appartenant tous au grand commerce parisien.

Avec ce dernier vote, Louis XIV était donc arrivé à une partie de ses fins.

A la date de cette réunion, 5 juin 1664, il y avait deux mois et cinq jours que la brochure de Charpentier avait paru : et depuis ce moment, l'idée d'une Compagnie française pour le commerce des Indes orientales avait été répandue dans le public ; toutes les dispositions avaient été prises pour que le pays, n'ayant à juger que sur les apparences, fût persuadé que cette idée venait des négociants de Paris et qu'ils étaient à sa tête ; le projet à réaliser comptait en outre trois cents adhérents, dont on avait la signature ; enfin, ce noyau d'adhérents était représenté par douze syndics, pris parmi les commerçants de Paris.

Quant à ces douze syndics, qui étaient loin d'être les premiers venus dans leurs corporations respectives, par leur honorabilité, leur fortune, la considération dont ils jouissaient sur la place, ils composaient un comité d'initiative de premier ordre, sous le patronage desquels une affaire avait toutes les chances d'attirer l'attention de la bourgeoisie et du commerce, de la capitale comme des provinces.

Pour que de pareils résultats eussent été obtenus en aussi peu de temps, il fallait évidemment que personne ne se fût endormi, et Louis XIV moins que personne.

VII

Le comité d'initiative constitué, Louis XIV travaille au placement des actions de la Compagnie. — Lettre qu'il écrit à cet effet à 119 villes de province. — Pression exercée dans le même but sur les différents ordres de l'État.

En les prenant en eux-mêmes, ces résultats, on en conviendra, étaient considérables. Quelques considérables qu'ils fussent néanmoins, ils n'étaient encore que préparatoires ; ils permettaient seulement de s'adresser dans de bonnes conditions au public, pour lui demander de souscrire les 15 millions fixés par le cahier des 40 articles, comme capital social de la Compagnie. Mais il restait à s'en servir, à les mettre en œuvre, à en tirer tout le parti qu'ils comportaient, vu que ce n'était qu'après la réalisation de ce capital que la Compagnie pouvait réellement être regardée comme fondée.

Eh bien, pour ce qui était à faire de ce côté, l'habileté de Louis XIV, bien loin de se démentir, ne va que s'accroître encore, et la battue à l'actionnaire que nous allons lui voir organiser — « battue à l'actionnaire » n'est pas exagéré — sera combinée de telle sorte et si méthodiquement exécutée, que, sous ce rapport, il n'a pour ainsi dire rien laissé à inventer aux hommes de Bourse du XIXe siècle.

Au dire des personnes compétentes, dans les affaires d'émission la règle n'est pas seulement de marcher vite, de manière que les gens n'aient point le temps de se reconnaître ; elle consiste principalement à les solliciter sous toutes les formes, à leur monter la tête, à tellement peser sur eux, qu'à la fin aveuglés, convaincus, ils apportent leur argent à l'entreprise qu'on leur recommande, avec la persuasion intime qu'ils n'en sauraient faire un meilleur emploi.

En prenant la peine de faire nommer ces douze syndics appartenant au commerce parisien, en faisant insérer surtout dans les 40 articles le paragraphe additionnel que l'on sait, Louis XIV avait sans doute visé à avoir un certain nombre de commerçants de Paris qui, produisant l'effet de trompe-l'œil, laissassent croire que le négoce de Paris était l'âme de l'entreprise ; mais ce qu'il avait particulièrement cherché, c'était un comité d'hommes de paille, qu'il pût faire agir comme il l'entendrait, et grâce auxquels il fût dispensé de se mettre personnellement en scène.

Vers la fin de cette *Relation pour l'Establissement de la Compagnie françoise pour le commerce des Indes orientales*, à laquelle nous faisons de continuels emprunts depuis quelques chapitres, Charpentier nous raconte incidemment que Colbert assistait régulièrement aux séances des syndics. On peut supposer sans peine qu'il en devait être de même du « sieur Berryer, secrétaire du Roy et de ses Conseils » et de quelques autres gens de la Cour. Louis XIV avait donc au milieu d'eux des agents chargés d'y porter et d'y défendre au besoin ses volontés. Nous dirons toutefois que c'est beaucoup moins sur le fait de la présence de ces agents que nous nous fondons pour qualifier les syndics d'hommes de paille, que sur un certain nombre de décisions, auxquelles ils furent amenés, et qu'ils n'auraient certainement jamais prises d'eux-mêmes, s'ils n'eussent pas su qu'à leur sujet, ils faisaient plaisir au roi et que, le cas échéant, il serait là pour les couvrir et les dégager.

Mais n'anticipons point sur les événements.

L'essentiel, au moment où nous sommes, était de faire souscrire les actions, et c'est de ce côté qu'il y avait à concentrer avant tout l'activité des syndics.

Rien d'étonnant donc que le soir même de leur élection, ces derniers, dont la majorité se composait de délégués dont Louis XIV avait fait la conquête à Fontainebleau, se soient réunis, et que, dit Charpentier, ils aient décidé de s'assembler tous les jours, à commencer par le lendemain.

Dans cette séance du lendemain, ayant reconnu qu'ils devaient momentanément borner leurs efforts au placement des actions, ils s'étaient mis tout de suite d'accord sur ce point, qu'en raison des distances, l'urgent était de préparer le terrain dans les provinces et d'y avoir des adhésions.

Une discussion cependant s'était ensuite engagée à ce propos, et une objection très judicieuse avait été produite : c'est que, dans les provinces, il était impossible de se passer de l'intermédiaire des municipalités, attendu que dans beaucoup de villes, sans les municipalités, il y avait de grands risques pour qu'aucune attention ne fût accordée aux communications qu'on pourrait y envoyer.

Or, tandis que les syndics se demandaient ce qu'en cette occurrence il y avait à faire, quelqu'un émit une idée. De qui venait-elle? de Colbert, de Berryer ou d'un autre acolyte? Nous ne saurions le dire. En tout cas, il est incontestable qu'il était impossible qu'on en eût fait la motion sans être en même temps sûr qu'on ne serait pas indiscret et qu'on n'offenserait pas le roi. Cette motion consistait à solliciter de Sa Majesté des lettres pour les maires et échevins des principales villes de France, lettres dans lesquelles, tout en leur recommandant l'affaire de la Compagnie des Indes, Elle leur enjoindrait d'avoir à s'occuper activement de trouver des souscripteurs.

La preuve la meilleure qu'en cette circonstance Louis XIV devait être de connivence avec les auteurs de la demande, c'est qu'il répondit pour ainsi dire courrier par courrier à la requête que les syndics lui adressèrent à cet effet, en leur envoyant 119 lettres de cachet, pour les maires et échevins des 119 villes les plus importantes du royaume.

« Toutes ces lettres, au rapport de Charpentier, estoient semblables, hormis le changement d'addresse. »

Elles auraient donc constitué alors ce que, dans notre style du xixe siècle, nous appellerions une « circulaire ».

Cette circulaire, datée de Fontainebleau, *13 juin 1664*, c'est-à-dire huit jours seulement après l'élection des syndics, démontre combien l'on était désireux, du côté du roi, que les choses ne traînassent point en longueur. Mais ce qu'elle prouve surtout, lorsqu'on a la curiosité de la lire en entier, c'est qu'il aurait été bien difficile à Louis XIV de recommander la Compagnie des Indes orientales dans des termes plus chaleureux.

Parmi les moins réservés de nos hommes politiques actuels, on n'en trouverait pas un, en effet, qui oserait patronner aussi publiquement une affaire, lors bien même que cette affaire mériterait la plus absolue confiance.

Qu'on écoute de quelle façon pressante le roi Soleil engage les échevins et maires de ses bonnes villes à faire prendre des actions à leurs administrés, et avec quelle hypocrisie il fait intervenir dans l'affaire les commerçants et le commerce de Paris, qui justement ne s'en étaient point mêlés :

DE PAR LE ROY

Chers et bien amés, ayant considéré que rien ne se pouvoit estre plus avantageux aux peuples que Dieu a soumis à nostre obéissance, ni plus capable de leur faire gouster l'aise et le repos que nous leur avons acquis par la paix, que le restablissement du commerce en dehors de notre royaume, par le moyen duquel seul l'abondance de toutes choses peut y estre attirée et se respandre sur le général et sur les particuliers, qui auront plus de facilité par ce moyen à se défaire des denrées qui y croissent et qui ne s'y peuvent consumer et à débiter les manufactures qui s'y font, la quantité desquelles, estant augmentée par le trafic, donnera matière d'employ à une infinité de personnes de tous âges et de tout sexe ; nous avons pris Résolution d'establir une Compagnie puissante pour faire le commerce des Indes orientales ; ce qui estant venu à la connoissance des marchands-négocians de nostre bonne ville de Paris, ils ont de nostre consentement et avec nostre permission tenu diverses assemblées dans lesquelles après avoir examiné les grâces et les avantages qu'ils pourroient attendre de nous et qu'ils ont jugez nécessaires pour affermir cet establissement et pour convier plus de personnes à s'y intéresser, ils ont dressé des Articles, le 26 du mois de may dernier, lesquels ils nous ont fait présenter par quelques-uns d'entre eux qu'ils ont envoyez exprès en ce lieu.

Et comme nous avons été bien aise de rencontrer

une occasion si favorable pour donner à nos sujets des marques de nostre affection et de l'amour que nous leur portons, nous avons bien volontiers accordé les demandes contenues dans lesdits Articles, sans considérer en aucune manière la diminution qu'elles apportent à nos droits et aux revenus ordinaires de nos fermes ; ce qu'il vous sera facile de connoistre par la lecture desdits Articles et des responses que nous y avons données, dont nous vous envoyons copie.

Et nous vous avons bien voulu les accompagner de cette lettre, pour vous dire que nostre intention est qu'incontinent que vous l'aurez reçue et celle qui vous sera adressée de la part des syndics de la Compagnie du commerce des Indes orientales, vous ayiez à faire faire une assemblée générale des habitants de nostre ville de... de toutes conditions ; qu'en icelle vous fassiez lecture desdits Articles et de nos responses sur iceux, et fassiez connoistre à tous nos sujets qui s'y trouveront, que comme nous n'avons rien plus à cœur que l'establissement de cette Compagnie, nous nous porterons avec un soin et une application singulière à la protéger en toutes occasions.

Et d'autant que dans nostre dite ville de Paris, ceux qui ont eu dessein d'entrer dans ladite Compagnie et qui sont desjà plus de 300 de tous ordres ont signé au bas de la copie desdits Articles, nous désirons que vous en fassiez faire une copie en papier pour recevoir toutes les signatures de ceux qui voudront s'associer et s'intéresser en ladite Compagnie. Qu'ensuite vous donniez part aux syndics d'icelle en nostre dite ville de Paris de ceux qui auront signé, et que vous informiez le sieur Colbert, conseiller en nostre conseil royal et intendant de nos finances, de tout ce qui se sera passé dans cette assemblée, en laquelle nous vous recommandons de ne rien obmettre de ce qui dépendra de vous, pour faire connoistre à chacun l'utilité et l'advantage de cet establissement pour tous ceux qui s'y intéresseront. N'y faites donc faute, car tel est nostre plaisir.

Donné à Fontainebleau, le 13ᵉ jour de juin 1664.

Signé : Louis, *et plus bas :* Le Tellier,

En recevant une semblable lettre de leur roi, il était moralement interdit à ceux auxquels elle était adressée de ne point afficher le plus grand zèle pour la Compagnie ; il est même évident qu'il y avait pour eux tous un point d'honneur à recueillir le plus d'adhésions possibles, et à avoir la plus longue liste de souscripteurs à envoyer.

D'ailleurs, comme on s'en peut assurer par le dernier paragraphe, dans cette lettre on leur détaillait la manière dont ils devaient procéder pour réunir des adhérents, et pour faire signer sur l'heure, sans donner le temps de la réflexion.

Comble enfin de la prévoyance ! comme il pouvait se faire que les maires et échevins ne sussent point devant leurs assemblées comment appuyer ou faire comprendre l'idée de la création d'une Compagnie des Indes, en même temps que les 119 lettres étaient expédiées aux syndics, le roi leur conseillait de joindre au paquet destiné à chaque ville, un exemplaire du *Discours d'un fidèle sujet du roi.* C'était tout un arsenal d'arguments qu'il n'y avait plus qu'à développer.

A nos lecteurs d'imaginer l'effet qu'une pareille circulaire était fatalement appelée à produire, par l'intermédiaire des maires et des échevins, sur le tiers état des villes de provinces : commerçants, artisans et bourgeois.

Il est clair que, de ce côté-là, on pouvait compter sur un concours financier sérieux.

Mais il n'y avait pas qu'eux, il y avait encore les autres ordres de l'État.

Aucune pièce n'existe dans les Archives de la marine nous permettant d'affirmer positivement qu'on ait directement tenté quelque chose auprès du clergé ; mais les *Volumes verts* de la Bibliothèque nationale prouvent qu'il fut de son côté mis à contribution. D'ailleurs, comme on travailla tout le monde, nous ne verrions pas les raisons qui l'auraient fait épargner.

En ce qui concerne la noblesse, le roi s'étant engagé à prêter à la Compagnie, pendant dix ans et sans intérêts, une somme de 3 millions, sur laquelle il consentait à supporter les pertes de la Compagnie durant cette période, il n'y a qu'à connaître les mœurs du temps, pour savoir que c'était là un exemple auquel, bon gré mal gré, toute la Cour était tenue de se conformer. Dut-on beaucoup insister auprès d'elle à ce sujet ? Nous l'ignorons. Toujours est-il qu'à en juger par la liste des actionnaires, le chiffre des souscriptions des gens de la Cour fut relativement énorme. Quant à la noblesse des provinces, les intendants reçurent l'ordre de la talonner.

Colbert et Le Tellier furent, de leur côté, chargés des corps de justice, des intendants et des gens de finance. Rien ne serait intéressant comme de connaître les circulaires qu'ils durent leur envoyer à cette occasion. Malheureusement, il n'en subsiste aucune dans les papiers du Ministère de la marine. La seule que l'on ait fait partie des archives du département du Cher. Mais comme elle est instructive! Elle émane de Colbert et laisse entrevoir la pression hautaine et brutale avec laquelle on procéda avec les fonctionnaires. Elle était adressée aux présidents et trésoriers généraux de France.

La voici, du reste, car le texte vaut mieux que tous les commentaires qu'on en voudrait faire :

AUX PRÉSIDENTS ET TRÉSORIERS GÉNÉRAUX DE FRANCE

au bureau des finances à Bourges.

Paris, 20 novembre 1664.

Le Roy, les Reynes, monseigneur le Dauphin, les princes du sang et toutes les personnes de qualité du royaume, et à leur exemple les Compagnies souveraines avec une infinité de gens de toutes sortes de professions, ayant pris intérest dans la Compagnie des Indes orientales, sur la connaissance infaillible qu'un chacun a prise des grands avantages qui s'y trouveront, Sa Majesté n'a pas douté que vous ne profitassiez d'une si belle occasion qui vous est offerte de bien mériter envers Dieu (le principal dessein d'un si grand establissement estant de porter la lumière de l'Évangile en ces pays éloignés), envers Elle qui y contribue si fortement en faisant une avance d'un million d'or et en se chargeant de toute la perte en cas qu'il s'en trouvast dans les commencements, et envers le Public qui y rencontrera ses commodités ; en sorte que vous prendrez part à la gloire et à l'utilité en vous intéressant dans cette Compagnie suivant vos facultés.

En mon particulier, estant si bien persuadé de tous ses avantages, je ne saurais m'empêcher de vous en conjurer fortement.

Signé : COLBERT.

Une conclusion pourrait être tirée, premièrement de la date de cette circulaire, 20 novembre 1664, car nous ne sommes encore qu'en juillet et en août ; deuxièmement, du ton impératif et tranchant dont Colbert y parle, et en troisième lieu, de ce nom du roi qu'il y fait si ouvertement intervenir : c'est qu'il devait s'agir très probablement là d'une lettre de rappel, les précédentes n'ayant eu aucun effet.

S'il n'y avait cependant que le ton, la raison ne serait pas suffisante, attendu que le raccolement des actionnaires fut poussé par Colbert avec une ardeur incroyable. Il suffit pour se convaincre à cet égard de consulter l'état des souscriptions par généralités et provinces, qu'il se fit donner à un certain moment [1]. En face de chaque nom, en effet,

1. Archives coloniales de Ministère de la marine et des colonies : fonds COMPAGNIE DES INDES ORIENTALES, *administration en France*, 4C².

sont écrites de sa main des annotations rapides, vraisemblablement destinées à guider ses secrétaires, et dans lesquelles il spécifie en deux ou trois mots, si la personne avait été généreuse, si l'on était content de son bon vouloir, si elle ne souscrivait pas autant qu'elle le pouvait, si elle tardait trop à dire pour quelle somme elle souscrirait.

VIII

Genres divers de réclames employés à Paris pour le placement des actions de la Compagnie.

Du moment où le tiers état des provinces, la noblesse, la Cour, les intendants, les gens de finance et de justice avaient été pareillement sollicités par les syndics, le roi et les ministres, on pense bien que Paris n'avait pas dû être oublié dans cette propagande, Paris avec ses marchands et ses bourgeois si économes et partant si riches.

Par exemple, quoique nous n'en ayons pas la preuve matérielle, il est fort probable qu'on dut inonder les corporations parisiennes de circulaires plus pressantes les unes que les autres, pour les engager à souscrire. Ce que l'on sait toutefois pertinèmment, c'est qu'en dehors de toutes les invitations possibles, on employa une foule de moyens — ces moyens que les maîtres ès publicité au xixe siècle décorent du nom de « réclames intelligentes », pour frapper l'attention de la capitale et pour obliger les gens à penser à l'affaire, à en parler, à se dire qu'elle était certainement appelée à réussir, et finalement à y apporter leur argent. Citons quelques faits, à ce propos.

Pour tenir leurs assemblées, les syndics avaient choisi une maison située « rue Saint-Martin, proche l'église Saint-Julien des frères de la Doctrine chrétienne ». Il y eut toute une solennité pour la pose, au-dessus de la porte d'entrée, d'une table de marbre noir sur laquelle étaient gravés ces mots : *Compagnie des Indes Orientales.*

Deux gentilshommes ordinaires de la maison du roi, les sieurs de La Lain et de La Boullaye, avaient obtenu l'autorisation d'aller aux Indes. En apparence, ce ne devait être que pour un « voyage de curiosité », mais leur mission était en réalité de se rendre auprès du roi de Perse et du grand Mogol, afin de les bien disposer en faveur de la nouvelle Compagnie. On s'arrangea de façon que le bruit de leur voyage, — voyage qui, par parenthèse, donna les meilleurs résultats, en se répandant dans le public, servît de thème aux commentaires les plus avantageux.

Nous avons parlé plus haut du prêt de 3 millions auquel s'était engagé Louis XIV. Les conditions étaient les suivantes : le roi paierait d'abord 300,000 livres, puis 300,000 autres livres, et ainsi de suite jusqu'à épuisement des 3 millions, chaque fois que 400,000 livres, provenant des versements opérés par les actionnaires, entreraient dans la caisse de la Compagnie. Or, pour les premiers 300,000 livres « l'ordonnance de comptant », envoyée au bureau des syndics était « signée de la propre main du Roy » ! Cela dit peu de chose aujourd'hui. Mais lorsqu'on se reporte à l'époque, et quand on considère qu'il n'était peut-être encore jamais arrivé à un roi de France de donner sa signature pour une mesquine opération de trésorerie, c'était de la part de Louis XIV la marque d'une bienveillance et d'une sollicitude extraordinaires, qui dans le public ne pouvaient manquer d'être utiles à la Compagnie.

S'il en faut croire Souchu de Rennefort et Charpentier, et on doit les en croire absolument à cet égard, puisqu'ils écrivaient au moment, ç'aurait été une bien autre affaire pour le deuxième versement. On se figurerait être avec un cirque de province faisant sa tournée dans les rues de la ville où il est venu dresser ses tentes. Les 300,000 livres, chargés sur les chariots du roi escortés d'une compagnie de Suisses, traversèrent tout Paris au son des tambours, des trompettes et des fifres, pour être portés au siège de la Compagnie et remis aux mains des syndics.

Tout à coup, on apprend l'entrée à Port-Louis, en Bretagne, d'un navire de la Compagnie Rigault-

La Meilleraye arrivant directement de Madagascar. Vite on fait venir le capitaine, qui se nommait de Quercadiou. On le produit, on le fait parler, ou, en d'autres termes, donner quelque chose d'analogue à ce que nous appelons aujourd'hui des conférences, puisque les conférences sont encore une des formes de la publicité. Il raconte ce qu'il a vu là-bas, l'impression produite sur lui par le pays; il montre des échantillons de cire, de peaux, d'ébène, de pierres précieuses diverses, etc., qu'il a rapportés avec lui. Bref! il rend de si bons offices de ce côté et les syndics en sont si satisfaits, qu'ils lui offrent du service dans la Compagnie.

Vers 1664, le nom de Flacourt était inséparable de celui de Madagascar; non pas tant parce que Flacourt avait été plusieurs années à la tête de l'établissement de Fort-Dauphin, que par ses écrits sur l'île. A sa mort, ses mémoires, qu'on aura peut-être la chance de retrouver un jour, étaient passés aux mains de son frère utérin, le « sieur de Beausse », que nous verrons l'année suivante comme chef du premier armement de la Compagnie.

Le « sieur de Beausse » vint faire présent aux syndics des mémoires de Flacourt, et par la même occasion se proposa pour directeur de l'établissement que la Compagnie formerait à Madagascar. On accepta avec le plus grand empressement, moins parce que, dans l'esprit des syndics, le détenteur des mémoires de Flacourt et de plus son frère utérin, avait dû hériter de quelques-unes de ses connaissances techniques sur Madagascar et ses peuples, que parce que son admission à ce moment-là dans le personnel de la Compagnie, ne pouvait que produire un excellent effet sur les imaginations, et faire au total une bonne réclame.

Il serait superflu de nous arrêter davantage à tous ces détails.

IX

Résultats de la propagande faite en vue de la souscription des actions. — Paris reste réfractaire seul. — Devant le succès obtenu, Louis XIV cherche sur-le-champ à réaliser ses idées sur Madagascar.

En s'en tenant aux renseignements qui précèdent, plus on réfléchit à ce que le roi, les syndics et les ministres firent aussi bien à Paris qu'en province, pour le placement des actions, plus on est forcé de reconnaître que le plan de campagne avait été merveilleusement dressé et qu'il ne suffisait plus que d'un peu de savoir-faire et de conduite, pour que forcément il donnât les meilleurs résultats. En effet, sous cette propagande savante, et grâce aux pressions de toute espèce, qu'on ne se fit aucun scrupule d'exercer, un élan indescriptible fut produit dans la France entière en faveur de la Compagnie des Indes, et les adhésions affluèrent de toutes parts.

Si l'on voulait s'en assurer, il n'y aurait qu'à ouvrir le registre où se trouvent réunis les papiers relatifs aux comptes des actionnaires[1]. On est étonné de ce qui fut souscrit et versé dans les premiers mois.

La Cour, effectivement, s'intéressa pour 2 millions de livres ; les gens de finance pour 2 millions également, les Cours souveraines pour 1,200,000 livres.

Quant aux villes, échauffées par leurs maires et leurs échevins que la lettre du roi avait exaltés, pleines de confiance en outre dans l'avenir d'une affaire dont la direction devait être laissée aux négociants de Paris, et finalement entraînées par l'exemple des gens en place ou de noblesse de la localité, elles répondirent presque sans exception à l'appel.

Lyon souscrivit un million, Rouen 550,000 livres Bordeaux 400,000, Tours 150,000, Nantes 200,000 Saint-Malo 100,000, Rennes 100,000, Toulouse 120,000, Grenoble 113,000, Dijon 100,000. Viennent ensuite Moulins, Bourges, Le Havre, Marseille, Dunkerque, Metz, Amiens, Langres, Châlons, Riom. Clermont-Ferrand, Orléans. Abbeville, Caen, Montluçon, Reims, La Rochelle, Soissons, Poitiers, Aix, Arles, Thiers, Limoges, Quimper-Corentin, Angers, etc.

---

1. Archives coloniales du Ministère de la marine et des colonies : fonds COMPAGNIE DES INDES ORIENTALES, *administration en France*, 4 C², folios 1 à 131.

Chose curieuse, au milieu de l'enthousiasme universel, il n'y a que Paris qu'on vit rester froid.

Si l'on consulte son compte, on trouve bien qu'il s'élève en bloc à 650,000 livres, ce qui en somme représentait très peu de chose pour une ville assez riche pour souscrire à elle seule les 15 millions demandés. Mais si l'on s'avise d'entrer dans le détail de ces 650,000 livres, que découvre-t-on ? On découvre que, sur ces 650,000 livres, il y en a 180,000 pour la corporation des drapiers et 306,000 souscrites en leur nom personnel par les douze syndics ! Et ces douze syndics avaient des membres de leur famille portant le même nom qu'eux, lesquels, comme on peut le voir en feuilletant le registre, s'étaient engagés de leur côté pour un certain nombre d'actions !

Au reste, ce qui dit tout, c'est que parmi les actionnaires on rencontre seulement douze corporations parisiennes : les drapiers déjà nommés, les marchands-merciers, les orfèvres, les bonnetiers, les pelletiers, les épiciers, les marchands de vin, les confituriers, les tapissiers, les tailleurs, les fruitiers-verduriers, les charcutiers. Et encore ces cinq dernières n'étaient-elles inscrites que pour 1,000 livres, c'est-à-dire pour une part seulement, l'action étant de 1,000 livres.

Évidemment la capitale était restée réfractaire.

On se demande naturellement quelles avaient pu être les raisons de Paris de s'abstenir ainsi, quand dans son ensemble la France se montrait si unanime. Notre opinion est qu'on se méprendrait tout à fait, si l'on y voyait un sentiment quelconque d'hostilité de la population parisienne pour la création d'une Compagnie française des Indes orientales. Pareille entreprise, à notre avis, devait avoir, au contraire, tout ce qu'il fallait pour obtenir *de plano* ses sympathies.

Pour nous, cette abstention eut diverses causes qui se produisirent successivement, et dont l'effet, au total, fut d'empêcher le peuple de Paris de prendre part à l'opération.

D'abord, cette classe aujourd'hui si nombreuse de gens qui se précipitent à fonds perdus dans toutes les affaires recommandées par le gouvernement n'existait pas alors. Avant de délier les cordons de sa bourse, on avait besoin de se rendre compte, de « voir », de réfléchir. Or, cette idée d'une Compagnie des Indes jetée soudainement dans le public, ostensiblement poussée par tout le monde officiel, prise en main par quelques gros négociants visiblement stylés par des hommes de la Cour ou du cabinet du roi, ce voyage à Fontainebleau, puis toutes ces manœuvres derrière lesquelles on sentait distinctement le désir de mettre à tout prix la main sur des actionnaires, tout cela avait certainement dû finir par indisposer les habitants de Paris ; d'autant plus, on le sait, que la Fronde avait laissé en eux un vieux levain d'opposition au gouvernement de Louis XIV.

Telles furent, à notre avis, les raisons qui au début firent rester les Parisiens sur la réserve. Ils avaient flairé sous tout cela une sorte de mystère, quelque arrière-pensée, des intentions secrètes, en sorte qu'avant de prendre le moindre engagement, ils avaient attendu, afin de savoir au juste ce dont il s'agissait.

Nous sommes persuadé néanmoins que ces mauvaises dispositions n'auraient pas persisté, et qu'à la fin Paris se serait mis à l'unisson du reste de la France.

Mais à quelques mois de là, ces raisons avaient été remplacées par d'autres. C'est lorsqu'il fut visible à tous que Louis XIV entendait avoir la haute main sur la Compagnie, qu'il s'en arrogerait immanquablement la direction, et que les statuts couraient dès lors grand risque de n'être jamais observés. Paris comprit alors que l'œuvre commerciale de l'entreprise était en danger d'être sacrifiée à des vues politiques ou à l'arbitraire du roi, et que les actionnaires, ne disposant d'aucune autonomie ni d'aucun pouvoir, seraient dans l'impuissance absolue de défendre et de faire valoir leurs intérêts.

Dans les boutiques et derrière les comptoirs, comme on dut à ce moment-là se réjouir de ne s'être pas pressé et d'avoir résisté à la tentation du commencement !

En effet, — et cela nous amène à la troisième partie de notre étude, — en voyant le succès retentissant obtenu par l'idée de la Compagnie des Indes,

Louis XIV ne s'était pas un seul instant demandé si ce succès ne tenait pas plutôt au savoir-faire supérieur avec lequel la propagande avait été conduite, qu'à une confiance vraiment solide et réfléchie, inspirée par l'affaire. Il avait été certain que les 15 millions du capital seraient indubitablement souscrits, et qu'il n'y aurait même jamais assez d'actions pour toutes les demandes.

Aussi qu'en était-il résulté? C'est que, comme, au fond, il ne s'était autant surmené jusque-là, que pour avoir ces 15 millions, et qu'il n'avait cherché à avoir ces 15 millions que pour réaliser certains desseins qu'il avait formés du côté de la mer des Indes ; c'est que, disons-nous, à peine tranquille du côté des souscripteurs, il s'était mis à vouloir faire usage des capitaux de la société.

Il y avait effectivement tout au plus deux mois que les syndics avaient été nommés ; pour la Compagnie, elle n'était encore représentée que par les syndics, c'est-à-dire par des administrateurs ou « directeurs » tout provisoires, puis elle attendait la consécration solennelle de son existence d'une Déclaration royale, enregistrée en Parlement [1]; quant au capital, les 15 millions d'actions étaient loin d'être souscrits, et comme la date des versements n'avait pas été fixée, on n'en était encore qu'à des versements bénévoles ; — et cependant, malgré cette situation, on vit tout à

---

1. L'enregistrement n'eut lieu que le 1ᵉʳ septembre 1664.

coup Louis XIV agir comme si les 15 millions demandés étaient en caisse, et tourner du côté des syndics la diplomatie et l'habileté, dont il venait de se servir à l'égard du public pour y trouver des actionnaires.

Son intention était de leur faire faire d'ores et déjà à Madagascar tout ce qu'il s'était proposé !

C'est dans cette troisième partie de notre étude, que nous allons aborder ce qui a plus spécialement trait à l'histoire de la colonisation française dans la grande île africaine.

Mais que nos lecteurs qui se sont intéressés jusque-là aux qualités « pratiques » du caractère de Louis XIV se tranquillisent, s'ils avaient pu penser que ce que nous avions à dire de ce chef du grand roi, était terminé ; ils n'en sont encore qu'au commencement.

Après le lanceur d'affaires incomparable que nous venons de montrer à l'œuvre, nous allons avoir maintenant à leur mettre sous les yeux le directeur de compagnie, usant de son influence sur son conseil d'administration pour l'engager dans des illégalités, et poursuivant la réalisation de ses idées personnelles, sans plus se soucier des statuts que de la volonté des actionnaires.

TROISIÈME PARTIE

LOUIS XIV, CONTRE LE GRÉ DES ACTIONNAIRES, IMPOSE
A LA COMPAGNIE
LA COLONISATION DE MADAGASCAR OU ILE DAUPHINE

I

Exposé des vues de Louis XIV sur Madagascar. — Il en veut poursuivre l'application, sans attendre le versement et la souscription intégrale du capital.

Dans une page précédente, à propos du *Discours d'un fidèle sujet du Roy*, on doit se rappeler que nous avons indiqué en quelques mots les vues de Louis XIV sur Madagascar. Nous disions, en effet, que Charpentier, dans cette brochure, revenant à maintes reprises sur cette île, en faisait les plus pompeux éloges, et qu'il s'attachait à démontrer qu'une Compagnie française des Indes qui s'y établirait, serait par cela même dans une situation exceptionnellement avantageuse par rapport à la Compagnie hollandaise, Compagnie que, par tactique, il avait présentée à ses lecteurs comme un modèle à dépasser.

Le siège central et l'entrepôt général de la Compagnie hollandaise des Indes était, on le sait, à Batavia, dans l'île de Java. C'était à Batavia que son gouverneur, ses conseils et ses tribunaux résidaient, qu'elle avait ses arsenaux, ses docks, la réserve de son armée ; c'était là en outre que tous ses navires, qu'ils vinssent d'Europe ou qu'ils y retournassent, devaient obligatoirement aborder, pour renouveler leurs approvisionnements, compléter ou faire vérifier leur cargaison.

Or, en s'étendant sur Madagascar, ce à quoi avait tendu surtout Charpentier, avait été de faire voir que cette île valait cent fois mieux que Java, comme centre d'une Compagnie européenne aux Indes.

Avec Java, disait-il en substance, il faut en premier lieu des mois et des mois à un navire de Hollande pour aller aux Indes ou en revenir, et pendant la traversée nul endroit sur le chemin où il puisse faire escale, se procurer des vivres frais, se réfugier en cas d'alerte, ou réparer ses avaries si fréquentes en ces parages, la patrie des cyclones. Il faut qu'il emporte tout ce dont il a besoin pour un pareil voyage et, s'il survient une guerre entre la Hollande et un autre pays, il a d'autant plus de crainte au retour, que cinq ou six mois après son départ de Batavia, il peut être attaqué par des vaisseaux tout fraîchement sortis d'un port d'Europe, et à qui, par conséquent, rien ne doit manquer.

L'inconvénient, à la vérité, était tel qu'à un moment donné la Compagnie hollandaise des Indes fut dans l'obligation de se créer, au cap de Bonne-Espérance, un lieu de relâche qu'elle fit fortifier, et qui devint la colonie du Cap.

Or, si vous prenez Madagascar, poursuivait Charpentier, rien de pareil. Par sa position à mi-chemin entre l'Europe et les Indes, elle permet d'effectuer en deux fois le trajet que les Hollandais sont forcés de faire en une seule. Et ce n'est pas le seul bon côté que cette île présentait sur Java; elle en offrait deux autres d'une importance considérable. Le premier, d'être d'un climat très sain pour l'Européen et de pouvoir fournir en vivres tous les approvisionnements désirables, tandis qu'à Java la Compagnie hollandaise devait faire venir ces approvisionnements du dehors, et que ses employés y étaient constamment éprouvés par de dangereuses maladies. Et en second lieu, comme Madagascar était directement sur la route d'Europe aux Indes, avec elle les navires d'une Compagnie française se trouvaient dispensés de toutes les pertes de temps et de tous les longs circuits auxquels, en raison de la situation beaucoup plus excentrique de Java, les vaisseaux hollandais étaient condamnés pour toucher à Batavia quand ils allaient d'Europe aux Indes, ou *vice versâ*.

Bref, Charpentier avait complètement mis en relief tous les avantages de Madagascar sur Java, avantages qui étaient au reste indiscutables.

Rationnellement cependant, s'il n'eût été inspiré que par cet ordre d'idées, ses considérations n'auraient comporté qu'une conclusion logique, c'est que s'il se constituait une Compagnie française des Indes, son intérêt était de se choisir sur la côte de l'île, au sud, au nord, à l'est ou à l'ouest, un emplacement quelconque, bien approprié, qu'elle rendrait inexpugnable, et dont elle ferait son Batavia. Mais on a vu plus haut que l'auteur du *Discours* avait, au contraire, insisté sur la colonisation de Madagascar; il y avait même conclu en des termes à laisser supposer que, dans son esprit, cette colonisation devait presque former le but principal de la Compagnie.

Or on s'expliquera sans peine la raison d'une pareille conclusion chez Charpentier quand on saura que Louis XIV, frappé de la position stratégique de Madagascar, à l'entrée de la mer des Indes, dominant la côte orientale d'Afrique et une partie de la côte arabique, quand on saura, disons-nous, que Louis XIV avait senti que cette île pouvait lui assurer une base d'opérations de premier ordre pour une grande politique dans la mer des Indes, c'est-à-dire pour la conquête dans cette portion du globe d'un vaste empire colonial, auquel il avait, d'ailleurs, déjà donné sur le papier le nom de « France orientale » *Gallia orientalis*. Seulement, il s'était également rendu compte que Madagascar ne pourrait jamais rendre un pareil service, qu'à la condition de constituer une manière de seconde France, ou, en d'autres termes, d'être peuplée de Français sur lesquels, au besoin, la métropole pourrait s'appuyer.

Voilà pourquoi Charpentier, qui n'était dans la circonstance que le teneur de plume de Louis XIV, s'était aussi longuement étendu sur l'idée de coloniser Madagascar. Et voilà pourquoi cette question de la colonisation de la grande île africaine, qui en réalité n'avait absolument rien de commun avec les opérations d'une Compagnie des Indes proprement dite, était au contraire ce dont Louis XIV se préoccupait le plus dans la création d'une Compagnie française des Indes orientales.

Nous signalons en passant cette divergence bien marquée entre l'intérêt politique de Louis XIV et celui de la Compagnie, pour ce qui avait trait à la colonisation de Madagascar ; attendu que cette divergence, a justement été le point de départ entre lui et les actionnaires de toutes les divisions, qui ont amené plus tard la perte de la Compagnie.

Quoi qu'il en soit, on ne saurait qu'admirer la grandeur de vues de Louis XIV sur l'île africaine. Il n'est pas contestable qu'il y avait là de sa part une conception politique géniale, dont la réalisation — et cette réalisation n'avait rien d'impossible — aurait de toute évidence assuré à la France l'empire exclusif des Indes orientales.

Maintenant que l'on connaît la perspective grandiose que Louis XIV avait devant les yeux, il n'y a plus lieu de s'étonner qu'il se soit plié à ce que nous lui avons vu faire pour le lancement de la Compagnie, comme à tout ce que nous aurons encore à lui voir faire par la suite. Il était naturel qu'il fût quelque peu grisé par l'ampleur de ses desseins et la conviction d'une réussite complète. Aussi devant le succès rencontré de tous côtés par l'idée de la création d'une Compagnie des Indes orientales, n'est-il pas surprenant que, dédaignant toute circonspection, il ait voulu travailler sur l'heure à la prise de possession et au peuplement de Madagascar.

A la vue de ce succès, en effet, il fut si pressé, que sans attendre la constitution définitive de la Compagnie, c'est-à-dire l'enregistrement de la Déclaration royale qui la concernait, sans calculer que la souscription du capital social de 15 millions n'était pas intégralement faite, et que c'était seulement en décembre que le Conseil d'administration de la Compagnie ou, pour parler comme alors, sa Chambre de Direction devait être élue, — Louis XIV, dès le mois d'août, dirigeant ses batteries du côté des syndics, se mettait résolûment à l'œuvre, dans l'intention, avons-nous déjà dit, de leur faire réaliser ses projets sur Madagascar.

II

Louis XIV réussit à faire voter par les syndics l'envoi d'un premier armement à Madagascar. — De Beausse est à sa tête. — Ligne de conduite tracée par les syndics à ceux qui font partie de cet armement, pour ce qui regarde les indigènes.

On conviendra qu'il fallait à Louis XIV une somme peu commune de confiance en soi-même, pour compter entraîner ainsi les syndics à sa suite.

Ces syndics faisaient tous partie de l'élite du commerce de Paris, où ils jouissaient d'un grand crédit. Le montant de leurs souscriptions est d'ailleurs l'indice qu'ils possédaient tous une immense fortune. Nul doute également qu'ils ne fussent de fort honnêtes gens, amis de la régularité et de la droiture, car sous le régime des corporations quiconque manquait à sa parole ou dont la conduite prêtait à un reproche, était impitoyablement éliminé. Comme ils avaient d'autre part la pratique des affaires et le sens de la lettre comme de l'esprit d'un mandat, il leur était impossible d'ignorer qu'ayant été simplement nommés « pour prendre soin de ce qui restoit à faire pour l'establissement de la Compagnie jusques au temps de la nomination des directeurs », ils ne disposaient d'aucun pouvoir, leur donnant en quoi que ce fût le droit d'engager les finances ou les opérations de la Compagnie ; d'autant mieux que l'élection des directeurs était fixée (art. VIII) au commencement de décembre, c'est-à-dire à quelques mois de là. A leurs yeux comme aux yeux de tous, leur mission ne devait donc se borner qu'à faire toute la propagande possible en faveur de l'entreprise, et qu'à travailler au placement des actions.

Dans ces conditions, tout aurait commandé de croire qu'ils opposeraient une résistance invincible à ce que le roi pourrait leur demander. Mais Louis XIV usa avec eux d'une telle adresse, il sut si bien dissimuler ses intentions réelles et endormir leurs scrupules, qu'en fin de compte il arriva à en obtenir tout ce qu'il désirait.

Comme on va le voir cependant, il se garda bien de tout leur demander d'un coup, ou même de leur laisser entrevoir jusqu'où il les voulait conduire. Ils auraient reculé. Il procéda au contraire par demandes successives, paraissant chacune sans grande importance, mais s'enchaînant les unes aux autres, qu'il était presque impossible de refuser séparément, et dont il suffisait d'adhérer à la première pour que toutes celles qui suivaient dussent être ensuite inévitablement accordées, par voie de conséquence.

Ainsi, par exemple, d'après l'article XXIX des statuts, la Compagnie avait la concession de Madagascar à perpétuité. Louis XIV commença par faire entendre aux syndics qu'il était de leur devoir d'envoyer prendre immédiatement possession de ce pays pour le compte et au nom de la Compagnie, donnant pour raison que c'était là un acte purement conservatoire, rentrant dans l'esprit comme dans les termes de leur mandat.

Le principe d'un envoi ayant été adopté, on était de toute nécessité obligé d'en définir le caractère.

Il n'y avait évidemment que les Directeurs, c'est-à-dire les représentants incontestés des actionnaires, qui pussent avoir le droit d'instituer à Madagascar un gouvernement définitif. Tout le monde était d'accord sur ce point. Aussi, entre le roi et les syndics, convint-on, qu'en attendant la nomination et l'envoi de ce gouvernement définitif, auquel on donna par avance le nom de Conseil Souverain, un Conseil particulier, composé de six personnes dont quatre marchands, serait expédié là-bas avec mission de gouverner provisoirement.

Le sieur de Beausse, dont il a déjà été parlé, fut choisi pour président de ce Conseil particulier ; venait ensuite après lui le sieur de Montaubon, qu'on alla chercher à Angers où il était conseiller au siège présidial. Fort-Dauphin était assigné comme lieu de résidence du Conseil particulier.

Dès son débarquement, le Conseil particulier était chargé de prendre possession des trois établissements que la France, représentée alors à Madagascar par la Compagnie Rigault-La Meilleraye, avait à ce moment dans l'île : le fort Dauphin, le fort Dymours et le fort de la vallée d'Amboule.

Une fois cette question de prise de possession réglée, un point se présenta qu'on n'avait pas encore prévu, mais sur lequel on s'aperçut qu'il était indispensable de statuer. D'après quels principes le Conseil particulier gouvernerait-t-il l'île, se demanda-t-on ; quelle serait son attitude à l'égard des naturels, quelle règle de conduite observerait-il avec eux ? Dans l'assemblée des syndics, ces différentes questions firent l'objet de discussions nombreuses et approfondies, dont le roi sut adroitement profiter pour produire ses idées et les faire prédominer.

Tout d'abord, par la raison « que les establissements que la Compagnie se proposoit de former dans l'île devoient subsister non par la force ouverte, ni par crainte, mais par le bon ordre et l'affection des originaires », on décida qu'il fallait rompre entièrement avec la politique jusque-là suivie à Madagascar, politique qui se réduisait, on le sait, à faire la guerre aux indigènes et à les soumettre par les armes [1].

1. Voir notre ouvrage précédemment cité sur Madagascar.

A ce propos les instructions qu'on traça au Conseil particulier furent des plus absolues. On nous permettra donc de nous y arrêter un peu, pas tant peut-être encore parce que les ménagements recommandés à l'égard des indigènes démasquaient le désir ardent de Louis XIV d'arriver à une rapide colonisation, que parce qu'au moment où tous les peuples européens n'avaient d'autre politique dans les contrées dites sauvages, que l'extermination ou la réduction en esclavage, des instructions comme celles qu'on rédigea à l'usage du Conseil particulier, sont de nature à faire le plus grand honneur à notre pays.

On savait de science certaine que l'hostilité existant depuis 1642 entre les Français et les tribus de Madagascar, avait eu deux causes : premièrement, notre absolu mépris dans toutes nos relations avec les indigènes, des traités et de la parole donnée ; puis, l'habitude où nous étions depuis Pronis, de nous emparer, chaque fois que l'occasion s'en présentait, de gens du pays pour les vendre comme esclaves.

Afin de faire cesser un pareil état de choses, ordre fut donné au Conseil particulier, une fois à Madagascar, d'envoyer

plusieurs brigades dans le dedans du pays pour informer les habitans de ses desseins et pour tascher de les attirer à nous par toutes les voies imaginables, en leur faisant entendre que nous venions de la part du plus grand Roy du monde et de la plus célèbre Compagnie de négoce qui ait jamais esté formée, afin de trafiquer avec eux

8.

et de leur apporter du Royaume de France les choses dont ils manquent; que la parole et la bonne Foy seront gardées inviolablement de nostre part, que jamais aucun nègre, ni autre habitant de l'isle n'en sera enlevé, ni transporté pour estre vendu comme esclave, ou pour estre contraint de servir. Mais au contraire que les François leur donneront leur protection entière contre ceux qui leur voudroient faire un pareil traittement.

Néanmoins comme il ne suffisait pas de donner des assurances, mais qu'il fallait surtout les tenir; et comme d'autre part on savait que la plupart des conflits antérieurs avaient été amenés par les méfaits ou les déprédations de Français isolés, se croyant tout permis, les syndics jugèrent qu'il était nécessaire de fixer, législativement, la situation respective des indigènes et des Français, aussi bien du reste à Madagascar que dans tous les autres pays concédés à la Compagnie des Indes orientales, ou dont elle pourrait s'emparer.

Sous l'empire de cette préoccupation, ils arrêtèrent les termes d'un décret qui fut ensuite imprimé sous ce titre un peu long : *Statuts et Ordonnances et Règlements que la Compagnie establie pour le commerce des Indes Orientales veut et entend estre gardez et observez dans l'isle de Madagascar et adjacentes, et dans tous les lieux à elle concédez par Sa Majesté.*

Or, quand on lit les treize articles de ce décret, et que l'on en retranche les prescriptions d'ordre religieux dont les mœurs d'autrefois ne s'offensaient en rien, on est surpris de voir combien dans toutes leurs autres dispositions, ces treize articles sont conformes à nos principes modernes d'humanitarisme et de justice. Nous croyons utile à cet effet d'en mettre le texte complet sous les yeux de nos lecteurs.

I

Que le Saint Nom de Dieu soit honoré et respecté de tous les habitans, tant soldats qu'autres, le Culte Divin exercé avec tout Respect et Humilité, et l'Honneur rendu aux Prestres, Ecclésiastiques et Supérieurs, à chacun sa vocation et institution.

II

Celui qui jurera et blasphémera le Saint Nom de Dieu, sera puni pour la première fois par répréhension et advertissement public, et s'il récidive sera mis au carcan six heures durant, et s'il continue, sera puni rigoureusement et exemplairement, après avoir esté jugé par le Conseil suivant la rigueur des Ordonnances du Royaume de France.

III

Celui qui prendra par force une femme ou une fille sera puni selon la rigueur des Ordonnances.

IV

Nul Français ne pourra se marier à une Originaire de l'isle, si auparavant elle n'est instruite en la Religion Chrestienne, Catholique, Apostolique et Romaine, et qu'elle n'ait reçu le Saint Sacrement de Baptesme et la Sainte Communion, dont il sera rapporté certificat du supérieur de la Mission, et qu'il n'en ait obtenu permission du Commandant des lieux où ils seront establis.

V

Un Français estant marié à une Fille ou Femme Originaire de l'isle ne pourra quitter ou délaisser sa Femme, sous quelque prétexte que ce soit, sinon aux cas de séparation qui se pratiquent dans le Royaume de France, et la séparation ayant esté jugée, le mari pourra laisser sa femme, sans que pendant sa vie il puisse convoler à de secondes nopces.

VI

Il est défendu très expressément à toutes personnes d'avoir et de retirer des femmes ou filles scandaleuses en leurs maisons, sous peine de punition exemplaire.

VII

Il est défendu à tous François de faire aucun tort, de prendre ou d'emporter aucune chose appartenant aux originaires du pays, quelque petite qu'elle soit, à peine de restitution du double pour la première fois et de punition exemplaire en cas de récidive.

VIII

Il est expressément défendu à toute personne de desrober ou voler quelque chose, sous peine d'estre puni selon la rigueur des Loix du Royaume de France, et en outre de restituer le double de ce qu'il aura desrobé.

IX

Il est aussi très expressément défendu à toutes personnes de commettre aucun meurtre ou assassinat soit en la personne d'un François, soit en celle d'un originaire du pays, à peine d'estre puni selon la rigueur des Loix, et les biens du condamné seront acquis et confisqués à la Compagnie.

X

Pareilles défenses sont faites de se battre en duel à peine d'estre, celui qui aura tué, puni de mort, sans espérance de rémission, et le cadavre du mort mis au gibet pour servir d'exemple ; les biens de l'un et de l'autre acquis et confisqués à la Compagnie.

XI

Défenses sont faites à toutes personnes de faire aucuns partis séparés, ni de s'attrouper pour aller en guerre contre les Originaires du pays, ni d'exiger d'eux aucune chose sous prétexte d'assistance ou autrement, sans au préalable avoir les ordres des Supérieurs, à peine d'estre punis comme perturbateurs du repos public et contraires à l'avantage et à l'utilité de la Compagnie.

XII

Il est très expressément défendu de vendre aucuns Habitans Originaires du pays comme esclaves, ni d'en faire traffic sous peine de la vie. Et il est enjoint à tous les François qui les loueront ou retiendront à leur service de les traiter humainement, sans les molester, ni les outrager, à peine de punitions corporelles, s'il y échet.

XIII

Toutes les ordonnances du Royaume de France seront ponctuellement observées dans ladite isle de Madagascar et autres lieux, par tous les Habitans, chacun selon sa condition, sous les peines portées par icelles.

Fait et arresté au Bureau général de la Compagnie des Indes Orientales, à Paris, le 26 octobre 1664.

Ainsi, par ce décret, les peuples de Madagascar qui, sous la domination de tout autre gouvernement d'Europe, auraient été placés hors la loi, se voyaient accorder les mêmes garanties qu'aux Français eux-mêmes.

Le Conseil particulier, au surplus, était formellement invité à ne reculer devant rien « pour faire connoistre aux naturels avec combien d'équité et de justice on les veut gouverner, et que l'on ne fait aucune différence entre eux et les naturels françois ».

L'intention du roi était si bien de transformer les indigènes de Madagascar en autant de régnicoles, que la phrase suivante ou quelque autre semblable, revient à chaque instant dans les instructions : « Et la justice sera rendüe aux Habitans naturels du païs tout ainsi qu'aux François, sans aucune distinction. »

Il est évident que cette ligne de conduite, que l'on traçait au Conseil particulier, ne pouvait être meilleure. En évitant avec soin ce qui avait amené les guerres passées et en accordant aux indigènes des satisfactions de toutes sortes, c'était le moyen le plus souverain pour préparer d'une façon indirecte ce qu'on appelle de nos jours l'assimilation, et pour faciliter en conséquence l'œuvre future du peuplement de l'île.

Instructions données aux chefs de cette première expédition pour l'exploration de la côte orientale d'Afrique et de la mer Rouge, et pour une enquête économique approfondie sur Madagascar.

Mais l'envoi de toutes ces « brigades » dans l'intérieur de l'île, l'intention que l'on avait de donner aux peuplades une haute idée de la Compagnie, puis la nécessité d'acquérir auprès d'elles un certain prestige, tout cela avait amené les syndics à reconnaître deux choses, lorsque cette question fut discutée : c'est que l'expédition d'un simple vaisseau ne pouvait suffire, et, en second lieu, qu'il fallait un armement ne devant pas comprendre moins de quatre navires.

Ainsi, on leur avait fait mettre le doigt dans l'engrenage ; le bras et tout le reste y passaient.

Quand ils en vinrent cependant à statuer sur l'envoi de quatre vaisseaux, rien ne montre leurs scrupules et leurs craintes, et combien ils redoutaient d'être accusés de commettre un abus de pouvoir, comme les précautions dont ils jugèrent alors utile de s'entourer, et pour justifier dans toute la mesure possible l'importance de l'armement, et pour aller au-devant des réclamations que des actionnaires méticuleux auraient pu élever plus tard contre eux.

Certes, ils ne demandaient pas mieux que de faire plaisir au roi ; mais ce à quoi cependant ils tenaient au même degré, c'était à tranquilliser leur conscience et à ne pas paraître avoir outrepassé leurs pouvoirs ou violé leur mandat. Le moyen qu'ils pensèrent le plus propre à obvier à tout, ce fut de charger le Conseil particulier d'un certain nombre de recherches et de reconnaissances tellement rationnelles et nécessaires, qu'il était de toute impossibilité à la Compagnie de se dispenser de les faire faire à un certain moment.

Ils se payèrent de la raison qu'en faisant opérer ces reconnaissances et ces recherches avant la nomination des directeurs, tout le monde conviendrait qu'ils avaient en cela gagné du temps et intelligemment servi les intérêts de la Compagnie. Ils étaient sûrs que cette considération rendrait indulgent pour eux.

Ainsi, par exemple, ils décidèrent qu'immédiatement après son arrivée à Madagascar, le Conseil particulier détacherait un des quatre navires qui lui seraient donnés, pour côtoyer le littoral occidental de l'île, explorer le canal de Mozambique et visiter les villes de Coffala, Quiloa, Melinde, Mombaze, l'intérieur de la mer Rouge, Moka, Aden, etc.

Il n'était pas douteux qu'en dehors des comptoirs qu'il avait été convenu qu'on établirait à Goa, à Surate, dans le Bengale, sur la côte de Coromandel, etc., sans parler de la Chine et du Japon, la Compagnie chercherait à organiser quelque commerce dans ces régions. Or, en réunissant à l'avance des indications utiles, voire même indispensables, sur ces contrées, c'était évidemment accomplir une besogne que la Compagnie serait heureuse de trouver toute faite, le jour où elle commencerait ses opérations.

En ce qui a trait d'autre part aux hommes emportés par les navires et que le Conseil particulier aurait sous la main à Madagascar, il devait les occuper à parcourir en tous les sens l'intérieur de l'île, de façon que la Compagnie pût être exactement renseignée sur le parti qu'on en pouvait tirer.

Pour ces explorations, les instructions délibérées par les syndics ne sont pas moins judicieusement conçues, que celles qui concernaient la conduite à tenir à l'égard des naturels. Mais ce dont on est pardessus tout frappé, lorsqu'on en fait la lecture, c'est des nombreux points de similitude qu'elles offrent avec les instructions que, deux siècles plus tard, le président de la Compagnie de Madagascar de 1863, avait lui-même cru devoir donner à ses agents. Ce serait presque à supposer qu'il en avait eu connaissance, et qu'il s'était contenté de les reproduire.

En ce qui regarde ces explorations dans toutes les régions de l'île, le Conseil particulier devait expressément recommander

> à tous ceux qui feront ces voyages, de tenir des journaux fort exacts de leur marche et de marquer précisément les noms des lieux où ils passeront, l'estat et la nature du pays ; s'il est arrosé de rivières, d'estangs, de lacs, de ruisseaux ; s'il y a des mines d'or ou d'argent; s'il y a du gretz, du marbre, de l'albastre, du porphyre, du jaspe ; s'il y a des carrières de pierres propres à bastir, d'autant plus que par les derniers avis venus de Madagascar, il est constaté qu'on y peut faire de la chaux, de la brique, et de la tuille. Qu'ils observent de plus les mœurs et les coustumes des habitants. La forme de leur gouvernement, s'ils sont en paix ou en guerre avec leurs voisins, s'ils aiment le commerce ou les armes, s'ils ont quelque connaissance de religion ou s'ils suivent la seule loy de nature ; en un mot, de faire d'amples relations de toutes les choses dignes de remarque, afin de les envoyer à la Compagnie qui prendra ensuite ses résolutions selon ce qu'elle trouvera le plus à propos.

C'était, on le voit, une enquête générale que le Conseil particulier avait mandat de faire sur l'île. Et tout ne se bornait pas là : il avait encore pour mission de recueillir et d'envoyer le plus tôt possible en France des échantillons de toutes les mines d'or, d'argent, de fer, de plomb, de cuivre, d'acier, etc., de l'ambre, des cristaux et des pierres précieuses, qu'on pouvait rencontrer à Madagascar. Et les envois ne devaient pas seulement concerner les richesses minérales. Aux lignes suivantes relatives à la soie, il est facile de s'assurer que tout ce qui avait une valeur marchande quelconque y était également compris :

La soye estant une des bonnes marchandises que l'on puisse tirer de l'isle, on aura un soin tout spécial de faire cultiver les vers à soye, et d'en amasser le plus qu'il sera possible, mesme des graines de vers et les bien conserver, et on fera en sorte de trouver dans l'isle quelque nombre de soye que l'on fera dévider et mettre en macasses, pour en envoyer en France le plus que l'on pourra par les premiers vaisseaux qui feront leur retour, afin d'en connoistre la qualité.

Il ne faudrait pas croire cependant que tous ces échantillons eussent uniquement pour objet, dans l'esprit des syndics, de permettre à la Compagnie de juger *de visu* des productions de Madagascar. Si l'on parcourt le rapport des Directeurs en 1667 [1], on découvre effectivement la preuve qu'en demandant ces envois, les syndics obéissaient surtout à une préoccupation de « réclame ».

Dès qu'il fut arrivé à Madagascar, en exécution de ses instructions, le Conseil particulier s'était empressé de réunir les échantillons qu'on lui avait demandés, et ces échantillons, il les avait expédiés sans délai en France sur la *Vierge-de-Bon-Port*,

---

1. Archives coloniales du Ministère de la marine et des colonies : Fonds Compagnie des Indes orientales, *administration en France* (1649-1669), registre 2 C².

un des quatre navires de l'armement. Or, quand, à la fin de 1666, la nouvelle parvint à Paris, que la *Vierge-de-Bon-Port* avait été coulée par deux frégates anglaises, en vue des côtes de France, « la Compagnie, dit le rapport, receut cet accident beaucoup moins comme une perte, que comme un véritable malheur, parce que toute la charge de ce navire n'estoit qu'une monstre et des échantillons de toutes les marchandises et richesses qu'on peut apporter de l'isle ». Et les directeurs, hélas ! exagéraient si peu en parlant d'un « malheur véritable » qu'on aura à voir plus tard qu'en 1666 ils auraient eu absolument besoin de la « monstre » ou exposition publique de tous ces échantillons, pour redonner du cœur aux actionnaires. Or c'était là la grande utilité que tout le monde avait espéré tirer d'eux.

Souchu de Rennefort, qui revenait de Fort-Dauphin sur la *Vierge-de-Bon-Port* et qui fut fait prisonnier quand elle sombra, parmi les causes de l'échec de la Compagnie des Indes orientales de 1664, a donné lui-même en première ligne la perte de ce navire, « parce que, dit-il, avec ce qu'il apportoit, on auroit eu le moyen d'encourager les actionnaires à continuer leurs versements [1] ».

Du moment où nous nous arrêtons aux instructions emportées par le Conseil particulier, il y au-

---

1. Souchu de Rennefort, *Histoire de la Compagnie des Indes orientales*, 1668, p. 392.

rait de la négligence de notre part, à ne pas mentionner les précautions que lui recommandèrent les syndics pour la « conservation des François dans l'isle »; car preuve de la sûreté des renseignements sur lesquels ils opéraient, les mesures hygiéniques qu'ils conseillèrent sont précisément celles que les médecins les plus experts ordonnent encore de nos jours aux Européens qui ont à séjourner dans le pays.

Pour éviter la mort des François, disent en effet ces instructions, trois choses sont absolument nécessaires. La première, d'empêcher qu'ils ne mangent des fruits de l'isle avec excès, et particulièrement du lait crûd, qui est mortel; c'est pourquoy il faut les assujettir à le faire cuire, et les accoutumer peu à peu à la nourriture du pays. La seconde est de les empêcher de s'adonner aux femmes du païs qui sont faciles et extraordinairement lubriques, et qui donnent le mal vénérien qui le plus souvent devient incurable; et en troisième lieu, de les empêcher de s'écarter et aller en partys, sans commandement exprès, parce que les peuples naturels du païs, estant traîtres et vindicatifs, ne peuvent oublier les mauvais traitements qu'ils ont reçus injustement, à ce qu'ils prétendent, de ceux de notre nation; ce qui leur donne lieu de se venger, sans quartier ny miséricorde, sur ceux qu'ils peuvent trouver à leur advantage[1].

Cependant, vu le caractère purement conservatoire, pacifique, et le but exclusif d'exploration que les

1. Arch. col. du Minist. de la mar. et des col. Fonds MADAGASCAR, *Correspondance générale* (1642-1754), carton C⁵ : Cahier des règlements de l'île Dauphine.

syndics prétendaient imprimer à ce premier armement, il est manifeste qu'il lui fallait un personnel spécial, tout différent de celui des expéditions qu'on envoyait à cette époque dans les pays nouveaux. C'est ce qui explique, en effet, qu'en dehors des équipages et des membres du Conseil particulier, le personnel de l'armement ne comprît que des artisans; lesquels, toujours par les ordres des syndics, devaient être organisés en compagnies, de façon, selon les circonstances, à pouvoir servir d'ouvriers, de soldats ou de planteurs.

Ils furent recrutés au moyen de l'affiche suivante qu'on fit apposer sur les murs de Paris :

La Compagnie des Indes Orientales, y était-il dit, fait avertir tous les artisans et gens de mestier françois qui voudront aller demeurer dans l'isle de Madagascar et dans toutes les Indes, qu'elle leur donnera le moyen de gagner leur vie fort honnestement et des appointements et salaires raisonnables ; et que s'il y en a qui veulent y demeurer huit ans, Sa Majesté veut bien leur accorder d'estre maistres de chef d'œuvre dans toutes les villes du Royaume de France où ils voudront s'establir, sans en excepter aucune et sans payer aucune chose. Ceux qui seront dans cette résolution se présenteront à la maison de la Compagnie.

Comme à cette date de 1664 les corporations étaient fermées, et que pour devenir patron et travailler à son compte, un ouvrier était astreint à des déboursés relativement exorbitants, on imagine le retentissement que dut produire une semblable affiche dans la classe ouvrière parisienne.

D'après Charpentier, les demandes auraient afflué en tel nombre, qu'on dut faire un choix parmi ceux qui se présentèrent. On prit : 28 maçons et tailleurs de pierre, 12 charpentiers, 16 menuisiers, 17 maréchaux, forgerons, serruriers et armuriers, 18 laboureurs, jardiniers et vignerons, 12 « ouvriers à cultiver la soye », 8 charrons, 9 tonneliers, 15 boulangers, pâtissiers et cuisiniers, 8 bouchers, 3 taillandiers, 4 tailleurs d'habits, 5 cordonniers, 3 tanneurs, 4 chandeliers ; plus un artisan de chaque profession non comprise dans celles que nous venons de désigner.

Or, si l'on veut bien considérer, qu'il n'en était nullement alors comme aujourd'hui, en ce sens qu'à cette époque tout ouvrier connaissait à fond non seulement la partie technique de son métier, mais encore tout ce qui avait trait aux matières premières dont il faisait usage, il est aisé de supputer quelle somme énorme d'observations de tous genres ces artisans étaient susceptibles de recueillir. En moins d'une année, si tout se passait bien, il leur était possible de faire sur Madagascar l'enquête la plus complète qu'il y eût. Chaque profession étant représentée parmi eux, il n'y avait rien qui pût leur échapper.

Cette petite armée, beaucoup moins militaire qu'économique, et comprenant en somme plutôt des ingénieurs que des soldats, se composait de 200 personnes.

Plus on étudie les détails de cet armement, et plus on est contraint d'en admirer l'ordonnance, l'esprit pratique et l'intelligence. On se croirait en face d'une de ces expéditions scientifiques telles, que le xxe siècle semble devoir être seul capable un jour d'en concevoir et d'en organiser.

Aussi, quoiqu'en ordonnant cet armement, les syndics, sans droit aucun, eussent engagé des dépenses et abusé de leurs pouvoirs, doit-on reconnaître, aux détails dans lesquels nous venons d'entrer, qu'ils avaient agi avec énormément de prudence, de bon sens, d'habileté. Ce qu'ils avaient pris sur eux de faire était en effet si manifestement utile à la Compagnie, qu'à n'en point douter, tout devait leur être d'avance pardonné, et qu'il ne se trouverait jamais d'actionnaire assez mal disposé pour leur reprocher leur initiative, ou pour demander qu'on les blamât de ce qu'ils avaient fait.

Malheureusement pour eux et l'entreprise, ils ne devaient point s'en tenir là. A peine en effet les préparatifs matériels de cette expédition étaient-ils en train, que le roi, revenant à la charge, les enveloppait de nouvelles intrigues ; et cette fois avec l'intention déclarée de leur faire engager la Compagnie dans une question qu'il n'avait pas encore osé leur soumettre. Nos lecteurs sentent que nous voulons parler ici de la colonisation proprement dite de Madagascar.

IV

Résultats donnés par le premier armement.

Mais avant d'exposer les manœuvres nouvelles de Louis XIV, manœuvres dont la conséquence cette fois devait être de pousser les syndics à des abus de pouvoir sur le caractère desquels il n'y aurait plus à épiloguer, nous demanderons la permission, en vue d'alléger notre récit, d'interrompre l'ordre chronologique des faits, en racontant à cette place ce qu'il advint de ce premier armement.

Cet armement partit de Brest le 6 mars 1665, neuf mois après cette réunion où la délégation envoyée à Fontainebleau avait rendu compte de son mandat. Il se composait, avons-nous dit, de quatre navires: le *Saint-Paul*, la *Vierge-de-Bon-Port*, le

Taureau et l'*Aigle-Blanc*, avec 491 hommes, tant passagers qu'officiers, soldats et gens d'équipage. D'après le registre des dépenses de la Compagnie, il aurait coûté 504,111 liv. 14 sols et 3 deniers.

Peut-être pourrait-on reprocher à cette expédition de n'avoir pas donné tous les résultats qu'on aurait été en droit d'en espérer. Mais la faute, en tout cas, n'en serait imputable qu'à ceux qui en eurent le commandement. De Beausse, le président du Conseil particulier, « avoit consumé la majeure partie de sa vie à practiquer d'après les doctrines de Trismégiste et de Raymond Lulle, pour la recherche de la pierre philosophale » ; on peut juger par là de son esprit pratique. Il était d'ailleurs âgé de soixante-sept ans et tellement affaibli qu'il mourut le 14 décembre 1665, un peu moins de cinq mois après son arrivée à Fort-Dauphin. De Montaubon, qui lui succéda, avait lui-même soixante-trois ans. Il était perclus de rhumatismes et souffrait de la pierre ; et pour l'envoyer à Madagascar, on l'avait arraché à des fonctions judiciaires qu'il remplissait depuis près de quarante années à Angers.

Quand la petite flotte arriva à Madagascar, il y avait déjà plusieurs années que nos affaires avaient été tellement gâtées par le prosélytisme intempestif du P. Étienne, que, pour les remettre en bon état, il nous aurait fallu là-bas des hommes jeunes, actifs, d'une santé à toute épreuve, expérimentés. Et l'on envoyait au contraire des hommes accablés d'années, sans la moindre connaissance des colonies, uniquement préoccupés d'avoir un emploi supérieur dans l'organisation définitive qui devait être donnée à l'île, après l'élection des directeurs, s'interdisant de parti pris toute initiative, ne voulant absolument rien prendre sur eux. Quels profits de toute nature, par exemple, d'autres chefs qu'eux n'auraient-ils pas retirés du zèle désintéressé de Lacase [1]?

Ils se contentèrent de rester dans la lettre des instructions qu'on leur avait remises au départ. Mais ces instructions étaient si réfléchies et si explicites, et ils s'y tinrent si fidèlement, qu'en dépit de tout, il serait impossible sans injustice de les accuser de n'avoir rien fait.

On sait d'abord, par la perte de la *Vierge-de-Bon-Port*, qu'ils expédièrent en France toute une cargaison d'échantillons; ce qui prouve qu'ils firent les enquêtes et les explorations dont on les avait chargés. D'autre part, leurs procédés courtois et leur conduite habile et pleine de bienveillance à l'égard des naturels, eut pour effet d'assoupir leur colère, et de préparer les voies à la pacification que, quelques années plus tard, Montdevergue n'eut qu'à mener à bonne fin.

Le seul grief mérité qu'à la rigueur on leur pourrait faire, serait de n'avoir pas tourné du côté de l'agriculture les hommes qu'ils avaient sous leurs ordres. Mais il faut avouer qu'ils auraient le droit

---

1. Voir notre étude précédemment citée sur Madagascar.

d'invoquer pour excuse, que les quatre cinquièmes de ces hommes, après tout, étaient des gens de métier et non des agriculteurs, puis, qu'ils n'avaient pas pu prévoir que l'arrivée de la grande expédition sur laquelle, en partant, on leur avait dit de compter, serait retardée de dix-huit mois.

Mais revenons maintenant aux nouvelles manœuvres du roi.

V

Louis XIV amène sournoisement les syndics à faire de tels achats que, dans la crainte d'une revendication de la part des actionnaires et pour être protégés contre eux, ils deviennent ses âmes damnées et font désormais tout ce qu'il veut.

Quand on connaît les desseins que Louis XIV faisait pivoter sur la colonisation de Madagascar, il est certain que ce premier armement ne pouvait le satisfaire. Pour nous, il n'avait été à ses yeux que le moyen de faire entrer les syndics dans l'engrenage.

Certes, les enquêtes et les explorations auxquelles on devait se livrer là-bas avaient leur utilité, et il n'est pas douteux que le roi comptait beaucoup sur les échantillons demandés pour allécher les Français qui s'expatriaient chaque année, et leur faire préférer Madagascar aux Antilles ou au Canada. Mais, en somme, il est manifeste qu'il n'y avait là rien d'effectif dans le sens des idées que nous lui connaissons.

Or un fait vint, à ce moment, lui enlever le peu de désir qu'il aurait peut-être eu de patienter et d'attendre, pour agir, l'élection des directeurs.

La Déclaration du Roy sur l'établissement de la Compagnie avait été enregistrée en Parlement le 1ᵉʳ septembre ; de sorte que la Compagnie s'était trouvée avoir à partir de ce jour-là une existence légale, qu'elle n'avait pas auparavant. Aussi, bien que, d'après les statuts le payement des actions dût être effectué par tiers en trois années — le premier tiers avant la fin de décembre 1664, et les deux autres tiers également en décembre 1665 et en 1666, le retard de cet enregistrement avait-il été cause, qu'on n'avait pu solliciter les souscripteurs susceptibles d'anticiper sur l'époque statutaire de leur premier versement. C'est pourquoi l'on n'avait guère encaissé d'argent que celui qu'avaient bien voulu verser d'eux-mêmes les gens tenant à se signaler ou à faire leur cour au roi.

Mais l'enregistrement accompli, une décision fut immédiatement prise par les syndics et portée sur-le-champ à la connaissance des actionnaires, d'après laquelle on avisait ces derniers que les guichets de la Compagnie seraient ouverts, à partir du 23 octobre, pour ceux qui voudraient effectuer leur premier versement avant la fin de décembre.

Or, à peine cette décision avait-elle été connue, que,

comme on était encore dans l'enthousiasme virginal du début et que les cervelles étaient des plus échauffées, ce fut un engouement universel : chacun se fit un point d'honneur d'opérer son premier versement sur l'heure, sans attendre le dernier délai. La ville de Lyon, par exemple, envoya en une seule fois le tiers du million qu'elle avait souscrit ; tout se passa à peu près de même partout. C'est au point qu'en novembre, la Compagnie se trouva avoir plusieurs millions dans ses caisses.

Eh bien, c'est devant cet argent, qui constituait en somme le témoignage le plus positif qu'on pût souhaiter des bonnes dispositions du public, que Louis XIV, impuissant à résister, avait résolu de ne pas attendre la nomination des directeurs pour agir. Peut-être aussi pensa-t-il qu'il avait plus de chance d'obtenir ce qu'il voudrait des syndics, que de directeurs encore à élire, et dont il n'était pas aussi sûr des bonnes intentions.

Sur quoi Louis XIV avait-il fondé son espérance d'amener les syndics à faire ce qu'il leur demanderait ? S'était-il proposé d'user, à leur égard, de corruption ou de menaces ? Avait-il projeté de les initier à ses vues politiques, de sorte qu'en voyant une grande œuvre patriotique à accomplir, tous devaient être prêts à le suivre dans ce qu'il déciderait ? Avait-il au contraire l'intention de les soumettre à des pressions ou à des intrigues calculées, dans le but de les conduire à quelque illégalité qui ferait d'eux ses âmes damnées et les mettrait désormais à sa discrétion ? Peut-être avait-il compté sur tous ces moyens. Mais les employa-t-il ? Nous ne le savons. En tout cas, ce dont on peut être sûr, c'est que le dernier ne fut pas le plus négligé.

Si pour ses envois la Compagnie n'avait eu à faire usage que de vaisseaux qu'elle eût fait construire elle-même, il lui aurait fallu attendre de longs mois et même des années, avant d'expédier quoi que ce fût aux Indes ou à Madagascar. Aussi en ce qui regarde le premier armement, les syndics avaient-ils été dans l'obligation d'acheter des navires tout faits.

Eh bien, les préparatifs de ce premier armement, avaient justement eu pour effet de montrer aux syndics deux choses : la première, que les navires à vendre n'étaient pas du tout abondants dans nos ports, et d'autre part, que pour être en état de supporter un voyage aussi long que celui de Madagascar, la plupart avaient besoin de grandes réparations. Une chose qu'ils avaient également constatée, c'est que les approvisionnements nécessaires à ces navires n'étaient nullement sous la main, et qu'il fallait encore beaucoup de temps pour les réunir.

Or, en discutant au sujet de l'expédition qui aurait à transporter toute l'organisation de la Compagnie à Madagascar et aux Indes : le Conseil Souverain, c'est-à-dire le Gouvernement définitif, le personnel des comptoirs « marchands, sous-marchands et commis », les forces militaires, et avec cela les denrées diverses et les marchandises destinées aux échanges, — les syndics sans exception s'étaient rendu compte qu'il faudrait un armement ne pouvant pas être inférieur à 12 ou 14 vaisseaux, et tous avaient reconnu en conséquence qu'avant que tout cela fût prêt, il aurait à dépenser un temps infini. Donc retard considérable.

C'est de cette situation sur laquelle tout le monde était d'accord, que Louis XIV eut l'adresse de prendre texte, pour opérer du côté des syndics et prendre barre sur eux.

On leur fit observer de sa part, que, pour deux causes, on allait être dans la nécessité de reculer l'époque de l'élection des directeurs, d'abord parce qu'en raison de l'éloignement, beaucoup de villes de province n'avaient pas encore eu le temps matériel de délibérer au sujet de la Compagnie et d'en informer le Bureau des syndics; et ensuite, parce qu'il était juste de donner à Paris le loisir de cesser sa bouderie, ou de sortir de sa réserve. En même temps, comme leur devoir était de s'arranger pour qu'il y eût le moins possible de temps perdu, on leur insinua qu'il y aurait peut-être utilité, en attendant, à procéder à des achats de navires et d'approvisionnements et aux réparations que ces navires pourraient réclamer. Il leur fut même proposé d'ouvrir un certain nombre de chantiers de construction sur le littoral de France. On leur expliqua qu'en agissant de la sorte, ils ne pourraient que bien mériter de la Compagnie, et que le jour même de leur nomination les directeurs n'auraient qu'à les remercier d'avoir ainsi avancé la besogne. On alla jusqu'à leur faire valoir qu'étant donné l'expérience qu'ils avaient déjà acquise dans les préparatifs du premier armement, ils pouvaient, en s'occupant de toutes ces affaires, non-seulement gagner six mois, peut-être plus, mais encore préserver la Compagnie des écoles par lesquelles des directeurs encore inexpérimentés auraient certainement à passer.

Tout cela était si rationnel, si sensé, que les syndics, qui n'avaient aucune raison de se douter d'un piège, y accordèrent leur pleine et entière approbation. Et, séance tenante, ils nommèrent une commission d'achats, dont partie devait se transporter immédiatement sur les côtes de France et le reste dans les ports de Hollande.

Mais c'était là que les attendait Louis XIV. Comment la chose se fit-elle? Nous serions fort empêché de le dire. Ce que l'on sait bien toutefois, c'est que la commission marcha d'un tel train, qu'en quelques semaines, à la fin de 1664, le chiffre de ses acquisitions s'élevait à 1,900,000 livres. 1,900,000 livres ajoutés aux 500,000 livres du premier armement formaient une dépense totale de 2 millions et demi environ. *Deux millions et demi*, quand tout bien considéré, les syndics n'avaient même pas le droit de dépenser un denier! L'abus de pouvoir était des plus flagrants.

Or, un aussi gros abus de pouvoir pouvait avoir des conséquences d'autant plus dangereuses pour les syndics, que le retard apporté à l'élection des directeurs avait déjà mécontenté les actionnaires. Qu'adviendrait-il d'eux en effet, si l'idée allait prendre à ces actionnaires de refuser, comme ils en avaient le droit, les achats effectués et de tout laisser au compte des syndics ? Ç'aurait été la ruine et le déshonneur.

On voit dans quelle passe difficile les acquisitions de la commission d'achats avaient mis les syndics. De quelque côté qu'ils se retournassent, il n'y avait que le roi dont l'autorité pût les protéger contre le mauvais vouloir possible des actionnaires.

C'était probablement là le moment psychologique sur lequel Louis XIV avait compté.

La position des syndics était telle en effet qu'il pouvait faire absolument fond sur eux pour tout ce qu'il lui plairait de leur demander. Or c'est justement ce moment qu'il choisit pour leur faire régler la question de la colonisation de Madagascar ; question à laquelle ils avaient peut-être encore cent fois moins le droit de toucher qu'aux capitaux de la Compagnie.

VI

Louis XIV fait voter aux syndics, qui n'avaient aucunement le droit de rien décider à ce sujet, que Madagascar serait colonisée par la Compagnie des Indes orientales.

Certes Louis XIV n'ignorait pas jusqu'à quel point la position des syndics lui donnait pouvoir sur eux. Et cependant il ne faudrait pas se figurer qu'il s'en crût autorisé, pour se départir à leur égard de la façon avec laquelle il avait procédé jusque là. C'était au contraire aussi sournoisement et aussi incidemment qu'auparavant, qu'il se proposait d'introduire cette question de la colonisation de Madagascar dans leurs délibérations; et toujours de la même manière encore, qu'il allait juger bon de se conduire, pour arriver à la solution qu'il souhaitait.

Ainsi, d'abord sous l'éternel prétexte qu'il fallait perdre le moins de temps possible, un syndic, qui devait lui être évidemment gagné, fit dans une séance de ses collègues la proposition suivante : il demanda que le Bureau s'occupât de la question de Madagascar, et qu'il recherchât comment cette île pouvait être utilisée par la Compagnie. La motion, comme il était facile de le prévoir, souleva immédiatement des protestations chez tous ceux qui n'étaient pas dans l'intrigue. Ils firent remarquer que la question rentrait exclusivement dans les attributions des Directeurs, qu'elle n'avait du reste rien à faire avec le commerce des Indes, que les syndics n'avaient aucune qualité pour en délibérer. Mais ils eurent beau dire ; la plupart des syndics étant acquis d'avance, on ne les écouta pas, et quelqu'un ayant demandé que l'on prît les voix, il fut déclaré à une grande majorité que la question était au contraire une de celles sur lesquelles les syndics avaient le droit de statuer.

Ce point de première importance tranché, dans une réunion ultérieure, la discussion sur le fond avait été abordée. Dès le début, deux opinions s'étaient produites à propos de ce que la Compagnie avait à faire pour tirer le meilleur profit possible de Madagascar. Les uns auraient été d'avis que la Compagnie mît elle-même Madagascar en valeur, ou en d'autres termes qu'elle y envoyât des gens qu'elle aurait employés, moyennant salaire, à la culture, à l'élevage, à l'exploitation des mines, etc., et dont le produit entier du travail lui aurait par conséquent intégralement appartenu. Mais ce système s'écartait beaucoup trop des projets du roi de coloniser l'île, pour qu'on n'en fît pas l'objet des critiques les plus vives. Aussi fut-il énergiquement combattu, et c'est la seconde opinion qui prévalut. Cette dernière consistant « à envoyer des colons et à leur distribuer des terres qui leur appartiendroient en propre, sous de certaines redevances dont la Compagnie feroit son profit ».

Les partisans de cette opinion ayant en somme exprimé les idées de Louis XIV, peut-être ne trouvera-t-on pas mauvais que nous reproduisions quelques-unes des raisons, qui furent développées par eux pour convaincre leurs collègues. Ils avaient fait ressortir :

que d'ailleurs, comme il falloit avoir en veue de rendre cette isle toute françoise de mœurs et de langage, et de ne faire à la fin qu'un mesme peuple des deux nations qui n'adoreroient qu'un mesme Dieu, qui n'auroient qu'une mesme religion et ne reconnoistroient qu'un mesme prince, il ne falloit pas espérer ce grand succès par d'autres moyens que par des colonies et des alliances réciproques. Que l'on se pouvoit asseurer que quand tous les peuples de la France connoistroient clairement la fertilité de la terre de cette isle, la bonté des fruits, la douceur du climat, les secours que la Compagnie donnera à tous ceux qui y passeront, les soins qu'elle en prendra quand ils seront sur les lieux, il se présentera un nombre infini de pauvres familles pour y aller habiter et pour tascher à trouver une vie plus douce et plus aisée. Que quand un homme y auroit transporté sa femme et ses enfants il considéreroit ce pays-là comme le sien propre, et qu'ainsy le nombre des François se multiplieroit extrêmement en fort peu de temps, et que ce seroit s'opposer à ce grand effet et qui se produira tout seul, que de ne pas accepter la colonie.

Une fois le principe de la colonisation de Madagascar admis, c'est-à-dire la distribution de terres aux Français qui s'y rendraient, les syndics, excités par les hommes du roi, avaient décidé sans désemparer que la colonisation de l'île serait poussée avec la plus grande activité, qu'un grand nombre de colons y seraient transportés par le second armement, et que, tous les six mois, on en expédierait un convoi nouveau. Une commission fut même instituée sur l'heure dans le but d'étudier tous les détails de cette question, avec mandat de présenter des projets au Bureau.

Au cours d'une des nombreuses séances consacrées par les syndics à cette affaire de la colonisation de Madagascar, une idée d'une portée assurément infinie leur fut présentée, que Louis XIV avait certainement dû inspirer, et dont nos lecteurs vont apprécier du premier coup toute la valeur. Son auteur avait proposé en effet de solliciter du roi, en faveur de la Compagnie, un nouveau privilège, privilège d'après lequel la Compagnie aurait le droit de pouvoir

bailler les terres de ladite isle et autres à eux concédées par les lettres de Déclarations, à telles personnes que bon leur semblera, sous des titres honorables de marquisats, comtés, vicomtés, baronnies, chastellenies, avec justice haute, moyenne et basse, droit de présentation aux bénéfices, vacations advenant, pouvoir d'y bastir des maisons, chasteaux à pont-levis, afin de se fortifier ès dits lieux, les décorer et les rendre plus avantageux pour ledit establissement ; à la charge que les lettres d'érection et concession des tiltres et qualités desdites terres dont ils conviendront avec les particuliers avec lesquels ils feront des contrats, seront registrées au Conseil Souverain de ladite isle ; et pourront les propriétaires desdites terres, après avoir demeuré cinq ans actuellement en ladite isle, estant de retour en France, prendre les titres et qualités desdites terres et porter les armes qui y sont attribuées, tout ainsi que ceux qui ont des terres avec pareils titres dans le Royaume.

De tous les encouragements inventés par l'ancien régime, et personne n'ignore combien ils étaient nombreux, pour développer la colonisation, tout le monde conviendra que celui-là était incontestablement le plus ingénieux et en même temps le plus efficace, puisqu'il intéressait simultanément à l'œuvre du peuplement de Madagascar le tiers état, la bourgeoisie et la petite noblesse de France.

Il n'est pas besoin d'ajouter qu'au premier mot des syndics, Louis XIV s'était empressé d'accorder le privilège qu'on lui avait demandé.

Ainsi, Louis XIV était arrivé à son but dans le Bureau des syndics. Madagascar serait colonisée par la Compagnie du commerce des Indes orientales. Madagascar constituerait un royaume féodal du genre de celui que les croisés avaient jadis fondé en Terre-Sainte, après la prise de Jérusalem. On y enverrait toute la classe pauvre de France; et ces colons, solidement encadrés dans des bourgeois et de petits nobles venus de la métropole, formeraient là-bas une autre nation française, au concours de laquelle on pourrait faire appel s'il y avait lieu pour conquérir les Indes et s'y maintenir.

Cependant, quand on est renseigné à fond sur les idées et les principes autoritaires du roi, on comprend que toutes ces décisions des syndics n'étaient pas encore de nature à lui suffire.

La colonisation de Madagascar tenait une trop grande place dans ses desseins, pour que, logiquement, il pût consentir à ce qu'elle dépendît, sur les lieux, de quelqu'un qui ne fût point entièrement à lui, ou sur lequel il n'aurait pas pu absolument compter?

La Déclaration royale (art. XXIX) spécifiait, on s'en souvient, la concession *à perpétuité* de Madagascar à la Compagnie. N'était-ce pas là en fait la porte légalement fermée à toute intrusion du pouvoir royal dans l'île? Il était impossible que Louis XIV acceptât une pareille situation.

Mais laissons parler à ce propos l'académicien Charpentier. Le résumé qu'il nous donne de la séance où fut prise la décision dont il va être question, est tout particulièrement intéressant. Car on y voit comme au travers d'un transparent, le mode de discussion employé par les partisans du roi dans l'assemblée des syndics, mode de discussion, comme nous avons déjà eu occasion de le dire, se ramenant constamment à engager les questions de telle sorte, qu'une solution adoptée précédemment en entraînât fatalement d'autres, par lesquelles il fallait passer ensuite, mais qu'au début on n'aurait jamais osé prendre, ni même proposer.

Cette résolution de faire des colonies, dit en effet Charpentier, ayant fait connoistre qu'il n'y avoit rien désormais de plus important que de choisir une personne de qualité et de merite, de qui l'expérience et l'authorité pust fortement appuyer ce dessein ; qui pust maintenir les gens de guerre dans l'obéissance, entretenir l'ordre dans les colonies, en faciliter le maintien et l'accroissement, il fust proposé, quelques jours après, de savoir s'il seroit choisi par la Compagnie ou demandé au Roy ; et chacun demeura d'accord que, comme en cette rencontre ils avoient besoin d'un homme de naissance qui eust eu desjà des commandements considérables dans les armées et de qui la prudence fust connue, il n'y avoit point de difficultés qu'ils ne le trouveroient bien plus facilement en le demandant au Roy qu'en se chargeant de le choisir, et que ce choix venant purement de Sa Majesté, il imprimeroit sur cette personne un certain charactère qui attireroit sur elle plus de respect et feroit mieux exécuter ses ordres.

La décision, on en conviendra, était assez habilement enveloppée, mais au total accorder au roi le droit de nommer un semblable agent, qui soit directement, soit indirectement, devait fatalement être l'employé principal de la Compagnie aux Indes, c'était en réalité décapiter la Compagnie et la livrer.

Louis XIV avait si bien les syndics dans la main, qu'ils votèrent comme il voulut, et le vote enlevé, il le sanctionna immédiatement, en désignant comme gouverneur de la Compagnie aux Indes, avec le titre de vice-roi, le marquis de Montdevergue, alors gouverneur de Château-Renault et de Clinchamps. C'était un homme de guerre d'une prudence, d'un dévouement, d'une honnêteté, d'un mérite hors ligne, et dont les brillantes qualités avaient eu occasion de se produire dans vingt campagnes, toutes glorieuses pour lui, et des plus profitables au pays.

Cette dernière décision couronnait tout. Elle fut toutefois suivie d'une autre, que commandaient les idées de l'époque, et à laquelle on devait d'autant plus s'attendre, que les destinées rêvées par Louis XIV pour Madagascar étaient plus grandes.

Étant donné ce qu'il voulait faire de cette île, il était impossible à cette dernière de conserver son ancien nom de Madagascar ou même celui de Saint-Laurent, sous lequel les Portugais l'avaient désignée quand ils la découvrirent. Il était de toute nécessité qu'elle en reçût un de la France.

Les syndics eurent donc à ce sujet une délibération que, quelques mois plus tard, Louis XIV homologuait en ces termes :

Pour reconnoistre envers Dieu, disait-il, la grâce qu'il verse tous les jours si abondamment sur nostre famille royale, et particulièrement d'avoir bény nostre mariage de la naissance d'un Dauphin, qui dans son enfance nous donne desjà de si belles espérances de seconder en son temps la piété et la vertu de nos ayeuls, Nous Voulons que ladite isle de Madagascar soit doresnavant appelée l'*Isle Dauphine,* et soit marquée et reconnue sous ce nom dans tous les actes publics qui se feront dans notre Conseil Souverain de ladite isle et généralement partout ailleurs où on en fera mention.

VII

Localités de Madagascar où Louis XIV fit décider que l'on fonderait des centres de colonisation. — Affiches qu'on apposa à Paris et dans les provinces pour avoir des colons.

Toutes ces délibérations avaient naturellement dû demander beaucoup de temps, puisqu'elles conduisirent jusqu'au mois de février de l'année 1665. On doit dire cependant qu'avec elles, toutes les questions de principe, relatives à Madagascar, pouvaient être considérées comme entièrement tranchées. Mais il y avait encore à statuer sur une certaine quantité de détails, concernant la colonisation. On pressa à cet effet les travaux de la commission qu'on avait chargée de les étudier, et ses conclusions au fur et à mesure qu'elle les présenta furent discutées et acceptées par les syndics.

Elle demanda d'abord que quatre nouveaux centres de colonisation fussent créés, dès la première année, à Madagascar ; ce qui, avec celui qui existait déjà à Fort-Dauphin, aurait fait cinq. Le premier, à la « baye Saint-Augustin », que des rapports avaient signalée comme de beaucoup préférable à Fort-Dauphin pour le siège central de la Compagnie. Le deuxième, à Galemboule, « au droict de l'île Sainte-Marie, auprès duquel est le fort Gaillard, habité par des Français dès il y a longtemps. Il sera observé que Galemboule est un port sûr et advantageux, le rys y estant en grande abondance, et qu'il y a une fort bonne rade entre ladite coste et ladite isle de Sainte-Marie [1] ». De ces renseignements topographiques, il semblerait résulter qu'il s'agit ici de Tintingue, qui en 1819, on le sait, fut l'objectif de l'expédition commandée par Sylvain Roux. — Le troisième dans la « baye d'Antongil », qu'un siècle plus tard, Bényowsky devait illustrer en y élevant Louisbourg. — Le quatrième enfin à l'île Sainte-Marie.

Ainsi, c'était à la fois au sud, à l'est et à l'ouest, par cinq endroits différents, que, suivant les intentions de Louis XIV, Madagascar devait être attaquée par l'immigration française.

En ce qui concerne maintenant les avantages qu'il s'agissait d'offrir à ceux qui voudraient s'y

---

[1] Arch. col. du Minist. de la mar. et des col. : fonds MADAGASCAR, *correspondance générale* (1642-1674), carton C[5] : cahier des instructions données à Montdevergue, fol. 7.

transporter, ils furent résumés dans deux affiches qu'on fit immédiatement placarder à Paris et dans les provinces, de sorte que les actionnaires, auxquels on ne pouvait se défendre de songer, se trouvaient avec ces affiches devant un fait accompli, sur lequel il n'y avait plus à revenir.

Les hommes qui s'intéressent de nos jours aux questions de colonies et de colonisation ne nous pardonneraient pas de passer ces affiches sous silence, tant elles sont instructives en dépit de leur caractère local, et tant surtout elles montrent quelles facilités on rencontrait dans la vieille France, lorsqu'on était disposé à s'expatrier.

Voici la première; elle donnait des indications générales sur Madagascar, ainsi qu'un aperçu des faveurs accordées par la Compagnie à ceux qui voudraient s'y rendre. Nous la reproduirons comme l'autre dans son entier :

DE PAR LE ROY

L'on fait sçavoir à tous ceux qu'il appartiendra que la Compagnie, désirant que tous les particuliers françois qui n'ont pas eu le moyen de s'y intéresser [1] ne laissent de participer aux avantages d'icelle, selon le talent qu'il a plu à Dieu leur donner, a résolu d'en passer nombre en Colonies dans l'ISLE DAUPHINE, cy devant nommée de Saint-Laurent et auparavant de Madagascar et autres adjacentes, pour s'y establir et les rendre Propriétaires d'autant de terres et héritages qu'ils pourront labourer, eux, leurs famille et serviteurs.

---

[1] C'est-à-dire de souscrire des actions.

L'air de cette isle est fort tempéré, les deux tiers de l'année sont semblables à la saison du Printemps, l'autre tiers n'est pas si chaud que l'esté en France, les personnes y vivent jusques à cent et six vingt ans.

Les fruits y sont très bons, en grande quantité, les légumes, pois et toutes sortes de racines y sont bonnes et fort saines, le Ris se recueille trois fois l'an, les graines d'Europe y produisent mieux qu'en France, et il y a là de la vigne qui estant cultivée produira de fort bon vin.

Il y a grande quantité de Bœufs, Vaches, Moutons, Chèvres, Cochons et autre Bestial, la Volaille privée est pareille à la nostre, beaucoup de Venaison et Gibier de toutes sortes, et de très bon Poisson, tant de Mer que d'Eau douce.

Les vers à soye y sont communs sur les arbres, et produisent de la Soyé fine et facile à filer. Il y a des mines d'Or, de Fer, de Plomb; du Cotton, de la Cire, du Sucre, du Poivre blanc et noir, du Tabac, de l'Indigo, de l'Ébène et toutes sortes de bois de Teinture et autres bonnes Marchandises. Il ne manque que des hommes qui ayent l'adresse de s'en servir et faire travailler les Nègres habitans du pays, qui sont dociles, obéyssans et soumis à tout ce qu'on leur veut commander. Ceux qui auront connaissance de la culture de ces sortes de Marchandises y profiteront extraordinairement.

Pour donner moyen à chacun de participer à ces avantages, toutes personnes de l'un et l'autre sexe qui se présenteront, seront passez sur les Vaisseaux que la Compagnie fera partir au mois de juillet prochain de l'année présente 1665, pour estre establis en Colonies dans ladite Isle Dauphine, en laquelle incontinent après leur arrivée il leur sera distribué des Terres pour leur demeurer en propre à perpétuité et à leurs hoirs ou ayans-cause, moyennant une légère redevance annuelle par arpent et sans aucune autre charge, et seront nourriz pendant leur passage et 3 mois après leur arrivée en ladite Isle; de laquelle despense ils feront le remboursement à la Compagnie, à condition fort raisonnable, et la somme qui aura esté convenue sera par eux payée en Marchandises qu'ils auront recueillies et négotiées en ladite isle, en trois termes de chacun un An, le premier échéant un an après leur establissement, et leur sera fourny les Marchandises, outils et habits nécessaires dans ladite isle, en les payant à prix raisonnable.

Il sera observé que tous les François qui seront passez dans ladite Isle Dauphine et autres desdites Indes et qui auront demeuré l'espace de huit ans, seront receus Maîstres de leurs Arts et Métiers dans toutes les Villes du Royaume, sans faire aucun Chef-d'œuvre, conformément à l'Article 38 de la Déclaration du Roy du mois d'Aoust 1664.

Pour le salut et instruction des passagers, la Compagnie a fait et fera passer à tous les armements des Missionnaires et Ecclésiastiques, et des Frères de la Charité, médecins, chirurgiens et apotiquaires, pour leur conservation.

Ceux qui désireront passer en ladite l'Isle Dauphine et obtenir des concessions de terre, s'adresseront à Paris au Bureau de ladite Compagnie, rüe Saint-Martin.

Il serait difficile de dire si, dans les renseignements dithyrambiques imprimés dans cette affiche sur Madagascar, il n'y avait pas autant le désir d'attirer les colons que celui d'amadouer les actionnaires; car ces derniers, qui avaient versé leur argent, non pour la colonisation de Madagascar, mais pour le commerce des Indes, devaient être fort mécontents de voir leur Compagnie lancée dans une opération dont on ne leur avait jamais parlé.

Quant à la seconde affiche, qui fut apposée après l'autre, elle entrait dans de plus grands détails sur les conditions faites aux colons, et semble avoir plus particulièrement visé les entrepreneurs d'émigration ou les gens qui se proposaient de s'embarquer avec leurs vassaux organisés.

Elle était ainsi conçue :

INSTRUCTIONS POUR L'ENGAGEMENT
DES COLONS POUR L'ISLE DAUPHINE

Si quelqu'un veut passer dans l'isle Dauphine en Colonie et se charger d'y mener un nombre considérable de personnes d'âge convenable depuis 15 ans jusques à cinquante, de l'un et l'autre sexe, le tiers de femmes avec leurs maris ou de filles avec leur père ; pour servir à ce dessein avec lui, on lui accordera la quantité de terre qu'il souhaitera pour les mettre en valeur, avec tels titres d'honneur qu'il pourra raisonnablement désirer, en toute Justice, sous une redevance annuelle et des devoirs fort modérés envers la Compagnie, dans les cas qu'il eschet ; et à l'égard de la redevance annuelle pour avoir lieu seulement après trois années du jour que la concession et désignation des terres aura esté faite, avec permission d'y bastir chasteaux avec Fossez et Pont-leviz.

Outre les vivres pendant le passage et trois mois après, dont le paiement sera réglé comme il est dit dans l'affiche, la Compagnie se prêtera volontiers à faire une advance pour les frais du voyage dans les Provinces pour y trouver des hommes, qui sera fait par celui qui fera cette entreprise, et ce qu'il pourra donner aux engagez pour les aider et les faire rendre au lieu de l'embarquement, jusques à trente livres pour homme, et à l'égard des personnes au dessous de 15 ans jusques à trois, moitié; et au-dessous desdits trois ans ne sera donné aucune advance et ne sera payé aucune chose pour le passage; à la charge que si le départ retarde quelque temps depuis le jour pris, ledit entrepreneur sera obligé de tenir lesdits engagez et les conserver à ses frais, moyennant six sols par jour pour homme, que la Compagnie s'obligera de luy donner, à condition de retirer lesdites avances en la mesme manière que le paiement du passage et vivres; sçavoir en espèces qu'ils auront recueillies et denrées qu'ils auront négotiées dans l'isle, qui seront reçues d'eux au prix qui sera réglé au Conseil Souverain de l'isle, sans rien prétendre pour la subsistance et retardement du départ s'il y en a avoit.

Ceux qui ne voudront pas faire de ces sortes d'entreprises, mais seulement se faire passer seuls ou avec peu de personnes, seront engagez et leur sera fait des conditions équitables et avantageuses à proportion.

La redevance à l'égard des Terres données en fief sera de six sols pour arpents, six poulles et six chapons sur cent arpens.

A l'égard de ceux à qui il sera accordé des terres en roture, la redevance annuelle sera de neuf sols pour arpent et une poulle sur dix arpens, et les lots et ventes à l'égard des dites rotures seront payées suivant la Coustume de Paris.

En résumé, on voit que rien n'était épargné

pour déterminer en peu de temps, vers l'île Dauphine, un vaste courant d'émigration :

Un artisan quelconque, moyennant un séjour de huit années dans l'île, obtenait le droit d'ouvrir boutique à son retour, dans n'importe quelle ville de France, sans avoir rien à payer;

Indépendamment des avantages matériels provenant des terres dont on lui avait fait la concession, tout bourgeois ou cadet de noblesse pouvait, au bout de cinq années, revenir dans la métropole avec des titres de marquis, comte, vicomte, etc., et les armoiries les plus belles;

Quant aux familles pauvres, on les transportait et on les nourrissait à crédit ; on leur donnait des terres, et elles n'avaient à acquitter leurs dettes qu'après avoir eu largement le temps de s'établir et de mettre leurs terres en valeur.

Somme toute, il n'y avait pas une classe sociale de France qui, directement ou indirectement, ne fût intéressée dans la personne de quelques-uns de ses membres à concourir à la colonisation de Madagascar.

Louis XIV était donc en droit de compter à cet égard sur le plus grand succès, et devait croire que toutes ses espérances seraient réalisées à bref délai.

Les seules contrariétés susceptibles de déranger ses combinaisons ne pouvaient venir que des actionnaires, dont il n'était plus possible de reculer la convocation en assemblée générale pour la nomination des directeurs. La colonisation de Madagascar, en effet, engageait leur capital sans qu'on eût jugé à propos de les consulter, et rien ne disait qu'ils n'y refuseraient point leur assentiment.

Aussi, maintenant qu'il n'avait plus rien à demander aux syndics et qu'il en avait obtenu tout ce qu'il souhaitait, est-ce vers les actionnaires que nous allons voir Louis XIV porter sur l'heure tous ses efforts.

Le grand point était à présent pour lui de leur faire accepter de gré ou de force tout ce qu'on venait de faire, ou, du moins, de les empêcher de rien changer à ce que, depuis plus de six mois, — nous sommes en ce moment dans la première quinzaine de mars 1665, — il avait fait décider touchant la colonisation de Madagascar.

VIII

Dispositions hostiles des actionnaires. — Appréhensions que leur première assemblée devait causer au roi et aux syndics.

Il faut bien le dire, en effet, vis à-vis des actionnaires, la situation du roi et des syndics était des plus scabreuses et rien moins que favorable.

D'abord il existait, à cette époque, chez les particuliers des sentiments d'indépendance bien plus fermes qu'on ne croit généralement, et, quand un homme était sûr de son droit, il mettait d'ordinaire la plus invincible ténacité à le défendre. Or, il se trouvait que le roi et les syndics s'étaient conduits avec les actionnaires d'une façon telle qu'il était impossible à ces derniers de le leur pardonner.

Ainsi, par exemple, que disait l'art. VIII des statuts de la Compagnie ?

Écoutons :

Tous ceux qui voudront entrer en ladite Compagnie, seront obligez de le déclarer dans six mois à compter du jour que la présente Déclaration aura esté leue et régistrée au Parlement de Paris ; en fin duquel temps nul ne sera plus admis ni receu en ladite Compagnie; et ceux de notre bonne Ville de Paris qui se seront déclarez et auront fourni leurs parts, nommeront, trois mois après le dit enregistrement, les directeurs de notre dite Ville de Paris.

L'enregistrement ayant eu lieu le 1er septembre 1664, trois mois après, c'est-à-dire le 1er décembre, les actionnaires de Paris auraient donc dû être assemblés, pour élire les douze directeurs auxquels la capitale avait droit. Les articles X et XI spécifiaient en outre que les neuf directeurs des provinces seraient nommés en janvier 1665. Or, aucune convocation n'avait eu lieu, pas plus dans les provinces qu'à Paris. Et, comme on était alors dans la première quinzaine de mars, le maintien des syndics en fonctions constituait, quoi qu'on pût dire, depuis près de trois mois, une violation journalière des statuts.

Si encore il n'y avait eu que cela. Mais on l'a vu, les syndics avaient pris une certaine quantité de déterminations, qui toutes compromettaient gravement la liberté, les intérêts ou l'avenir de la Compagnie. Le premier armement qui venait de partir, 6 mars 1665, et leurs achats de navires, d'approvisionnements et de matériel, avaient absorbé la majeure partie du capital encaissé. Puis, en décidant la colonisation de Madagascar, ils avaient fait dévier la Compagnie de son but initial, le commerce des Indes, qui lui avait mérité, dès la première heure, les sympathies publiques. En attribuant enfin au roi la nomination du gouverneur général des Indes, ils avaient porté un coup mortel au principe tutélaire de l'autonomie de la Compagnie.

On peut supposer d'après cela dans quelles dispositions d'esprit devaient être les actionnaires.

Deux choses, au total, étaient donc à redouter de leur part.

S'ils étaient de trop mauvaise humeur, ils pouvaient se refuser à endosser les dépenses contractées par les syndics, et si le Parlement était saisi d'une pareille affaire, il n'était pas douteux qu'il ne leur donnât complètement gain de cause. Ç'aurait par suite été, pour les syndics, un jugement infamant et une perte d'argent considérable. Ou bien, tout en acceptant les dépenses faites, ils pouvaient revenir sur les décisions prises ; et c'était alors tous les plans de Louis XIV totalement renversés.

Ainsi, l'intérêt du roi dans la circonstance exigeait non seulement qu'on laissât tout le passé intact, mais il fallait encore à tout prix que les directeurs à nommer lui fussent entièrement dévoués. A quoi lui aurait servi en effet d'avoir dans la main le vice-roi de la Compagnie aux Indes, si la direction de Paris avait dû lui échapper ?

Cette assemblée générale des actionnaires, dont la date avait été fixée par les statuts, et qui avait à désigner les hommes qui seraient chargés de l'administration des affaires de la Compagnie, était donc en soi d'une importance décisive ; et l'on s'explique, par les raisons que nous venons d'indiquer, qu'elle ait été pour le roi et les syndics si capitale et si redoutable, qu'ils aient naturellement tout fait pour la retarder le plus possible.

Mais on était arrivé à la fin de la première quinzaine de mars 1665, et tout atermoiement nouveau était interdit. Il y avait, en effet, quinze jours, qu'en vertu de l'article VIII cité plus haut, la souscription était close et qu'on ne pouvait plus recevoir d'actionnaires. Or, sur le capital de 15 millions, 6 millions 820,000 livres d'actions restaient encore à placer. Une prolongation était donc nécessaire. Mais chacun sentait qu'avant de l'édicter, il fallait de toute nécessité que l'élection des directeurs eût eu lieu. C'était encore là une raison qui était venue s'ajouter aux autres.

Ah ! si Louis XIV avait pu continuer la tactique qu'il avait suivie depuis le commencement, on peut être convaincu qu'il se serait bien gardé d'en changer. Depuis le début, en effet, dans toute cette affaire de la Compagnie des Indes, ses manœuvres avaient constamment visé à rester en apparence à l'écart, et à ne pas se montrer. Charpentier lui avait, à proprement parler, servi de prête-nom, lorsqu'il avait voulu faire exposer l'idée d'une Compagnie des Indes orientales. C'était également derrière Berryer et d'autres personnages de sa cour, qu'il s'était caché pour essayer d'avoir une sorte de patronage du commerce de Paris. C'était enfin sous le couvert des syndics qu'il avait agi depuis leur nomination, au sujet de la colonisation de Madagascar.

Mais ce qui permet de croire et que les actionnaires devaient être alors à bout de patience et qu'il fallait prévoir de leur part toutes les extrémités, c'est la nécessité où Louis XIV se sentit, afin de se tirer à sa satisfaction de cette assemblée d'actionnaires, de donner publiquement de sa personne, et de jeter sa volonté royale dans la balance, sans chercher cette fois une seule minute à se dérober.

IX

Pour être plus sûr des délibérations de l'assemblée des actionnaires, Louis XIV la convoque au Louvre, la préside, et fait emporter ensuite les urnes dans son cabinet pour dépouiller lui-même le scrutin.

Les assemblées qui avaient eu lieu précédemment pour la constitution de la Compagnie, avaient toujours été organisées sur l'initiative de ses promoteurs. Il y aurait eu dès lors toute raison de penser qu'il en serait de même de celle des actionnaires, c'est-à-dire qu'elle serait convoquée par les syndics. Mais ceux qui avaient pu se bercer de cette idée, avaient compté sans le roi. Aussi le 19 mars 1665, durent-ils se trouver étrangement détrompés.

Tous les actionnaires de Paris qui, de par le montant de leur souscription — 6,000 livres au moins, ou 20,000 livres et au-dessus, — jouissaient statutairement du droit de vote ou pouvaient être élus directeurs.

reçurent effectivement ce jour-là une liste de cent-quatre personnes, accompagnée de la lettre suivante :

Messieurs les intéressez, qui ont voix active et passive ou voix active seulement, disait cette lettre, pourront choisir dans cette liste le nombre de douze directeurs pour composer la Chambre de Direction générale à Paris; lesquels noms ils escriront dans un billet qu'ils cachèteront de leurs armes pour être mis en un coffret dans l'Assemblée qui sera tenüe dans l'Appartement du Roy au Louvre, en présence de sa Majesté, le 20e jour de mars 1665, à deux heures après midy.

On devine sans peine dans quel désarroi furent plongés les actionnaires qui s'étaient proposé de récriminer dans l'Assemblée, ou qui avaient projeté de se concerter pour tirer vengeance de la conduite des syndics. Impossible de songer à produire ses plaintes ou ses reproches « dans l'Appartement du Roy, au Louvre, en présence de Sa Majesté ». Tout le monde s'y serait opposé. Puis, chose non moins grave, avec cette obligation de cacheter de ses armes son bulletin de vote, c'était le secret du vote violé.

Mais tout cela n'était encore rien, et la séance devait elle-même dépasser de cent coudées ce que cet étrange commencement aurait pu faire supposer.

Louis XIV allait, en effet, traiter les actionnaires de la Compagnie des Indes comme un Parlement récalcitrant, c'est-à-dire qu'il avait décidé d'honorer leur assemblée d'un véritable lit de justice.

Charpentier, qui nous a conservé la physionomie

de cette réunion — et qui dut fort probablement en faire partie, car, au nombre des intéressés, nous voyons un « Charpentier » porté pour 10,000 livres, — devrait être cité ici en entier.

Cette mémorable Assemblée, dit-il en parlant de cette première réunion des actionnaires, s'estant rendue dans l'Anti-Chambre du Roy, Sa Majesté y vint accompagnée du chancelier de France et des secrétaires d'Estat. Le Roy s'estant assis dans un fauteuil de brocar d'or, au bout d'une longue table couverte d'un tapis de velour vert en broderies, les syndics présentèrent à Sa Majesté leurs livres qui furent déposez sur la table, et en suitte on appporta deux cassettes vuides pour recevoir les billets des intéressez. Cela fait, le chancelier, s'estant approché de la chaise du Roy, prit la parole. Il exposa l'objet de la Réunion qui estoit la nomination des Directeurs, et exposa qu'en raison de ce que le nombre des souscripteurs n'estoit pas si grand chez les marchands que chez les autres ordres de l'Estat, la Volonté de Sa Majesté estoit que le sieur Colbert fust directeur pour Elle et pour toute la Cour, et qu'il présidast toujours aux assemblées de la Direction, qu'en son absence le Prévost des marchands présideroit aux mesmes assemblées, et que chacun nommast ensuitte un directeur pour les officiers des Compagnies souveraines, un autre pour les officiers des finances, et que le surplus qui consistoit en neuf places seroit remply de marchands pour l'élection desquels Sa Majesté leur laissoit la liberté toute entière, aussi bien que pour la nomination des trois principaux officiers de la Compagnie, qui sont le caissier, le teneur de livres et le secrétaire.

Ainsi, au mépris des engagements contractés dans la brochure de Charpentier et des termes mêmes des statuts, le roi, dans le discours de son chancelier, exigeait trois directeurs sur les douze qui devaient former la Chambre de la Direction générale de la Compagnie, et parmi ces trois directeurs devait se trouver le président.

On sait que ce fut seulement après cent soixante-douze années d'existence, que la Compagnie anglaise des Indes orientales vit son gouvernement métropolitain s'arroger le droit de lui désigner un gouverneur général ; aussi peut-on soutenir que c'est uniquement à l'autonomie absolue qui lui fut laissée pendant une aussi longue période de temps, qu'elle dut d'arriver à son énorme puissance. — Et l'année même de sa création, Louis XIV imposait à la nôtre son président et deux membres directeurs, lesquels évidemment, en raison de leurs attaches, de leur importance dans l'État et de leurs préoccupations politiques, ne pouvaient que la détourner de son but commercial.

Cependant, si nous disons que Louis XIV exigeait trois membres, dont le président, dans la Direction générale de la Compagnie, c'est que nous consentons pour un instant à prendre au pied de la lettre la déclaration qu'il avait fait faire par Le Tellier, à savoir que « pour l'élection des neuf autres directeurs, Sa Majesté laissoit aux interessez la liberté tout entière ». Mais il tenait, au contraire, si bien à ce que tous les directeurs fussent à lui que, n'ayant aucune confiance dans le désir des actionnaires de lui plaire, et que ne comptant nullement, pour qu'ils lui nommassent des directeurs agréables, sur la clause de la lettre de convocation d'après laquelle chaque bulletin de vote devait être scellé des armes du votant, que, disons-nous, il n'hésita point à user du seul moyen souverain qu'il pouvait avoir de se préserver avec certitude de tout mécompte à cet égard.

Le langage de Charpentier sur ce point est trop précis et trop net pour que nous ne nous bornions pas à le transcrire :

Une fois en effet que les billets eurent été déposés dans les urnes, le Roy, nous dit-il, leva la séance et rentra dans son Cabinet en ordonnant d'apporter les urnes, afin de faire faire le scrutin en sa présence.

Aimable et touchante sollicitude ! dont durent être assurément charmés les actionnaires que le roi laissait ainsi tout seuls, afin de dépouiller lui-même plus tranquillement le scrutin.

Disons néanmoins qu'ils ne furent pas longtemps tenus dans l'ignorance du nom des personnes choisies comme Directeurs. Le soir même, un procès-verbal signé de la propre main du roi était envoyé au siège social de la Compagnie, où tous les intéressés pouvaient le consulter.

Dans ce procès-verbal, après avoir expliqué à grands traits ce qui s'était passé dans l'assemblée, Louis XIV faisait connaître ce que dans la langue électorale on appellerait aujourd'hui le résultat du vote.

Voici ce procès-verbal; il vaut la peine d'être donné en entier [1] :

Le Roy ayant fait assembler dans son Appartement du Louvre tous les intéressez à la Compagnie des Indes Orientales qui ont voix délibérative suivant l'édit de son Establissement, pour la nomination des douze directeurs qui doivent composer la Chambre de la Direction générale à Paris, et Sa Majesté leur ayant auparavant fait entendre par la bouche de M. le chancelier que Sa Volonté estoit que le sieur Colbert fust son directeur pour Elle et pour toute la Cour, et qu'il présidast toujours en ladite Chambre de la Direction générale, que le Prevost des marchands de Paris, comme chef de tout le commerce, assistast en ladite Chambre et y présidast en l'absence du sieur Colbert, et qu'il fust ensuite nommé à la pluralité des voix un directeur pour les officiers des Compagnies souveraines et autres gens de Robbe, un autre pour les gens de finances et neuf marchands des meilleurs et plus accréditez de cette Ville de Paris ; après quoy tous les intéressez ayant mis les billets portant les noms des personnes dont chacun d'eux faisoit choix, dans deux cassettes disposées à cet effet, et Sa Majesté les ayant fait ouvrir et ensuitte compter en sa présence, le plus grand nombre des billets se seroient trouvé contenir les noms ci-après, sçavoir :

Pour les officiers des Compagnies souveraines et autres gens de Robbe, le sieur *de Thou*.

Pour les officiers de finances, le sieur *Berryer*.

Pour les marchands : le sieur *Pocquelin*, père ; le sieur *Cadeau* ; le sieur *Langlois* ; le sieur *Iabach* ; le

1. Arch. col. du Ministre de la marine et des colonies. Fonds COMPAGNIE DES INDES ORIENTALES, *Administration en France*, registre 2 C², fol. 186 et 187.

sieur *Bachelier* ; le sieur *Hérinx* ; le sieur *de Faye* ; le sieur *Chaulatte* ; le sieur *Varennes*.

Et quant aux trois principaux officiers de la Compagnie, sçavoir : le caissier, le teneur de livres et le secrétaire, tous les intéressez auroient demandé délay d'en faire le choix jusques à ce que les directeurs eussent examiné le mérite de ceux qui se présentent pour ces emplois et en eussent fait le rapport à Sa Majesté.

Fait à Paris, ce 20ᵉ jour de mars 1665.

Signé : Louis, *et plus bas* Guénégaud.

Après de pareils témoignages, nous estimons que les auteurs qui ont présenté Louis XIV comme incapable de s'occuper du détail des affaires, auront désormais beaucoup à retrancher de leurs assertions ; et il nous semble d'autre part que la figure plus ou moins olympienne que beaucoup d'autres se sont appliqués à lui attribuer, méritera d'être également à l'avenir profondément retouchée dans un sens plus terrestre et, surtout, plus xixᵉ siècle.

Quoi qu'il en soit, si, dans cette assemblée des actionnaires, Louis XIV avait pris la peine de se découvrir au point qu'il lui aurait été bien difficile de le faire davantage, il faut convenir qu'il s'y était conduit avec un véritable esprit « pratique », et qu'il avait sans ménagement retiré de son intervention tout ce qu'il était possible d'en retirer.

Non seulement il avait complètement dégagé les syndics ; non seulement les décisions qu'il avait fait prendre au sujet de la colonisation de Madagascar ne couraient plus le risque d'être rapportées ; mais les directeurs étant nommés pour sept ans, c'était encore pendant sept années la possibilité pour lui d'imprimer à la Compagnie telle ou telle direction qu'il jugerait à propos.

Il n'existait pas de directeur, en effet, qui ne fût à lui.

Ce n'était évidemment pas de Colbert, du « sieur Berryer, secrétaire du Roy et de ses conseils », ou de De Thou, alors son ambassadeur en Hollande, qu'il pût avoir de l'opposition à craindre. Or, pour ce qui était des neuf directeurs marchands, sortis de ce scrutin si étrangement dépouillé du 20 mars, les bulletins de vote « se seroient trouvez » tels, qu'à l'exception de deux, Bachelier et Hérinx, tous les autres avaient fait partie de ces douze syndics que nous avons vus à l'œuvre pendant près d'une année, et que nous connaissons pour des gens sur la complaisance desquels Louis XIV pouvait en toute assurance compter.

X

Immédiatement après l'assemblée, pour calmer le ressentiment des actionnaires et leur accorder quelque satisfaction, Louis XIV et les directeurs prennent plusieurs mesures relatives à l'organisation du commerce des Indes.

Après ce qui a été dit plus haut de leurs justes sujets de mécontentement, et des sentiments d'indépendance que l'on avait à cette époque, on se demande naturellement de quelle façon les actionnaires prirent ce qui s'était passé dans l'assemblée du Louvre. Sur ce point, aucun document des archives du Ministère de la marine ne nous fournit d'éclaircissement direct. Deux particularités cependant prouveraient, à n'en pas douter, que leur irritation dut être extrême, et qu'ils se répandirent contre les directeurs et les anciens syndics dans des menaces, sur le caractère desquelles il n'y avait pas à se tromper.

La première de ces particularités serait l'insistance

que les syndics mirent de suite après, pour obtenir du roi une Déclaration qui les déchargeât solennellement de leur gestion passée ; ce qui était une façon détournée de demander que l'ouverture d'une action judiciaire quelconque contre eux fût à jamais rendue impossible. Ils ne le laissèrent effectivement tranquille que lorsqu'ils lui en eurent arraché une, mai 1665. Cela seul montre de toute évidence, à quelles craintes et à quelles vives attaques ils étaient en butte, et combien, de leur propre aveu, il aurait été dangereux pour eux que leur conduite fût soumise au jugement du Parlement.

Quant au deuxième fait, il nous est fourni par le zèle fiévreux avec lequel, après l'assemblée, les directeurs et le roi s'appliquèrent à ce qui pouvait se rapporter spécialement au commerce des Indes. Si l'on excepte les reconnaissances que le premier armement avait reçu mission d'opérer sur la côte orientale d'Afrique, dans la mer Rouge et en Arabie, on se souvient en effet que cette question avait été totalement négligée et que, durant toute leur gestion, les syndics s'étaient uniquement occupés de l'île Dauphine.

Or l'insouciance dans laquelle on était resté jusque-là pour le commerce des Indes avait été le plus gros grief des actionnaires et l'une des causes principales de leur mécontentement. A cette date de 1665, on avait effectivement, depuis près d'une quarantaine d'années, vu se créer en France une foule de sociétés de colonisation dont à peine quelques-unes avaient fait leurs frais. Aussi avaient-ils été d'autant plus irrités de voir leur argent versé pour le commerce des Indes, destiné à une entreprise de colonisation, qu'ils étaient persuadés que dans le commerce des Indes cet argent leur aurait rapporté les plus gros revenus.

Une autre raison existait, d'ailleurs, qui avait dû conseiller au roi comme aux directeurs de faire montre pour l'instant du plus vif intérêt pour ce commerce des Indes. C'est qu'il fallait à tous prix trouver preneur, pour les 6,820,000 livres d'actions restant en souffrance.

Dans ces conjonctures, le lendemain même de l'assemblée des actionnaires, Louis XIV avait prorogé de six mois la fermeture de la souscription, en la reportant du 31 mars 1665 au 30 septembre de la même année. Les directeurs de leur côté s'étaient entendus dans leur première séance sur la question des succursales en province, et sur le chiffre de délégués que chacune d'elles aurait dans la Chambre des directeurs de Paris. Disons en passant que leur décision à ce sujet fut, que des succursales seraient établies à Lyon, Rouen, Nantes, Bordeaux et le Havre, avec trois délégués pour Lyon, deux pour Rouen et un pour chacune des autres villes.

Puis, cela fait, on s'était mis sans désemparer, de part et d'autre, à ce qui avait trait à l'organisation du commerce des Indes.

Trois questions étaient à considérer en ce qui concernait cette organisation : 1° la question du personnel, 2° celle des lieux où l'on établirait des « comptoirs et des factureries », 3° celle enfin des marchandises qu'on enverrait là-bas ou qu'on en ferait plus particulièrement venir. Les directeurs se partagèrent en trois commissions, ayant chacune pour objet d'étudier séparément une de ces questions, afin quelles pussent être examinées sous toutes leurs faces.

On se rappelle que le commerce des Indes nous était pour ainsi parler complètement étranger. Il était donc évident que, de longtemps, nous ne pourrions pas nous procurer en France le personnel d'employés dont la Compagnie devait avoir besoin dans ces contrées. Cependant, comme on tenait à commencer immédiatement les opérations, on chercha comment on pourrait avoir des hommes rompus au genre d'affaires qui se faisait là-bas, connaissant les marchés, la manière d'y procéder, les prix, etc.

En cette circonstance, et afin d'éviter à la Compagnie de trop lourds frais d'apprentissage et d'école, les directeurs comprirent et décidèrent que le mieux était de détacher de la Compagnie hollandaise des Indes un certain nombre de ses meilleurs agents, qu'on prendrait ensuite au service de la Compagnie française. Mais ne perdant pas de vue qu'il fallait en même temps songer à former des Français, ils convinrent qu'à chacun des employés hollandais qu'on engagerait, il serait adjoint, avec le même grade, un employé français, lequel bien entendu aurait à s'arranger pour bénéficier des connaissances pratiques et de l'expérience de son collègue.

Des nationaux hollandais que les directeurs prirent à gages de cette façon, un nommé Caron est celui qui fut payé le plus haut prix ; la raison en est qu'il avait servi pendant de longues années comme directeur, aux Indes, de la Gompagnie hollandaise, et qu'il était réputé comme un homme d'une très haute valeur. Il fut engagé pour cinq années, aux appointements annuels de 18,000 livres, somme énorme pour l'époque, et cela sans préjudice d'une indemnité de 9,000 livres qui lui fut versée pour faire venir sa famille de Bruxelles, et l'installer à Paris.

Une précaution avait été prise, pour que ces employés n'eussent jamais rien à redouter du gouvernement hollandais qui aurait pu les traiter comme traîtres, et dont le but également était de les attacher plus étroitement aux intérêts de la Compagnie : c'est qu'en même temps qu'ils signaient leur engagement, on leur accordait de grandes lettres de naturalisation, lettres de naturalisation, par parenthèse, dans lesquelles, comme ils appartenaient tous au protestantisme, Louis XIV leur reconnaissait, par un article formel, le droit d'exercer leur religion en toute liberté.

Une fois cette affaire du personnel bien vidée, les

directeurs étaient passés à la question des contrées où l'intérêt de la Compagnie pouvait demander de fonder des établissements de commerce. Après une enquête méticuleuse, il fut résolu par eux qu'on en créerait, non seulement dans le Bengale et sur la côte de Coromandel, mais encore en Chine et au Japon.

Puis on avait étudié avec soin les différents genres de négoce susceptibles d'être les plus grosses sources de bénéfices et de profits pour la Compagnie.

Les diverses espèces de marchandises de fabrication française qui offraient le plus de chance d'être agréées dans les Indes, en Chine et au Japon, furent de leur côté l'objet de l'examen le plus approfondi.

Il fut décidé enfin, dans l'intention d'éviter les non-valeurs et les pertes d'argent, que tout individu, colon ou engagé, qu'on transporterait là-bas pour le compte de la Compagnie serait soumis à des visites répétées, afin de s'assurer, si « corporellement » il était capable de supporter le changement de climat et les fatigues inséparables d'un établissement dans des pays exotiques.

On voit, à ces rapides détails, qu'après cette assemblée des actionnaires du 20 mars, toutes les questions rentrant plus ou moins directement dans l'établissement d'un commerce sérieux aux Indes, avaient été abordées et traitées avec une méthode, une attention et un sens pratique, qu'on ne saurait trop admirer.

Mais il est bon de signaler ici la petite habileté dont le roi et les directeurs usèrent alors dans un but facile à comprendre. Au fur et à mesure, en effet, qu'une décision était prise, ils s'arrangeaient pour qu'elle transpirât sur l'heure dans le public. Ils avaient compté sur ce moyen pour dissiper les inquiétudes des actionnaires, désarmer leur colère et leur redonner confiance. Ils s'étaient imaginé qu'il suffisait de raviver toutes leurs anciennes espérances dans les gros profits que donnerait le commerce des Indes, pour leur faire oublier la manière dont on s'était conduit à leur égard dans l'assemblée et auparavant, et surtout pour les tranquilliser au sujet des pertes qu'ils craignaient de voir éprouver à la Compagnie dans la colonisation de Madagascar.

Mais l'avenir devait leur faire voir qu'en cela, le roi et les directeurs s'étaient trompés au plus haut point.

Entre le roi et les actionnaires allait en effet, à partir de cette date, commencer une lutte épique de cinq années, dont le récit des péripéties va nous donner l'occasion de faire une histoire détaillée de ce qu'on a appelé l'Expédition de Montdevergue.

Cette histoire sera d'autant plus instructive pour tous ceux qui s'intéressent aux tentatives de colonisation de la France à Madagascar, que, grâce aux archives du Ministère de la marine et des colonies et aux documents authentiques qu'elles renferment, elle est sur bien des points inédite, et que, sur d'autres elle s'écarte très sensiblement de tout ce que les écrivains qui s'en sont occupés jusqu'ici en ont dit.

Dans cette partie de notre étude, nos lecteurs n'auront pas seulement de nouvelles preuves des « qualités pratiques » de Louis XIV, ils vont y voir surtout qu'il possédait ce qui se rencontre le plus rarement chez les hommes d'État ordinaires, une persistance inébranlable et extraordinaire dans un dessein une fois formé.

QUATRIÈME PARTIE

« LA GRANDE EXPÉDITION » DE MONTDEVERGUE
LES ACTIONNAIRES OBLIGENT LE ROI A LES DÉCHARGER
DE L'OBLIGATION DE COLONISER MADAGASCAR

I

Le mécontentement des actionnaires s'accentue à tel point qu'au moment du second paiement, plus des trois quarts d'entre eux refusent de rien verser. — Le roi payant d'audace n'en fait pas moins vaquer aux derniers préparatifs de la grande expédition. — Elle part le 14 mars 1666. — Détails sur cette expédition. — Instructions données à de Faye et à Caron, directeurs généraux pour le commerce aux Indes.

Après l'assemblée du 20 mars, avons-nous dit, Louis XIV, de concert avec les directeurs, s'était évertué à dissiper les mauvaises dispositions des actionnaires et à leur faire oublier « l'entreprise de l'isle Dauphine ». C'est pour cela qu'il s'était appliqué avec le plus grand soin à l'organisation du commerce de la Compagnie aux Indes. Et ce fut même en grande partie dans le même but qu'il convint avec eux d'ajourner le départ du grand armement qui devait conduire à Madagascar Montdevergue, le Conseil Souverain et le premier envoi de colons ; lequel départ, comme on s'en souvient par l'affiche reproduite plus haut, avait été précédemment fixé au mois de juillet.

Cependant, comme en mettant à la voile, de Beausse et le Conseil particulier avaient reçu l'assurance qu'à quatre ou cinq mois de là, ils seraient suivis de Montdevergue; on craignit qu'ils n'eussent des inquiétudes en ne voyant rien venir, et l'on jugea nécessaire de faire partir du Havre le 24 juillet — nous sommes toujours en 1665 — deux lougres, le *Saint-Louis* et le *Saint-Jacques,* montés par 122 hommes dont 50 colons et deux chefs de colonies [1]. Ils avaient charge d' « informer ceux qui estoient à l'isle Dauphine de ce qui se passoit en France pour la Compagnie et de la grande expédition, afin qu'ils fissent les amas de provisions nécessaires pour la recevoir ».

Une autre raison, et il nous la faut mentionner, avait toutefois contribué à faire surseoir au départ de cette « grande expédition ». C'était d'abord l'importance qu'on voulait lui donner, puis le manque de fonds. La Commission des achats, nommée du temps des syndics, avait, en effet, tellement dépensé d'argent, qu'il ne restait plus que des sommes insignifiantes en caisse, en sorte que pour acheter, on se trouvait désormais dans l'obligation d'attendre le produit du placement des dernières actions et le second versement.

---

1. Les registres de la Compagnie des Indes orientales mentionnent ce petit armement comme ayant coûté 59,195 liv. 8 sols, 6 deniers.

Le roi et les directeurs s'étaient d'autant mieux résignés à ce retard, qu'ils avaient senti la nécessité de mettre le plus grand soin et la plus grande attention dans les préparatifs de l'armement. Ce fut en effet avec l'examen le plus méticuleux, que l'on procéda au choix des colons et au recrutement de quatre compagnies, qu'on avait regardé comme indispensable d'envoyer là-bas, pour le cas où de certaines éventualités viendraient à surgir. On veilla d'autre part soigneusement à ce que les dix bâtiments que l'on devait expédier fussent en parfait état de supporter le voyage. On vérifia la qualité des provisions dont ils avaient à être chargés. Enfin l'on travailla méthodiquement à l'acquisition des marchandises qu'on aurait à vendre aux Indes ou à y échanger.

Toutes les dépenses de ce chef étaient, bien entendu, faites à crédit. Mais roi, directeurs, acheteurs et vendeurs étaient dans la persuasion que les actions encore à placer ou le second versement fourniraient largement de quoi payer.

Un premier indice défavorable vint cependant déranger cette confiance : septembre, dernier délai pour le placement des actions qui restaient, se passa sans qu'un nombre appréciable de ces actions trouvât preneur. Louis XIV n'en fut point affecté outre mesure, s'étant rappelé que la grande Compagnie hollandaise avait débuté avec un capital inférieur à celui qu'on avait déjà souscrit pour la Compagnie française. Où toutefois il éprouva une certaine contrariété, ce fut en voyant que les versements anticipés, sur lesquels il avait compté et que tout le monde avait effectués du reste l'année précédente, ne s'opéraient pas. Néanmoins il en prit encore son parti. Après tout, pensait-il, il faudra toujours bien qu'avant le 1er janvier 1666 chacun ait versé son second tiers. Il n'y a donc là qu'un retard.

Mais, vers la mi-décembre, comme il était à peine rentré dans les caisses de la Compagnie le cinquième de ce qu'elles avaient à recevoir, il n'y eut pas à dire, un commencement d'inquiétude se manifesta. On adressa de discrètes réclamations à une certaine quantité d'actionnaires. Or, stupéfaction du roi et des directeurs. Chez tous, même réponse : chaque actionnaire se retranchait derrière l'article 1er des statuts. On y recourut. Dans cet article se lisait, en effet, le paragraphe suivant :

De chaque part, y était-il dit, le tiers sera fourny comptant pour le premier armement, et les deux autres tiers en deux années consécutives, également et par moitié, dans le mois de décembre 1665 ou 1666, sous la peine à ceux qui ne fourniroient pas lesdits deux tiers dans ledit temps, de perdre ce qu'ils auront advancé pour le premier et le second armement, qui demeurera au profit et dans la masse du fonds de la dite Compagnie.

Les actionnaires déclaraient tous qu'ils aimaient mieux perdre ce qu'ils avaient déjà versé, que de continuer.

Telle était la réponse qu'ils avaient préparée aux

manœuvres du roi et des syndics, et leur riposte au coup que Louis XIV leur avait porté dans l'assemblée du 20 mars.

Personne, pas plus le roi que les directeurs, n'avait prévu que cette disposition de l'article premier, édictée en faveur de la Compagnie, pouvait être retournée contre elle; aucun n'avait songé qu'il pourrait plaire un jour aux actionnaires de se retirer avant d'avoir intégralement payé le montant de leurs actions. On juge du coup qu'ils en reçurent.

D'après le chiffre des souscriptions, le deuxième versement aurait dû produire 2 millions 726 mille livres; or, le 1er janvier 1666, la Compagnie n'avait touché que 626 mille livres, soit un déficit de 2 millions 100 mille livres. C'était en résumé plus des trois quarts des actionnaires qui s'étaient retirés sur le mont Aventin.

Qu'y avait-il à faire en cette circonstance? Assembler de nouveau les actionnaires pour avoir une explication avec eux? Mais ç'aurait été remettre en cause tout ce qui avait été tranché à l'assemblée précédente. Renoncer au grand armement, puisque les ressources manquaient pour le faire partir? Impossible. Les navires étaient prêts, prêts également les approvisionnements et la majeure partie des marchandises de la cargaison. Les quatre compagnies d'infanterie étaient enrôlées et organisées, des engagements avaient été passés avec les colons, lesquels attendaient...

Chose curieuse, et qui justifierait pour la deuxième fois la maxime précédemment exprimée, que quelles que soient les différences de circonstances, de lieux ou d'hommes, les mêmes faits engendrent fatalement les mêmes actes. En cette occurrence Louis XIV se conduisit d'une façon absolument semblable à celle de nos financiers en détresse; il jugea que la meilleure conduite à tenir, était de faire bon visage à mauvais jeu, de payer d'audace, d'aller quand même de l'avant, d'agir comme si les caisses étaient pleines, comme si tout le monde avait opéré ses versements, et surtout, surtout, de ne pas trop presser les actionnaires récalcitrants, dans la crainte que leur résistance, en s'ébruitant, ne fît réfléchir ceux qui s'étaient exécutés.

Au prix donc de grosses dettes contractées au nom de la Compagnie, on mit la dernière main au grand armement, on ne recula même devant rien pour qu'il fût aussi complet et bien pourvu que possible. Et, le 14 mars 1666, il leva l'ancre au port de la Rochelle, au milieu d'un appareil et d'une solennité évidemment calculés, pour frapper l'imagination du pays.

Il y avait eu une sorte d'entente tacite entre le roi et les actionnaires, pour croire à un accès tout passager d'humeur de la part des actionnaires, et pour se promettre qu'il suffirait d'un peu de temps ou de quelque léger sourire de la fortune, pour en venir rapidement à bout.

Dans cette expédition tout légitimait l'épithète de
« grande », dont chacun s'était accordé à la qualifier.
Elle comprenait en premier lieu dix navires : le
Saint-Jean-Baptiste et la *Marie* de 500 à 600 ton-
neaux, le *Terron* et le *Saint-Charles* de 300 ton-
neaux, la frégate la *Mazarine* de 250 tonneaux, la
Duchesse de 100, et quatre petits autres bâtiments, le
Saint-Denis, le *Saint-Luc*, le *Saint-Jean* et le *Saint-
Robert* de 60 à 80 tonneaux chacun. Le *Saint-Jean-
Baptiste* était le vaisseau amiral, et c'est sur lui
qu'était monté Montdevergue, vice-roi des Indes,
gouverneur de Madagascar.

Sur cette flotte se trouvaient 1,688 personnes, « desquelles 421 officiers de navires, gens d'équipage et
matelots, 212 officiers et soldats formant 4 compagnies, 956 tant marchands, commis, facteurs, que
colons et artisans de toutes sortes de métiers,
particulièrement grand nombre d'ouvriers pour travailler à la soye, au sucre, à l'indigo et à la culture des autres marchandises, que lesdits lieux
(ceux de l'île Dauphine) fournissent en abondance ».
Elle emportait en outre les membres du Conseil
Souverain, deux directeurs généraux du commerce :
le « sieur de Faye, François et le sieur Caron, Hollandois » ; le « sieur d'Épinay », procureur général
du Conseil des Indes, huit premiers marchands,
quatre français et quatre hollandais, dix chefs de
colonies, trente-deux femmes et plusieurs enfants.

Tout en voulant que l'on s'occupât très sérieusement de la colonisation de Madagascar, le roi et les directeurs avaient tellement tenu à ce que le commerce des Indes ne fût pas négligé, qu'on n'a qu'à consulter le détail de ce que coûta cet armement, pour voir que de ce côté rien n'avait été épargné, et qu'on avait fourni à de Faye et à Caron tout ce qui pouvait leur être nécessaire pour l'établir sur un très bon pied. Sur la dépense totale de 2 millions 108 mille 619 livres 15 sols, 1 million 194 mille 151 livres 8 sols 8 deniers en marchandises, argent en barres ou réaux d'Espagne, étaient, en effet, destinés aux achats ou ventes à faire aux Indes et en Chine. Caron, du reste, avait pour instructions de toucher seulement à Fort-Dauphin, puis de cingler sans désemparer sur les Indes pour y organiser les comptoirs. Quant à celles de de Faye, elles portaient qu'après avoir reconnu l'île Bourbon, il s'en irait sur-le-champ avec la *Mazarine*, la *Duchesse*, le *Saint-Jean* et le *Saint-Luc*, fonder le centre de colonisation de Galemboule; puis, les colons installés, qu'il se rendrait incontinent auprès de Caron, aux Indes, lequel, l'ayant mis à la tête des comptoirs qu'il aurait créés dans ces parages, devait se transporter ensuite en Chine pour y en former de nouveaux.

Enfin, comme on voulait remettre à tout prix la main sur les actionnaires, dont on savait que le commerce des Indes avait été le seul appât lors de la création de la Compagnie, de Faye et Caron avaient en outre reçu l'ordre, aussitôt qu'ils le pourraient, d'expédier en France un navire chargé de marchandises d'Orient, afin que les actionnaires, de leurs propres yeux et par des preuves palpables, pussent bien voir que ce commerce était déjà établi, et qu'il commençait à bien marcher.

Mais, quelle qu'eût été la contenance de Louis XIV devant l'espèce de grève que lui avaient opposée les actionnaires, il avait senti au fond que la foi chez eux était à peu près éteinte, et que des résultats positifs pouvaient seuls raviver leur ancien enthousiasme et leur rendre confiance en l'avenir. Il avait également senti que, si le grand armement échouait, c'en serait fait désormais de l'entreprise. Toutes les ressources de la publicité effectivement avaient été épuisées; il n'y avait plus à faire sonner la volonté, les desseins ou les sentiments du roi, puisqu'il était de notoriété publique qu'il était lui-même l'âme de l'affaire. Dans la réalité, tout avait été mis en jeu pour trouver des actionnaires, et il ne restait plus rien à faire jouer pour relever l'œuvre, au cas où quelque insuccès viendrait assaillir le grand armement.

Aussi, sous ce rapport, rien n'est intéressant comme la correspondance du roi et de Colbert, avec Montdevergue, de Faye et Caron. Aux encouragements que l'un et l'autre leur envoient par chaque courrier, aux grâces qu'ils leur font entrevoir en récompense de la réussite, aux conseils qu'ils leur répètent sans cesse, de rester toujours d'accord ensemble, on devine en eux des tourments et des inquiétudes indicibles, et surtout ce sentiment qu'avec cette grande expédition, c'était une sorte de *va-tout* qui se jouait.

Certes nulle part on n'aperçoit que Louis XIV ait éprouvé le moindre doute sur le succès lui-même de l'affaire ; mais ce qu'il appréhende, c'est que ce succès, qui selon lui est tout ce qu'il y a de plus sûr, ne soit compromis par un manque de zèle ou de bonne volonté chez ceux qui avaient là-bas la direction des opérations, ou par ce que, faute d'union et de concorde, ils perdraient tout leur temps à d'éternelles jalousies.

Plus on lit sa correspondance, plus on voit, hélas ! que Louis XIV, dans toutes ses prévisions, avait oublié de faire entrer en ligne de compte un facteur des plus importants, et qui devait tout bouleverser. Nous voulons parler de la fortune contraire.

A peine, en effet, le grand armement était-il parti, que la fortune contraire, se précipitant sur l'entreprise, s'acharnait contre elle. Ce serait presqu'à croire que quelque puissance vengeresse, ayant alors pris en main la cause des actionnaires abusés, se soit proposé de châtier le roi, et de le faire échouer.

II

Mauvaises nouvelles qu'on reçoit à Paris au sujet de la *Vierge-de-Bon-Port* et de l'expédition de Montdevergue, laquelle avait été dans la nécessité de relâcher au Brésil. — Mécontentement persistant des actionnaires : pour le 3ᵉ versement, au lieu de toucher 2 millions 709 milles livres, on ne reçoit que 16.000 liv. — Le roi ne cesse de faire bonne figure, mais la panique a gagné les directeurs. — Ces derniers exigent que, jusqu'à nouvel ordre, on ne fasse plus de dépenses pour le compte de la Compagnie.

De suite après le départ du grand armement, le roi, ses ministres et les directeurs, dans le but de profiter du bruit qui s'était fait autour de lui, s'étaient mis, chacun de son côté, à harceler les actionnaires sur lesquels ils avaient quelque action. Les caisses de la Compagnie étaient vides, on était criblé de dettes, il fallait à tout prix essayer de faire rentrer de l'argent. Mais ils se heurtèrent à un tel parti pris, qu'en dépit de toutes les démarches, sur les 2 millions 100 milles livres à recevoir, ils ne réussirent à faire payer que 78,333 livres. Ils n'avaient rencontré partout qu'un mauvais vouloir insigne, et recueilli que des récriminations.

Leur déconvenue avait donc été complète. Ils s'en étaient toutefois assez vite remis, persuadés que, pour le 3ᵉ versement, c'est-à-dire avant la fin de l'année, tout se serait arrangé. Car ils pensaient qu'alors, forcément, de bonnes nouvelles seraient venues.

En estimant à quatre mois et demi, à l'aller comme au retour, la durée de la traversée de France à Madagascar et *vice versâ*, et à 7 ou 8 mois le temps qu'il aurait pu falloir à de Beausse pour réunir les échantillons qui lui avaient été demandés, ils avaient calculé, en effet, que, vers août 1666, septembre, ou octobre au plus tard, arriverait en France le navire que le Conseil particulier avait été chargé d'envoyer. Or, le roi et les directeurs étaient dans la conviction absolue, non seulement que ce navire apporterait de quoi mettre un terme aux mauvaises dispositions des actionnaires, mais que la vue des richesses minérales et végétales existant à Madagascar, réconcilierait tout le monde avec la colonisation de l'île Dauphine. En outre, ils espéraient, vers novembre ou décembre, recevoir de Montdevergue quelque nouvelle réconfortante, devant permettre d'affirmer aux actionnaires qu'au moment où on leur parlait, Caron et de Faye étaient aux Indes en train d'y organiser le commerce.

On s'endormit donc à peu près tranquille.

Mais, tout à coup, déception cruelle! Une lettre est

apportée de Londres. Elle est de Souchu de Rennefond. Il annonçait que renvoyé de Fort-Dauphin en France par le Conseil particulier, son navire, la *Vierge-de-Bon-Port*, qui contenait les échantillons promis et attendus, avait été attaqué près des côtes normandes par deux frégates anglaises, que le vaisseau avait été coulé, et que lui-même pris sur les flots était actuellement prisonnier à Londres, où il manquait de tout. Il terminait en demandant qu'on voulût bien payer sa rançon.

Ainsi, adieu toutes les espérances édifiées sur une exposition ou « monstre » des produits de Madagascar ! Il ne fallait plus compter sur rien de ce côté, et, bien mieux, tout était à recommencer.

Or, tandis que les directeurs et le roi étaient encore à réfléchir aux moyens de remédier à ce malheur, une nouvelle encore plus fâcheuse leur parvenait. C'étaient des lettres de Montdevergue, de de Faye et, de Caron, expédiées de Fernambouc. On les croyait aux Indes et à Madagascar, et ils étaient au Brésil !

Voici comment cela s'était fait.

Une fois hors du port de la Rochelle, les dix vaisseaux de la grande expédition, naviguant de conserve, afin de pouvoir en cas d'attaque résister aux Anglais avec lesquels nous étions en guerre, s'étaient dirigés sur les Canaries ; et là, Montdevergue, comme il en avait l'ordre, s'était arrêté pour y acheter un petit navire et le faire charger de vin du pays, « lequel estoit d'une très belle défaite aux Indes ». Cette opération ayant demandé un certain nombre de jours, les vaisseaux avaient ensuite repris la mer, voguant vers le Cap. Depuis plusieurs semaines le temps se comportait assez bien. Mais à la hauteur de la ligne, le vent étant soudainement venu à tomber, depuis un mois ils étaient là, en plein calme plat, quand, autre contretemps, un des vaisseaux, le *Terron*, s'était mis à faire eau. Montdevergue, de Faye et Caron le firent visiter avec soin, et, preuve que les acquisitions de navires n'avaient peut-être pas été faites avec la compétence ou tout le désintéressement nécessaire, on découvrit qu'il serait impossible au *Terron* d'arriver au terme du voyage et de supporter les coups de vent ou les tempêtes du Cap !

Quelle résolution prendre? Transborder sur les autres ce que contenait ce navire, puis l'abandonner? Impossible, les autres bâtiments étaient bondés. L'abandonner avec son chargement? Personne n'y aurait songé, ce qu'il renfermait étant absolument utile. Dans ces conjonctures, Montdevergue avait tenu conseil, et, comme le calme menaçait de s'éterniser, il avait été décidé qu'on profiterait d'une forte brise d'est pour se rendre dans un port du Brésil. On avait reconnu qu'une fois là, après avoir fait réparer le navire, on trouverait sans peine quelque vent favorable conduisant directement à Fort-Dauphin.

C'était à Fernambouc qu'on avait abordé, et l'on y était depuis le 25 juillet.

Naturellement, les lettres de Montdevergue, de

Caron et de de Faye s'étendaient sur cet incident malencontreux du voyage. Depuis un mois et demi ils étaient mouillés à Fernambouc, et, à leur dire, ils n'en pensaient pas pouvoir partir avant le 15 octobre.

Nous laissons à penser l'abattement profond où les directeurs tombèrent à ces nouvelles. Ils convinrent bien de les garder secrètes. Mais ce qui les inquiétait, et ce qu'ils se demandaient avec terreur, c'était de quelle façon allait maintenant s'opérer ce troisième versement, sur lequel ils comptaient, et sur lequel ils avaient jusque-là absolument compté.

Avec le coup d'œil d'un homme d'affaires du xixe siècle, Louis XIV comprit qu'en une circonstance pareille, il n'y avait pas d'autre moyen à employer pour sauver le crédit de l'entreprise, que d'afficher la confiance la plus extrême et d'agir entièrement comme si aux Indes tout eût marché à souhait! A cet effet, dès la première quinzaine de novembre, on annonça, à grand bruit, le départ pour mars 1667 d'un flotte de 6 vaisseaux, uniquement chargés de colons. Puis ordre fut donné de préparer *la Couronne* pour en porter sur-le-champ la nouvelle à Fort-Dauphin. Le 23 décembre, en effet, *la Couronne* prenait la mer, avec 70 hommes tant officiers et matelots que marchands et colons.

On cherchait, par cette manœuvre, à jeter de la poudre aux yeux des actionnaires et à les encourager à apporter le montant de leur troisième versement; mais malheureusement elle ne devait pas avoir d'effet.

Le mécontentement qui s'était emparé l'année précédente de la majeure partie des actionnaires avait-il fini par gagner les autres? Ne serait-ce point au contraire qu'en dépit de toutes les précautions prises, la nécessité où s'était trouvé Montdevergue de relâcher au Brésil, ne s'en était pas moins ébruitée? Nous ne saurions le dire. Mais ce que l'on sait bien, c'est que le troisième versement devait être encore bien au-dessous de ce que les plus pessimistes auraient pu supposer.

Sur le deuxième versement, en effet, après le paiement de quelques retardataires, le déficit avait été de 2 millions 21 mille 667 livres. Sur le troisième, il fut de 2 millions 682 mille 334 livres, c'est-à-dire qu'au lieu de recevoir 2 millions 709 mille livres, comme on aurait dû, il ne rentra dans les caisses de la Compagnie que 16 mille 666 livres 13 sols! C'était un vrai désastre. Évidemment les provinces, la Cour, les gens de justices, ceux des finances, avaient eux-mêmes lâché pied. Il ne restait plus que les directeurs avec Louis XIV. Et encore tous les directeurs n'avaient pas payé!

La déroute avait été si complète, que, le roi n'en ayant pu croire ses yeux, on était allé battre le rappel chez tous les actionnaires. Mais on avait eu beau presser les gens, ç'avait été peine perdue : sur les 2 millions 682 mille 334 livres qui manquaient, on ne parvint à faire verser que 7 mille 334 livres et quelques sols!

Nous renonçons à dépeindre la panique dont les directeurs furent saisis devant ce résultat. S'il n'y avait eu que le fait même de la défection des actionnaires, peut-être auraient-ils continué à conserver encore leur sang-froid. Mais ce qui les épouvanta, c'est que la Compagnie avait de grosses dettes.

Ils avaient effectivement tout de suite fait leurs comptes. Et, contre 3 millions 190 mille 466 livres de recettes, ils avaient constaté que les dépenses, à cette date du 1er janvier 1667, s'étaient élevées à 4 millions 991 mille livres environ, soit un déficit de 1,900,000 livres. Il est vrai que dans les chantiers que la Compagnie avait fait ouvrir au Havre, à Nantes, à Bayonne, à Saint-Malo et à Port-Louis, on pouvait voir 12 bâtiments en état de prendre la mer : le *Dauphin*, le *Phénix*, l'*Aigle-d'Or*, le *Vautour*, le *Saint-François*, la *Trinité*, la *Force*, l'*Espérance*, deux petites frégates, et une galiotte, plus 7 vaisseaux en voie d'achèvement, et 8 ou 9 en projet, avec les matériaux nécessaires à leur construction. Mais cela n'empêchait point que le découvert ne fût de 1,900,000 livres ; et ils redoutaient d'autant plus d'en être rendus personnellement responsables, au cas par exemple où Louis XIV qui les soutenait viendrait à mourir avant qu'il fût comblé, qu'après tout, depuis 17 mois, il n'y avait pas eu d'assemblée d'actionnaires, quand les statuts spécifiaient qu'il devait s'en tenir au moins une par an. Mais ce qui les effrayait le plus, c'était l'intention du roi de continuer les dépenses, et de vouloir quand même envoyer les six vaisseaux de colons, dont il avait été parlé.

Pour se pénétrer de l'état d'esprit où se trouvaient alors les directeurs, il suffirait de parcourir les quelques lettres qu'ils échangèrent à ce moment avec le roi [1]. Quand on sait lire entre les lignes, il y est de la dernière évidence qu'ils déploraient de s'être engagés dans une pareille affaire, et que ç'aurait été avec le plus grand empressement qu'ils auraient donné leur démission. Ils lui avaient d'abord envoyé un exposé lamentable de la situation de la caisse. Louis XIV leur fit répondre de ne pas se tourmenter, « qu'il se rendroit utile et aideroit la Compagnie autant qu'elle auroit besoin ». Tout cela était très bien, mais, ce que les directeurs voulaient avant tout, était d'être dégagés. De là, dans le courant d'avril, une deuxième requête. Ils priaient le roi de les autoriser à convoquer les actionnaires pour les premiers jours de mai, disant que depuis quatre mois « il n'y avoit pas quatre intéressez qui eussent donné de l'argent, ce qui monstre, ajoutaient-ils, qu'il y a quelque dégoust dans les esprits qui ne pourra changer, s'ils ne sont fortement persuadez de leur utilité et de leurs avantages, pour la connoissance

---

[1] Arch. col. du Ministère de la marine et des col. Fonds COMPAGNIE DES INDES ORIENTALES, *administration en France*, 2 C_2, fol. 250 et suivants.

qu'ils prendront dans cette assemblée des affaires de ladite Compagnie ».

Comme on le pense bien, Louis XIV avait fait la sourde oreille à une pareille demande. Dans une assemblée, il aurait plus ou moins fallu s'expliquer, fournir des renseignements, produire les livres ; or Louis XIV n'aurait voulu à aucun prix mettre l'état financier de la Compagnie au jour. On aurait même fort probablement dû s'attendre à ce que les actionnaires exigeassent qu'on renonçât à la colonisation de Madagascar, et l'on sait ce qu'il pensait sur cette question.

Au milieu de ces circonstances difficiles, avec ces actionnaires dispersés aux quatre vents, avec ces directeurs qui n'auraient pas mieux demandé que de tout abandonner, ce qui émerveille chez Louis XIV, c'est son sang-froid, son optimisme, on pourrait même dire sa belle humeur. Il se refusait à admettre un seul instant l'hypothèse qu'à l'île Dauphine et aux Indes, les choses ne finiraient pas par aller aussi bien qu'on le pouvait désirer. Il fallait patienter, donner au succès le temps matériel de se produire. A ses yeux, dès la première apparence du succès, les actionnaires devaient revenir en foule et reprendre leurs versements en retard.

Aussi, qu'il s'agisse de la perte de la *Vierge-de-Bon-Port*, de l'arrêt obligé de Montdevergue au Brésil, des embarras financiers causés par le défaut des versements, ou de quelque autre mécompte, retrouve-t-on sans cesse dans sa bouche ces aphorismes encourageants, que « toutes ces difficultés estoient inséparables des commencemens des grands desseins » et que c'était justement là « des occasions où les hommes de poids font mieux paroistre leur fermeté et leur constance ». Pour lui il n'y avait qu'une mauvaise passe à traverser. *Post nebula Phœbus.*

Ce qui montre cependant que les directeurs ne se laissèrent pas prendre à l'assurance plus ou moins affectée qu'affichait le roi, et qu'ils tinrent bon au contraire, c'est que Louis XIV, pour les calmer, ayant fait examiner les livres de la Compagnie dans son Conseil, rendit un arrêt en bonne et due forme approuvant complètement les comptes. Mais les directeurs, quoique déchargés de leur gestion passée, exigèrent davantage, et promesse dut leur être donnée, que tout envoi à l'île Dauphine ou aux Indes serait suspendu, jusqu'à ce qu'on eût des nouvelles positives de Montdevergue, de de Faye et de Caron. C'était, pour commencer, l'ajournement de l'expédition des 6 vaisseaux annoncée en novembre. Ils ne voulaient pas qu'en s'engageant de nouveau dans d'autres dépenses, ils courussent le risque de se retrouver, à six mois ou à un an de là, dans la même situation que devant.

La condition était dure. Louis XIV y avait cependant d'autant plus volontiers souscrit, que ces nouvelles, dans sa conviction, ne pouvaient pas tarder longtemps à venir, et qu'elles devaient être des meilleures.

Il allait avoir, au contraire, à les attendre pendant plus d'une année, et, malheureusement pour lui, elles devaient être toutes différentes de celles qu'il espérait.

III

Difficultés inouïes dans lesquelles s'était trouvé Montdevergue en débarquant à Fort-Dauphin. — Qualités supérieures déployées par lui pour en sortir et faire face à tout.

Certes les embarras de Louis XIV étaient grands avec cet abandon général des actionnaires et ces résistances que les directeurs avaient commencé à lui opposer. Aussi est-il présumable qu'il dut à maintes reprises faire alors d'amères réflexions et regretter peut-être d'avoir aussi inconsidérément choqué ses actionnaires. Ces embarras toutefois étaient loin d'approcher de ceux au milieu desquels, au même moment, son malheureux vice-roi des Indes se débattait à Fort-Dauphin.

Montdevergue, que nous avons laissé tout à l'heure à Fernambouc, s'était encore trouvé, pour des causes diverses, dans la nécessité d'y prolonger son séjour au delà du temps qu'il avait pensé, et, ç'avait été seulement en novembre 1666 qu'il lui avait été donné d'en partir. En sorte que, le 14 mars 1667, lorsqu'il fit terre à Fort-Dauphin, il y avait un an et huit jours qu'il avait quitté la France. C'était, en conséquence, plus d'une année entière que le voyage avait duré.

Aussi, à la vue de Madagascar, de cette île Dauphine, dont, depuis plus d'une année, on leur avait parlé comme d'une manière de paradis terrestre, de chaque navire des hourras sans fin s'étaient-ils échappés de la poitrine des passagers. Une joie et une confiance qu'on ne connaissait plus depuis de longs mois avaient de nouveau éclaté dans tous les yeux. On allait donc voir enfin le terme de ses maux. La satisfaction était d'autant plus vive que, depuis près de quinze jours, on avait dû sur les vaisseaux rationner les vivres, et que chacun avait à peine reçu de quoi soutenir son existence. En un mot, la pénurie était telle, que de Faye, à qui il était défendu de toucher à Fort-Dauphin et qui devait se diriger directement sur Galemboule avec quatre navires, dut en dépit de ses instructions y débarquer dans le but d'y pouvoir prendre quelques provisions. Il n'avait plus rien.

Durant cette longue traversée, en effet, tous les approvisionnements apportés de France avaient été épuisés. Sans doute, il aurait été possible de les renouveler au Brésil, mais le gouverneur de Fernambouc avait voulu les faire payer si cher que, par motif d'économie, Montdevergue, Caron et de Faye s'étaient contentés de ce qui leur avait paru strictement nécessaire jusqu'à Fort-Dauphin. Et le mauvais temps encore avait si bien déjoué leurs calculs, que peu s'en était fallu que tout le monde ne pérît de faim en mer. Ils étaient persuadés qu'à Fort Dauphin, tout était à foison; en tout cas, ils avaient compté sur les provisions que le Conseil particulier avait reçu l'ordre de tenir prêtes pour l'arrivée du grand armement.

Or, pour en revenir à ce grand armement, lorsqu'il aborda à Fort-Dauphin, il n'était plus attendu depuis six mois. Comme on ne l'avait pas vu paraître dans les délais fixés et même bien longtemps après, tout le monde en avait conclu que l'idée de l'envoyer avait été probablement abandonnée en France, ou que, s'il était parti, il avait dû être détruit pendant le trajet par les Anglais. On conçoit, en conséquence, qu'une disette étant survenue sur ces entrefaites, on ne se fût fait aucun scrupule de s'attaquer aux vivres réunis à son intention. En effet, au moment du débarquement de Montdevergue, cette disette durait même encore, et les magasins étaient si dégarnis, qu'ils contenaient à peine de quoi empêcher les anciens habitants de Fort-Dauphin de mourir de faim. Depuis près de quatre années, la guerre provoquée par la déplorable aventure du P. Étienne interdisait toute culture suivie aux Français du Fort et tout élevage un peu en grand. C'est au point qu'ils ne vivaient pour ainsi dire que de maraude. Pour les autres parties de l'île où l'on aurait pu avoir l'idée d'aller chercher des vivres, on s'était si impolitiquement conduit avec les peuplades, qu'il était devenu extrêmement difficile d'en rien tirer par voie d'échange. Dès qu'elles voyaient poindre le pavillon d'un navire, surtout d'un navire français, elles s'enfonçaient incontinent dans les terres, et il n'était plus possible de les rejoindre pour entrer en pourparlers.

On imagine par là le désespoir où tombèrent les 1,700 hommes de Montdevergue. Avec l'île Dauphine, on avait fait miroiter à leurs yeux une contrée où ils nageraient dans l'abondance, où leur bonheur matériel ne laisserait absolument rien à désirer. Il avait même fallu cette certitude à beaucoup d'entre eux, pour leur permettre de ne pas succomber aux fatigues et aux privations de cet interminable voyage. Et qu'était ce Fort-Dauphin dont on leur avait *quasi* parlé comme d'une véritable ville, qu'il n'y aurait plus qu'à agrandir? Un petit espace de terre, entouré d'une méchante palissade de troncs d'arbres, où, pour toute habitation, n'existaient que de misérables hangars, n'étant pas même bâtis de planches.

Quant à l'abondance espérée, déception encore plus cruelle! Il n'y avait pas même de quoi ne pas succomber d'inanition. Et pas moyen de sortir de cette situation, et d'aller ailleurs. Du côté de la terre, tout autour de Fort-Dauphin, un pays en insurrection où chaque buisson cachait un homme attendant jour et nuit l'occasion de percer un Français de sa sagaie.

Et de l'autre, la mer infinie, sur laquelle on n'avait même pas la faculté de s'enfuir, puisqu'on ne pouvait disposer de quelques jours d'approvisionnement pour la moindre traversée.

Le dénuement allait si loin, était si complet, que Caron qui, après avoir abordé à Fort-Dauphin, devait en repartir sur l'heure pour Surate, dut rester à terre, et y rester *sept mois*, faute de vivres pour son vaisseau.

Qu'on juge en une pareille extrémité de la désolation de tout ce monde, se voyant irrémissiblement perdu, sans secours possible ! Ce fut chez tous un long et déchirant cri de douleur, et la mort, les maladies, se mirent impitoyablement à faucher dans ces malheureux.

Étant donné les lenteurs que l'on apporte à la poursuite de nos droits imprescriptibles sur Madagascar, nous ignorons quand cette grande et belle possession fera véritablement partie du domaine colonial de la France. Mais si nous sommes jamais appelés à en être les maîtres, un des premiers actes de notre pays, acte de justice et de réparation, devra être d'élever à Fort-Dauphin un monument commémoratif en l'honneur de Montdevergue ; monument commémoratif, beaucoup moins destiné à protester contre l'iniquité dont fut victime cet homme de bien, qu'à rendre hommage à l'énergie, au sang-froid et à l'intelligence pratique dont il fit preuve en des conjonctures aussi effroyables.

On pense bien qu'au milieu de tout cela, il n'y avait pas à songer à la colonisation ni au commerce des Indes. Le principal, l'essentiel, le plus pressé, était de se tirer de la situation où l'on était, c'est-à-dire de s'arranger pour que les gens que les vaisseaux avaient amenés eussent simplement de quoi manger.

Avec l'état de guerre existant dans toute la contrée, ç'aurait été folie de s'occuper de distribuer des terres. Toute colonisation du genre de celle qui avait été rêvée à Paris était provisoirement impraticable. Les indigènes n'avaient qu'une seule pensée, affamer les Français, et leur tendre des pièges pour les égorger.

A chaque instant ils seraient venus voler les bestiaux ou détruire les cultures, si l'on en avait tenté quelqu'une.

Comme il fallait néanmoins que les colons eussent de quoi vivre, Montdevergue, suspendant les contrats passés entre eux et la Compagnie, les assimila aux « engagés » auxquels, en échange de leur travail, la Compagnie devait nourriture et salaire.

Cette première mesure prise, il s'appliqua tout entier à la question des vivres, car il n'avait pas seulement à pourvoir à l'entretien journalier de son monde, il lui fallait encore fournir à Caron le moyen de se transporter aux Indes.

On récoltait très peu de riz à Fort-Dauphin ; c'était une denrée qui se tirait plus spécialement du N.-E. de l'île. Il en est, du reste, encore de même aujourd'hui. Il fit embarquer sur deux galiottes des hommes déterminés, à qui il recommanda, en vivant tant bien que mal le long de la côte, de remonter vers le nord de Madagascar, et d'y acheter tout le riz qu'ils pourraient. Et profitant en même temps des bonnes relations que Lacase avait avec certains des chefs insurgés, il réussit à se procurer par son intermédiaire une certaine quantité de bœufs, grâce auxquels il put satisfaire aux premiers besoins.

Le nombre des animaux qu'il avait pu acquérir de cette sorte aurait été insuffisant pour une alimentation prolongée. En cette occurrence, avec une habileté remarquable, il autorisa Lacase à organiser, de concert avec les tribus voisines, alors en guerre avec nous, de grandes expéditions, dont l'objet était d'aller opérer des razzias dans l'intérieur. Une de ces expéditions s'avança même jusqu'à 80 lieues dans les terres, et nous valut pour notre part plus de 6,000 bœufs. Ces expéditions, qu'avait conseillées Lacase, étaient une grande idée politique, car indépendamment qu'elles nous permettaient de faire des razzias qui autrement nous auraient été impossibles, en servant de sujet à des alliances momentanées et toutes d'occasion avec les tribus qui nous bloquaient, elles préparaient, par le fait, les voies à une pacification. C'est là ce qui explique que, dans la crainte d'éveiller les méfiances des naturels, Montdevergue ait toujours laissé Lacase organiser ces expéditions, sans que les soldats du Fort aient jamais été appelés à y participer.

Ces bœufs servirent à faire des salaisons qu'on mit dans les navires. Le riz seul manquait. Celui qu'on avait envoyé chercher ne vint qu'en octobre, et encore en fort minime quantité. Presque partout les peuplades s'étaient enfuies à l'approche des Français.

Si nous nous arrêtons à tous ces détails, c'est qu'on aura à voir plus tard avec quelle injustice ces actes aussi sensés, aussi naturels de Montdevergue, lui furent imputés à crime.

Dans des circonstances aussi graves, et en face de la responsabilité qui lui incombait en tant que chef de l'expédition, il est tout simple que Montdevergue ne se soit point laissé dominer par des considérations secondaires.

L'argent, à cette époque, ne circulait dans aucune colonie. Toutes les transactions s'y opéraient par échange, le prix des denrées étant fixé chaque année ou tous les six mois par décision du Conseil colonial. Il n'y a donc rien d'étonnant, si l'argent lui donnant à un certain moment toute facilité de mieux se tirer d'affaire qu'avec les objets communément employés pour la traite, Montdevergue n'ait point hésité à payer en espèces sonnantes. La grande question pour lui était avant tout d'avoir des vivres, et d'en pouvoir donner à ses gens.

Mais il n'en était pas moins fortement pénétré

de ses devoirs vis-à-vis de la Compagnie. Aussi, parallèlement, n'eut-il pas de préoccupation plus instante que d'employer à des travaux utiles les malheureux que, moyennant quelques sacrifices pécuniaires au détriment de la Compagnie, il sauvait littéralement de la mort.

Par exemple, tandis que les uns étaient préposés à la garde des postes établis pour la protection du territoire environnant Fort-Dauphin, un certain nombre d'autres avaient été occupés à des plantations diverses, dont il subsiste encore des vestiges, et à propos desquelles Leguével de Lacombe, qui les visita en 1827, soit près d'un siècle et demi après, dans son récit de voyage, s'exprime ainsi :

« On me conduisit, dit-il, aux environs de Fort-Dauphin dans une petite plantation de poivriers faite anciennement par les Français ; et l'on me dit que tous les ans les Malgaches faisaient une récolte assez abondante de poivre qu'ils allaient vendre aux traitants établis sur la côte. Le temps des oranges était passé, mais le chef du village d'où je sortais m'en avait donné de délicieuses, qu'il avait conservées comme les oranges tapées des Chinois et que j'avais trouvées aussi bonnes ; je vis les arbres qui les avaient produites et je les trouvai magnifiques ; ils avaient été plantés par les Français, lorsqu'ils étaient maîtres du fort[1]. »

Ce à quoi cependant Montdevergue s'était surtout appliqué, c'avait été de faire de Fort-Dauphin une

---

1. *Voyage à Madagascar de 1823 à 1830*, par LEGUÉVEL DE LACOMBE, 1831, 2ᵉ vol. p. 209.

réalité, Fort-Dauphin dont le nom français, depuis 1645, s'est conservé jusqu'à nos jours chez les naturels, puisqu'ils appellent la localité du nom de *Faradafaye*, ce qui en langue malgache est la prononciation de Fort-Dauphin.

Il réunit à cet effet tous les artisans, maçons, charpentiers, tailleurs de pierre, etc., venus avec de Beausse ou qu'il avait lui-même amenés, et fit « construire des fours à chaux et à briques, tirrer de la pierre et commanser à bastir solidement, mais avec des peines incroyables, quand ce ne seroit que pour l'eau qu'il falloit aller chercher fort loing ». Bref, de ce côté il mena les choses d'un tel train, qu'au 10 février de l'année suivante, 1668, moins de 11 mois après son débarquement, il avait fait élever un grand bâtiment de pierre, « le premier qui fust dans l'isle », et construire « un large chemin fortement empierré qui conduisoit à la mer, et un quay pour l'abordage des chaloupes, sans parler de puits creusez profondément, de longues et épaisses murailles », etc.

En un mot, il avait donné tous ses soins pour faire de Fort-Dauphin un fort véritable, autour ou sous la protection duquel il fût désormais possible à une ville de s'élever.

Il serait assez difficile de savoir en ce moment ce qu'il reste de ces constructions de Montdevergue, vu que vers la fin de décembre 1883 nous avons dû bombarder la position pour en déloger les Hovas.

Mais aux extraits suivants du *Voyage* de Leguével de Lacombe, on verra qu'en 1827, il y en avait encore d'importantes traces.

Quand il arrive à Fort-Dauphin :

« Partout, nous dit Leguével de Lacombe à propos de ces constructions, je trouvais les vestiges de l'ancienne occupation française : ici les ruines d'une église, là des murs qui avaient servi de limites aux établissements et des restes de plantations d'orangers et de citronniers qu'on y avait faites ; plus loin et presque en face de la porte principale du fort, était un beau puits en maçonnerie que Flacourt avait fait creuser et que les Malgaches avaient comblé. Je lus au-dessus de la grande porte par laquelle j'entrai dans le fort une inscription gravée sur une couche de mastic qui paraît encore fraîche, quoiqu'elle soit fort dure ; j'y distinguai les noms des directeurs Flacourt et Caron. Le fort était construit sur un carré long, entouré d'un mur de près de trois pieds d'épaisseur qui est aussi couvert de mastic ; le côté de la mer n'a que des pierres d'attente, et les rochers énormes qui sont au-dessous sont battus par les vagues quand la mer est haute..... Dans la première cour qui est entourée de fortes palissades étaient deux fours à chaux et un colombier bâti en pierres mêlées avec des briques... On me fit pénétrer dans une seconde enceinte qui renfermait les écuries, enfin, par une troisième porte dans une petite cour, etc.[1]. »

La présence du nom de Flacourt, accolé à celui de Caron, n'ayant aucune raison d'être au-dessus de

1. *Voyage à Madagascar de 1823 à 1830*, par LEGUÉVEL DE LACOMBE, 1831, 2ᵉ vol. pages 198 et 199.

cette porte, il est probable que Leguével de Lacombe aura lu « Flacourt » au lieu de « de Faye » qui était directeur de la Compagnie en même temps que Caron, et qui en même temps que ce dernier était dans Fort-Dauphin, quand on procédait à ces constructions. Quoi qu'il en soit, l'absence du nom de Montdevergue sur cette porte, quand il aurait dû y briller au premier rang, n'est-elle pas l'indice du désintéressement profond de ce grand serviteur de notre pays ?

Mais on aurait le plus grand tort de croire, qu'en s'occupant de la subsistance de son monde, de l'aménagement comme des défenses de Fort-Dauphin et des environs, et de la recherche des provisions nécessaires à Caron pour passer aux Indes, Montdevergue ait une seule minute perdu de vue cette colonisation, qui lui avait été si expressément recommandée par Louis XIV. Tout cela avait été mené de front par lui. Cette question de colonisation cependant était complexe : elle dépendait entièrement du rétablissement de la paix entre les Français et les indigènes. Il tombait sous le sens, en effet, que tant que la paix ne serait pas conclue, non seulement les França's resteraient dans l'impossibilité de se procurer des vivres auprès des peuplades, en attendant d'en pouvoir produire eux-mêmes, mais qu'il leur serait interdit en outre de s'adonner sérieusement à la culture ou à l'élevage, à moins qu'ils ne voulussent voir, à chaque instant, leurs biens envahis, pillés, et leur vie en danger.

Montdevergue n'avait pas été long à le comprendre. Aussi, ce rétablissement de la paix avait-il été constamment l'objet de ses soins. Le plan auquel il s'était résolu comme le meilleur, pour y amener les naturels, peut se résumer en deux lignes, et s'accordait du reste merveilleusement aux bases féodales que Louis XIV avait entendu donner à l'organisation et au peuplement de l'île Dauphine. Il consistait à transformer les chefs indigènes en grands feudataires, relevant de la Compagnie, et dans les territoires desquels les colons amenés de France auraient eu toute liberté de s'établir et de créer des plantations. Cette idée était si juste, si conforme aux hommes et aux choses, qu'elle avait fait presque immédiatement le plus rapide chemin chez les tribus. En sorte que, l'année suivante, plusieurs de leurs rois avaient prêté hommage à la Compagnie, recevant d'elle, en échange, les titres de princes ou de ducs.

Toute l'année 1668 avait été consacrée à des traités de ce genre, et grâce au concours intelligent et patriotique de Lacase, on était arrivé à de tels résultats qu'en 1669, Montdevergue avait pu distribuer des terres aux colons, et qu'un certain nombre de cultures et de « plantages » importants avaient pu être entrepris.

Veut-on avoir une idée de ce qu'avaient été les résultats de ces « plantages » et de ces cultures? Ils sont justement consignés dans un rapport que Colbert avait demandé au successeur de Montdevergue comme gouverneur de l'île Dauphine, et demandé, dans l'espérance de trouver celui-ci en faute et de le perdre.

Dans ce rapport daté de Fort-Dauphin, 3 mars 1670 et qui porte ce titre : « Mémoire sur l'Estat présent de l'isle Dauphine, escrit le 3 mars 1670 et présenté à Colbert par M. de Grandmaison sous l'autorisation et au nom de M. Champmargou, lieutenant général du Roy et Gouverneur de l'isle Dauphine », on lit les lignes suivantes qui ne laissent place à aucun doute : « La paix que le marquis de Montdevergue, comme gouverneur et lieutenant général, a establie dans l'isle a produit de très bons effects, en ce qu'elle a permis aux habitans d'ensemencer et cultiver leurs terres, dont l'on a eu cette année une abondante récolte qui a beaucoup servy[1] ».

Cette seule citation atteste donc que dans cette question si difficile de la colonisation, Montdevergue, le 3 mars 1670, avait pleinement réussi. En moins de 24 ou 30 mois, à travers des obstacles, des embarras et dans des conditions inimaginables de difficultés de toute nature, il avait effectivement si bien dirigé les choses, que les colons en étaient arrivés à se suffire à eux-mêmes !

1. Arch. col. du Minist. de la mar. et des col. Fonds MADAGASCAR, *Correspondance générale*, cart. 1 (1642-1724) C₅. C'est à cette pièce que nous avons emprunté la plupart des renseignements donnés aux pages précédentes sur ce que, dans cette terrible année 1667-1668, Montdevergue fit à Fort-Dauphin.

Quelle que soit l'iniquité dont il se soit rendu plus tard coupable à l'égard de Montdevergue, en le choisissant pour présider à la colonisation de Madagascar, Louis XIV avait fait preuve d'un discernement supérieur, d'une profonde connaissance des hommes. Il est certain qu'il lui aurait été impossible de trouver mieux.

Mais tout ce que nous venons de rapporter de Montdevergue n'est qu'un épisode de cette étude.

Il nous tarde de retourner maintenant à Paris. Car nos lecteurs attendent certainement que nous leur racontions si, pendant tout ce temps-là, d'avril 1667 au 3 mars 1670, Louis XIV avait oublié l'île Dauphine et la Compagnie des Indes, et s'il n'avait plus rien entrepris à leur sujet.

IV

Pendant près de 18 mois, Louis XIV dut attendre des nouvelles de l'île Dauphine. — Dans le courant de l'année 1668, il dispose tout en vue de relever l'affaire de la Compagnie, abandonnée de presque tous ses actionnaires. — A cet effet, il lui accorde une nouvelle subvention et fixe de nouveaux délais pour les versements auxquels on avait nagère renoncé. — L'affaire était sur le point d'être complètement remise à flot, quand arrivent de Montdevergue des lettres qui renversent tout.

Louis XIV était trop enclin à voir les affaires de la Compagnie en beau, pour se douter un seul moment de la terrible situation de son vice-roi des Indes. Cependant, fidèle à la parole donnée aux directeurs en avril 1667, il s'était imposé à lui-même d'attendre des nouvelles avant de faire faire quoi que ce fût de nouveau pour l'île Dauphine ou les Indes. A partir donc de l'explication qu'il avait eue avec les directeurs et dont nous avons parlé, il avait attendu.

Or ce fut seulement vers la fin de 1667, en octobre, qu'il avait été possible à Montdevergue de fournir des provisions à Caron pour se rendre aux

Indes. Ce simple fait démontre que, quand bien même en eût-il eu le désir, il lui aurait été matériellement interdit d'envoyer un navire en France, pour informer le roi de ce qui se passait. Montdevergue au reste était du tempérament de ces gens qui, avant d'en parler et s'il y a lieu de s'en plaindre, commencent par se tirer des mauvais pas où le sort les a jetés. Au surplus, entre autres recommandations, la *Couronne* lui avait apporté celle de tout faire au monde pour avoir les meilleures et les plus enthousiasmantes nouvelles à expédier ; ce qui était assez dire que les mauvaises auraient été des plus fâcheuses.

Toute l'année 1667 s'écoula donc sans que Louis XIV reçût le moindre renseignement sur l'île Dauphine ou sur ce que Caron et de Faye pouvaient faire aux Indes. Tout ce qu'on avait appris à Paris de la grande expédition, depuis les lettres de Fernanbouc, était arrivé par voie hollandaise : c'est que la flotte de Montdevergue avait été signalée en janvier 1667 entre Madagascar et le Cap, et qu'elle avait dû aborder sans encombre à Fort-Dauphin.

La confiance du roi était aussi grande en de Faye et en Caron qu'en Montdevergue. C'est pourquoi il ne fut pas tout d'abord inquiet de ce manque de nouvelles. Sa conviction était qu'ils feraient l'impossible. Du moment qu'ils ne donnaient pas signe de vie, c'était dans son esprit qu'ils voulaient avoir à lui annoncer que tout marchait « très bien ». Il patienta donc. Il n'avait qu'un unique souci, c'était de savoir de quelle façon il s'y prendrait, le jour où de bonnes nouvelles seraient venues, pour agir avec adresse sur l'opinion, et arriver de la sorte à réveiller l'enthousiasme des actionnaires et à réorganiser la Compagnie, qu'on pouvait regarder comme défunte depuis l'échec du troisième versement, fin de 1666.

Cependant les premiers mois de 1668 s'étant encore passés sans rien recevoir, on allait commencer à concevoir quelques craintes, quand enfin, dans le courant de mai, quelque chose arriva. C'était un paquet de Caron, alors aux Indes, et qui avait profité d'une occasion pour le faire parvenir en France.

Dans ses lettres, Caron informant tout au long le roi et les directeurs de ce qui avait eu lieu à l'île Dauphine, après le débarquement de la flotte, racontait les misères sans nombre auxquelles on avait été en butte, et les raisons majeures qui s'étaient opposées à ce que lui-même quittât Fort-Dauphin avant le mois de novembre 1667. Parlant ensuite de son arrivée aux Indes, des lieux où il s'était arrêté, de ce qu'il avait déjà fait, il expliquait que, d'après son impression, la situation aux Indes dépassait de beaucoup ce qu'il avait pu en espérer jusque-là. Il assurait qu'à bref délai, la Compagnie y serait établie sur un excellent pied, et annonçait qu'avant un mois ou deux, comme témoignage, il expédierait en France un navire chargé de marchandises du pays.

Somme toute, autant Caron voyait tout en beau dans les Indes, autant dans ses lettres il se montrait hostile à l'idée de la colonisation de Madagascar. Énumérant les obstacles auxquels Montdevergue avait eu et avait encore à faire tête, et qui, selon lui, seraient encore les mêmes dans tous les autres endroits de l'île où l'on s'établirait, il faisait ressortir que tout cela entraînerait à des dépenses considérables, d'un rapport incertain, tandis que les mêmes dépenses consacrées au commerce de la Chine, des Indes et du Japon, devaient donner au bas mot un revenu minimum de 50 à 60 0/0. Dans son opinion, le mieux aurait été de se contenter d'un simple point de relâche et de rafraîchissement sur la côte de Madagascar et, d'après lui, la baie Saint-Augustin était le lieu le plus propre à répondre à ce but. Aussi finissait-il par le conseil de transporter à la baie Saint-Augustin tous les gens alors à Fort-Dauphin, et de faire exécuter dans un port de cette large baie les travaux d'établissement et de fortifications que Montdevergue s'était proposé d'entreprendre dans cette dernière localité, et qu'il y avait déjà même fait commencer.

Le roi éprouva une joie des plus grandes à ces nouvelles de Caron. Quoique peiné des contretemps dont Montdevergue avait eu à souffrir, il était néanmoins d'autant plus porté à croire que ce dernier en avait triomphé, qu'au moment où Caron avait pris la mer, les choses allaient à peu près bien. Aussi comptait-il recevoir d'un instant à l'autre des dépêches de Montdevergue, l'informant que toutes les difficultés suprêmes du début avaient été surmontées, que les quatre établissements de la baie Saint-Augustin, de la baie d'Antongil, de Sainte-Marie et de Galemboule étaient fondés et qu'il n'y manquait plus que de nombreux colons. Louis XIV témoigna également une vive satisfaction de l'assurance de Caron que le commerce des Indes permettrait de réaliser des bénéfices encore plus merveilleux que l'on avait pensé. Il fut sans doute froissé de la critique brutale de son projet de colonisation de Madagascar ; mais il n'en laissa rien paraître. A aucun prix il n'aurait consenti à abandonner son dessein. Néanmoins, comme il savait pertinemment que ce projet de colonisation avait contribué pour la plus grande part à désaffectionner la presque totalité des actionnaires, il s'arrêta à l'idée d'une combinaison, qui, dans son esprit devait lui ramener ceux-ci, sans qu'il eût besoin de faire le plus léger sacrifice de ses idées. Cette combinaison se réduisait pour lui à mettre une nouvelle somme dans l'affaire, et une somme telle, que, si la colonisation de Madagascar venait à causer des pertes, il y eût dans son argent de quoi largement les couvrir, sans que le capital des actionnaires courût le moindre danger d'être entamé.

Quoi qu'il en soit, il fut convenu qu'on ne parlerait point des lettres de Caron. Cependant elles avaient démontré à Louis XIV, que le moment était venu où il lui fallait disposer ses batteries pour la reconstitution de la Compagnie. En juillet ou

14.

en août dans ses prévisions, devaient arriver, en effet, des nouvelles de Montdevergue. Il avait calculé, d'autre part, que le navire dont lui parlait Caron serait en France en septembre, octobre ou novembre. A ses yeux, c'était cette occasion qu'il fallait saisir pour entrer de nouveau en rapport avec le public, et relancer l'affaire dont on ne parlait plus depuis près de deux années. La somme pour laquelle il avait décidé de s'engager vis-à-vis la caisse de la Compagnie étant de deux millions de livres, il était convaincu qu'il n'y avait pas de bouderie d'actionnaire susceptible de résister, d'abord à de bonnes nouvelles venues de l'île Dauphine et des Indes, puis à l'annonce que le roi donnait à la Compagnie deux nouveaux millions de subvention.

Voici, en résumé, les dispositions qui furent prises en cette circonstance par Louis XIV, et dont au reste il fit faire part immédiatement à Caron, en lui envoyant, d'entente avec les directeurs, deux navires qui devaient, en passant, s'arrêter à Fort-Dauphin.

Il demanda d'abord la liste des actionnaires en retard de leurs versements. Un certain nombre n'avaient pas encore effectué le premier, c'est-à-dire que sur les 2,726,585 livres par lesquelles le premier versement aurait dû se chiffrer, 258,198 restaient à recouvrer. Il fut décidé que ces actionnaires seraient mis en demeure de s'exécuter, sous peine de poursuites judiciaires. Puis, quant aux deuxième et troisième versements qui n'avaient pas été accomplis, on arrêta que de nouveaux délais seraient accordés aux intéressés. Enfin, comme il pouvait se trouver des actionnaires dans l'intention de se retirer de la Compagnie, et qui réclamassent le bénéfice du paragraphe de l'article 1er des statuts, on convint que tout désistement ne serait considéré comme valable, que s'il avait été authentiquement signifié aux directeurs.

L'accord établi sur tous ces points, afin de leur imprimer un caractère à la fois obligatoire et plus solennel, le roi en fit l'objet d'un arrêt du Conseil, qu'il rendit le 21 septembre 1668. Nous citerons le court extrait suivant de cet acte, pour faire remarquer avec quelle « habileté » le roi y passait sous silence ces événements de Fort-Dauphin, dont il avait cependant eu connaissance par les lettres de Caron :

« Le Roy estant en son Conseil royal des Finances, y est-il dit, s'estant fait représenter les lettres, les journaux et relations nouvellement venues de l'île Dauphine, autrefois dite de Madagascar, contenant tout ce qui s'est passé pendant le voyage des deux flottes envoyées dans ladite isle par les directeurs généraux de la Compagnie du commerce des Indes orientales establie depuis quelques années par l'ordre de Sa Majesté en ce royaume, et même depuis leur arrivée en ladite isle; ensemble les lettres receues de l'isle de Ceylan et de la coste de Coromandel contenant que le sieur Caron, directeur général, estoit heureusement arrivé sur deux des vaisseaux de ladite Compagnie fort richement chargés, et commençoit à establir son négoce et commerce dans les Grandes-Indes avec beaucoup de succès, d'où il espéroit renvoyer dans peu de temps en France un retour très considérable ; et Sa Majesté voyant clairement par ces grandes dispositions un succès favorable et advantageux au général du royaume et à tous les particuliers qui sont entrez dans ladite Compagnie, pourveu qu'elle soit soustenue et aidée ; s'estant fait ensuite représenter l'Edit d'establissement, les déclarations et les engagements de tous ceux qui y ont signé, les roolles de ceux qui ont payé le premier et le second tiers, les diligences faites pour convier les intéressez à payer.....

Sa Majesté a déclaré, vu l'utilité à soustenir la Compagnie, etc., qu'Elle versera, en dehors des trois millions précédents, deux autres millions sur lesquels porteront les pertes pendant les dix premières années, que ceux qui ont signé et se sont obligez de s'intéresser au fonds capital de ladite Compagnie et qui n'ont payé le premier tiers ont pour ce faire un mois du jour de la publication du présent arrest, que le deuxième tiers devra estre payé le 15me jour de novembre prochain et le troisième, le 15me jour de janvier ensuivant..... »

L'arrêt continuait en spécifiant, que les actionnaires auraient à déclarer leur « abandonnement » par acte notarié et à le faire signifier en bonne et due forme à la Direction générale de la Compagnie. Il concluait enfin par l'annonce que, le dernier jour de novembre, une assemblée générale des actionnaires aurait lieu aux Tuileries, sous la présidence de Sa Majesté.

On aurait bien surpris le roi à ce moment, si on lui eût dit que son nouveau versement de deux millions avait grand risque de rester sans effet, car deux millions représentaient alors une somme considérable ; mais il ne tarda pas à s'en apercevoir. Depuis près de deux années, en effet, la Compagnie n'avait presque plus fait parler d'elle, et l'oubli s'était si bien emparé des actionnaires, et l'indifférence avait si bien remplacé leur ancien engouement, que la plupart d'entre eux n'avaient prêté aucune attention à cette nouvelle munificence du roi.

Louis XIV ignorait alors ce que tout le monde sait de nos jours, que les affaires de crédit reposent en grande partie sur un nous ne savons quoi de fugace et d'irraisonné, qui ne se retrouve point une fois qu'on a commis la faute de le laisser partir.

Durant ces deux années, en dépit des préoccupations qu'il avait eues ailleurs, la foi du roi était demeurée tellement entière dans l'avenir et le succès de la Compagnie, que la froideur à laquelle il se heurta tout d'abord, ne fit que lui donner plus d'ardeur. Aussi se remit-il à travailler les gens, à les stimuler, comme en 1664, quand il avait voulu placer les actions. Et, dans cette propagande nouvelle, il déploya un entrain et une force de conviction d'autant plus irrésistibles que, pour porter le coup final aux résistances, il espérait d'une semaine à l'autre et l'arrivée d'excellentes lettres de Montdevergue et celle du vaisseau des Indes promis par Caron.

Bref, en moins d'un mois et demi, il avait fait une

agitation telle, et dépensé tant d'activité et tant d'énergie, qu'il avait réussi à ramener les uns et à ébranler tous ceux qui avaient pris auparavant la résolution de ne plus jamais s'occuper de l'affaire.

Tout donnait donc le droit d'augurer que les versements allaient être repris par tous, et qu'avant peu, la Compagnie aurait reconquis dans le public la faveur du premier jour. Mais, guignon inconcevable! juste au moment où Louis XIV et les directeurs se réjouissaient d'un pareil succès, voilà que, tout à coup, comme la foudre, tombent des nouvelles de Montdevergue auxquelles personne, et le roi pas plus que les autres, ne s'était attendu.

C'était seulement dans les premiers mois de 1668, que Montdevergue, ayant des vivres pour envoyer un navire, avait jugé l'heure venue d'écrire au roi et à la Compagnie. Les gens qu'il avait sous ses ordres avaient alors de quoi subsister, les magasins renfermaient une quantité respectable de salaisons ; d'autre part, l'œuvre de la pacification était commencée : il n'y avait pas de mois où quelque chef important ne vînt prêter hommage à la Compagnie et se placer sous sa suzeraineté. Il en résultait que, moyennant échange, on était désormais à peu près sûr de se procurer auprès des indigènes les provisions dont les colons avaient besoin, et que certaines distributions de terres avaient déjà pu être opérées. Évidemment les mauvais moments étaient traversés, et l'avenir se présentait sous un aspect plus riant. Il aurait semblé, en conséquence, que les lettres envoyées par Montdevergue eussent dû respirer l'espoir, la confiance, une vraie satisfaction. Eh bien! c'est tout le contraire. Comment cela se faisait-il? nous l'ignorons ; mais elles étaient d'un pessimisme mortel.

Est-ce que, durant cette année entière, où il avait dû rester sur la brèche pour pourvoir à tout, Montdevergue avait épuisé en entier le capital d'énergie et de bonne volonté accumulé au-dedans de lui? S'était-il au contraire trouvé, au moment où il les écrivait, sous le coup d'une sorte de chagrin secret de se voir relégué aux confins du monde, quand ses capacités auraient pu avoir un emploi beaucoup plus digne et beaucoup plus efficace, dans les affaires d'Europe? Aurait-il été par hasard désespéré de s'user ainsi à une besogne obscure, sans gloire, dont personne ne lui ferait un mérite, et qui cependant lui demandait vingt fois plus de génie, d'initiative, d'intelligence, qu'il ne lui en aurait fallu pour venir à bout des armées coalisées d'Allemagne, d'Angleterre ou d'Espagne? Ne serait-ce pas enfin que son intention avait été d'impressionner le roi et la Compagnie, de manière à les faire renoncer à ces envois de colons qu'on devait expédier tous les six mois, et sous la menace de l'arrivée desquels il avait constamment vécu depuis son débarquement? Il est difficile de le dire. Si l'on s'en tient néanmoins au post-scriptum de sa lettre aux directeurs, ce serait plutôt à l'hypothèse d'un accès de découragement qu'il faudrait se ranger. *La Couronne* lui avait effectivement apporté de la part des directeurs une lettre, où ceux-ci lui disaient qu'ils comptaient sur sa bonne fortune, pour réparer les résultats fâcheux de la nécessité où il avait été de relâcher au Brésil. Or, Montdevergue leur avait répondu sur ce point par une phrase quasi prophétique, où l'on semblerait voir qu'il avait le pressentiment de sa malheureuse fin, leur disant en effet : « Que pour la confiance que la Compagnie prenoit dans la fortune de sa conduite, il souhaiteroit bien qu'elle ne fust pas mal fondée, mais que dans le cours de sa vie il avoit esprouvé cette fortune si peu favorable, qu'il appréhendoit bien qu'elle ne voulust pas se démentir sur son déclin. »

Les archives du Ministère de la marine et des colonies ne renferment ni l'original, ni la copie de ces lettres de Montdevergue. Et ce que nous en avons n'est qu'un résumé probablement fait pour le roi. Quoi qu'il en soit, d'après ce résumé, voici ce qu'il disait :

Il exposait d'abord qu'on était victime, en France, des plus étranges illusions touchant l'île Dauphine, et que cette contrée n'offrait aucun des avantages dont on parlait ou qu'on lui avait fait entrevoir en partant. Puis, entrant dans plus de détails, il faisait le procès à Madagascar, aux peuplades qui l'habitent, à l'emplacement de Fort-Dauphin, condamnant hautement l'idée de coloniser un pareil pays. Somme toute, on croirait qu'il avait pris à tâche de dire tout le contraire et de ce qu'on avait cru et de ce que l'on espérait, exagérant même en sens inverse, suppliant d'interrompre l'enrôlement et l'envoi des colons, déclarant que tous ceux qu'on expédiait là-bas étaient immanquablement voués à la mort.

Enfin il terminait sa lettre au roi en sollicitant son rappel, car sa nomination en 1665 avait été seulement faite pour trois années ; il demandait en outre l'autorisation de faire rentrer en France les quatre compagnies qu'on lui avait données et qui, d'après lui, n'auraient jamais la moindre occasion d'être employées à l'île Dauphine.

On imagine l'effet que durent produire ces nouvelles sur Louis XIV. Elles ne pouvaient pas être plus opposées à celles sur lesquelles il comptait. Quant aux appréciations de toute sorte qui y étaient jointes, elles étaient en contradiction absolue avec toutes les idées qu'on s'était jusque-là formées de Madagascar.

Si on avait pu les tenir secrètes, peut-être le roi et les directeurs ne leur auraient-ils attaché qu'une importance relative. Tout ce que Montdevergue écrivait était victorieusement réfuté, en effet, par les résultats auxquels lui-même était arrivé en moins d'une année. Et une autre raison, c'est qu'au moindre examen, il était visible qu'à l'heure où il traçait ces lettres, Montdevergue avait été à l'un de ces moments de lassitude, contre lesquels ne savent pas toujours réagir ceux qui opèrent à des milliers de lieues du pays.

Mais malheureusement il avait été impossible de les tenir secrètes ; en sorte qu'elles devaient avoir les plus désastreuses conséquences. Elles avaient été apportées de Fort-Dauphin par un officier de Montdevergue. Or, à peine arrivé à Paris, cet homme n'avait rien eu de plus pressé que de courir clabauder partout contre « l'entreprise de l'isle Dauphine », chargeant en couleur, racontant à plaisir les souffrances indicibles qui avaient été éprouvées là-bas, le nombre des morts et de ceux qui étaient tombés malades. A toutes les personnes qu'il rencontrait, il répétait à satiété qu'en ce qui regardait la Compagnie, le mieux qu'il y eût à faire, était de tout laisser là, affirmant même que le succès de l'établissement d'un commerce sérieux entre la France et les Indes était peut-être encore plus incertain et plus problématique que celui de la colonisation de Madagascar.

Ç'avait été avec les plus grandes peines que Louis XIV était parvenu à remettre la main sur ses actionnaires. Et il y était arrivé autant par l'espoir des gros bénéfices qu'il avait fait luire à leurs yeux, que parce qu'au total ils n'avaient eu aucun argument à lui opposer, pour justifier le refus qu'ils auraient pu lui faire d'aller plus loin avec lui. Mais du jour au lendemain, grâce aux discours de cet envoyé, qui avaient fait traînée de poudre et s'étaient répandus de tout côté, la situation se trouva du tout au tout changée. Non seulement personne ne croyait plus aux bénéfices promis, mais il était devenu possible à chacun d'invoquer une raison pour abandonner l'affaire, et cela sans craindre qu'on l'accusât positivement de mauvaise volonté, ou qu'on lui en pût faire un grief.

Aussi les désistements avaient-ils été apportés en foule au bureau de la Compagnie. Un refroidissement général s'était produit dans tout le pays relativement à la Compagnie, et Louis XIV, en quelques heures, se vit pour ainsi dire entièrement délaissé.

V

Manœuvres de Louis XIV afin de faire revenir les actionnaires qui avaient envoyé leur désistement ou pour retenir ceux qui voulaient se désister. — Assemblée générale des actionnaires du 15 décembre 1668. — Discours prononcé par le roi.

Dans cette affaire de la Compagnie des Indes de 1664, on a observé jusqu'ici trop de rapports entre Louis XIV et nos spéculateurs de Bourse actuels, pour admettre que les ressemblances ne se soient pas étendues à tout. C'est pourquoi, à l'instar de ces derniers, lorsqu'ils voient une de leurs créations tomber subitement dans le discrédit, sommes-nous porté à croire qu'il dut être torturé des angoisses les plus poignantes, à la nouvelle du contre-coup des récits du messager de Montdevergue. Il n'y avait pas à se le dissimuler en effet, c'était la chute irréparable de l'entreprise. On peut donc être persuadé que le malencontreux messager, qui avait pareillement traversé les projets du roi, dut payer cher ses intempérances de langue.

Il n'est pas douteux que, dans toute cette affaire, Louis XIV était poursuivi par le plus impitoyable destin. Depuis l'assemblée générale de 1665, tout, en effet, avait tourné contre lui. A la fin de cette année 1668 où nous sommes, il y avait cinq années que l'entreprise durait, et cependant elle n'avait encore donné aucun résultat positif, de nature à retremper les courages. Le roi, nous en avons fourni les preuves, lui avait accordé une somme énorme de temps, de peines, d'argent, d'espérances, et rien n'était venu l'en récompenser. Bien mieux, plus on avait été, moins il avait rencontré d'aide et de concours. Si, à ce moment-là, il y eût renoncé, il est certain qu'il n'aurait trouvé personne pour l'accuser d'avoir en cette circonstance manqué de suite ; il est même fort probable qu'en face de la foule des désistements, tout autre à sa place serait de son côté désisté.

Eh bien ! on va le voir, il n'en fut rien.

Cette Compagnie représentait à ses yeux une œuvre si utile, si capitale ; dans sa politique générale, — nous nous expliquerons bientôt à ce sujet, — elle tenait une place si importante, que bien loin, devant tous les obstacles, d'avoir eu l'idée de la laisser là, il ne s'y cramponna que davantage, voulant à tout prix et quand même, qu'elle se soutînt et qu'elle existât.

A partir de ce moment toutefois, quand on observe

sa conduite, adieu et sa sérénité, et sa volonté à la fois haute et ferme, et cette confiance absolue que l'on avait jusque-là admirées en lui. A ses violences, et aux alternatives d'espoirs puérils, d'abattement et de colère par lesquelles on le voit passer, on sent qu'il a perdu pied, on dirait même qu'il a comme la conscience de lutter contre une fatalité, contre laquelle il ne peut rien.

Mais puisque Louis XIV se refusait à abandonner l'affaire, de toute nécessité il fallait ramener les actionnaires, qui s'étaient enfuis comme une volée de moineaux. Naguère, pour cela, on aurait fait appel à la persuasion, à l'amour du roi, au patriotisme. Cette fois, si l'on nous permet d'employer cette expression familière, on n'y alla pas par quatre chemins. On leur mit brutalement le couteau sur la gorge : ils avaient à montrer s'ils étaient amis ou ennemis, du roi, et, bien entendu, s'ils persistaient dans leur désistement, c'est qu'ils étaient ses ennemis. On ramena de la sorte tous ceux sur lesquels, pour une raison ou pour une autre, le roi ou ses ministres pouvaient avoir une certaine autorité.

Des malveillants ayant fait courir le bruit que la Compagnie n'avait plus d'argent, pour les démentir et bien montrer au public combien la Compagnie des Indes l'intéressait, Louis XIV lui fit d'un seul coup verser 500,000 liv. sur les 2 millions, que, par son dernier arrêt du Conseil, il s'était engagé à lui donner.

Parmi les actionnaires, il y en avait un certain

nombre qui n'avaient pas cessé d'être complètement hostiles à la colonisation de Madagascar ; pour les tranquilliser, il fut convenu entre les directeurs et le roi, qu'on leur accorderait un semblant de satisfaction sur ce point, et que, dans l'assemblée générale annoncée par l'arrêt du 21 septembre, on s'arrangerait de manière à leur laisser supposer que cette colonisation ne serait pas poussée plus loin.

Mais ce sur quoi Louis XIV avait principalement compté pour faire impression sur l'esprit des actionnaires, c'était sur cette assemblée. On la recula de quinze jours afin de la mieux organiser ; elle eut lieu en conséquence le 15 décembre 1668. On la tint, comme il avait été dit, au palais des Tuileries, sous la présidence du roi.

Or, avec cette assemblée, nos lecteurs vont se trouver devant l'acte le plus intéressant assurément, auquel cette Compagnie des Indes orientales de 1664 ait donné lieu de la part du roi.

Bien que le procès-verbal en soit long, on nous pardonnera néanmoins de le reproduire en son entier, car c'est le témoignage le plus concluant de l'intérêt de plus en plus passionné, qu'après cinq années, Louis XIV continuait encore à lui porter.

Voici d'abord le commencement ; on jugera, par les personnages présents, combien on avait tenu à donner à cette assemblée un grand caractère de solennité :

Le Roy ayant donné ses ordres pour convocquer l'assemblée générale des intéressez de la Compagnie establye par Sa Majesté pour le commerce des Indes Orientalles, pour estre tenue en sa présence dans son palais des Thuilleries, cejourd'huy quinzième jour de décembre 1668, tous lesdits intéressez s'y sont trouvez aux deux et trois heures après midy. Entre autres, Monsieur le Prince, Monsieur le Chancelier, Messieurs les ducs de Gramont, de Villeroy, du Plessis, de Saint-Aignan, de Noailles, maréchaux de France, de Bellefond et autres seigneurs de la Cour, tous les conseillers d'Estat, monsieur le premier président du Parlement de Paris et autres officiers dudit Parlement, les principaux officiers des autres Compagnies, tous les marchands et autres intéressez en ladite Compagnie. Les directeurs d'icelle s'y sont pareillement rendus et y ont faict porter les livres de raison et le Billan général.

Sa Majesté estant passée dans son antichambre, où estoit ladicte assemblée, se seroit assize dans un fauteuil, ayant une table couverte d'un tapis de velours vert devant elle, et auroit demandé au sieur Colbert, chef de la Direction, l'estat des affaires de ladicte Compagnie. Sur quoy ledit sieur Colbert auroit dict à sa Majesté...

Ce dont il faut être surtout étonné dans cette assemblée, c'est de la part active et personnelle qu'y prit le roi.

Le rapport de Colbert est des plus instructifs, en ce qu'il nous donne, à cette date du 15 décembre 1668, le chiffre auquel, après toutes les pressions que l'on a vues ou que l'on devine, s'étaient élevés les trois versements des actionnaires. — Sur quoy, donc, ledit sieur Colbert auroit dict à Sa Majesté :

Que depuis l'establissement de ladite Compagnie, faict par ses ordres et par ses soins, il a esté faict :

Cinq embarquements tant pour l'isle Dauphine que pour les Indes.

Le premier composé de quatre vaisseaux partis du port de Brest au mois de mars de l'année 1665,

Le second composé de deux vaisseaux partis du Hâvre-de-Grâce le XXIII juillet 1665,

Le troisième composé de dix vaisseaux partis de la Rochelle au mois d'avril de l'année 1666[1],

Le quatrième d'un seul vaisseau appelé la *Couronne*, party de Saint-Malo au mois de décembre 1866,

Et le cinquième de deux vaisseaux partis de Port-Louis au mois de mai de cette année.

Qu'à l'esgard de la recepte actuelle de la Compagnie, elle estoit composée suivant le bilan général de 6 millions 284 mil livres, dont il avait plu à Sa Majesté de donner desjà 2 millions 680 mil livres, sans y comprendre les 1,500 mil livres qu'elle faisoit payer incessamment pour le parfaict payement des deux millions qu'elle avoit promis depuis peu. Et le surplus provenoit de deux millions 480 mil livres payez par les intéressez pour le premier tiers, de neuf cents et tant de mil livres payez à compte du second, et environ 200 mil livres sur le troisième.

Mais ici, dans le rapport, nous arrivons à un *confiteor* de Colbert, qu'il dut terriblement coûter à Louis XIV d'entendre, car il est certain que le coupable était bien plutôt lui que les directeurs :

Qu'il estoit obligé de dire qu'il avoit paru aux di-

---

1. Il y a là une erreur, car le départ eut lieu le 14 mars 1666.

recteurs qu'ils avoient faict une faute considérable de s'attacher à envoyer ces flottes à l'isle Dauphine,

Que le premier embarquement, composé de quatre vaisseaux, n'avait rien produit,

Que le troisième, beaucoup plus considérable, avoit esté obligé par un malheur extraordinaire de relascher au Brésil, où il estoit demeuré trois mois, et enfin estoit arrivé à l'isle Dauphine une année entière après son départ de Port-Louis,

Que la consommation des vivres, la mauvaise disposition des corps et le peu de rafraîchissements qu'ils avoient trouvé dans ladite isle à leur arrivée, avoient causé beaucoup de mortalité et un désespoir presque universel dans tous les esprits dont cette flotte estoit composée,

Mais qu'au milieu de tant de malheurs dont le commencement des grandes entreprises est toujours accompagné, ils avoient receu nouvelles que le sieur Caron, un des directeurs, estoit monté sur deux vaisseaux avec un chargement de près de 700 mil. livres, tant en argent comptant qu'en bonnes marchandises, pour s'en aller aux Indes,

Qu'il estoit mesme arrivé à Surate, dans l'empire du Grand Mogol, où il avoit establi son commerce, que tous les naturels avoient esté surpris d'un si riche chargement et qu'il avoit acheté une très grande quantité de riches marchandises chargées en même temps sur le grand vaisseau le *Saint-Jean*, parti du port de Sualy le 24 avril dernier pour s'en retourner en France,

Qu'ils avoient pareillement advis que le sieur de Faye, autre directeur, qui estoit demeuré dans l'isle Dauphine, devoit prendre deux autres vaisseaux et porter au mesme lieu de Surate l'argent en espèces et marchandises restées dans cette isle, qui montoient encore à plus de 5 à 600 mil livres, et que l'on avoit receu nouvelles du commandant les deux derniers vaisseaux, du 30 juin, qu'il estoit desjà en vue de Guynée et qu'il faisoit sa routte avec un vent très favorable.

Les actionnaires ennemis de la colonisation devaient évidemment croire qu'elle était condamnée, en voyant Colbert convenir ainsi du tort que l'on avait eu d'envoyer des armements à l'île Dauphine.

Colbert, arrivant ensuite aux projets des directeurs, poursuivait :

Que la Compagnie faisoit équiper un vaisseau appelé le *Saint-Paul* pour aller porter leurs ordres dans l'isle Dauphine, quelques raffraîchissements et mesme quelques marchandises pour les Indes,

Qu'elle faisoit estat de faire partir deux autres vaisseaux chargés de marchandises et d'argent pour 5 à 600 mil livres au mois de febvrier ou de mars prochain, et qu'avec tous ces grands efforts et les advantageuses nouvelles receues dudit sieur Caron, il y avait lieu d'espérer que cette grande entreprise auroit le succès tel que Sa Majesté l'avoit espéré, et qu'en cela il n'estoit pas permis d'en douter, puisque Sa Majesté en avoit formé le projet, qu'Elle l'avoit fait exécuter, qu'Elle l'avoit assisté non seulement de sa puissante protection, mais mesmes de ses finances jusqu'à 4 millions 200 mil livres, et qu'Elle ne se plaisoit qu'aux grandes choses et à rendre possibles celles qui avoient paru impossibles jusqu'à présent.

Enfin Colbert terminait en ajoutant :

Que dans cette assemblée Sa Majesté estoit très humblement supplyée de faire procéder à l'eslection de trois directeurs à la place des sieurs Pocquelin et Hérinx, morts, et du sieur de Varennes qui s'est retiré pour quelques autres affaires, comme aussi qu'il plust à Sa Majesté de nommer un bon nombre d'intéressez pour voir les livres de raison, les examiner, calculer et arrester, affin que le publicq fust instruict de leur conduite.

Certes, ce discours de Colbert offre un certain élément de curiosité, ne serait-ce qu'en montrant jusqu'à quels détails des affaires ne dédaignaient pas de descendre les anciens ministres de la monarchie. Mais il était loin de constituer la partie intéressante de la séance. La partie vraiment intéressante et capitale devait être le discours du roi.

Dans toutes les occasions du genre de celles dont nous nous occupons ici, le roi ne prenait jamais la parole; l'usage exigeant qu'il ne fît connaître sa pensée que par l'organe de son chancelier. Mais Louis XIV, à ce moment là, était tellement touché au cœur, tellement troublé, tellement rempli d'idées et de sentiments à exprimer, qu'absolument incapable de se dominer et d'observer les règles du cérémonial monarchique, il lui devint impossible de s'empêcher de parler lui-même. L'histoire devra donc à cette Compagnie des Indes de 1664, d'avoir l'analyse d'un discours authentique du grand roi.

Colbert venait d'achever son rapport.

Sur quoy Sa Majesté ayant tesmoigné beaucoup de gré aux directeurs du soin et de l'application qu'ils avoient donnez pour advancer le succès d'une entreprise sy grande et sy glorieuse à son Estat et à son règne, et les ayant conviez de continuer, Elle se seroit ensuite tournée vers tous lesdits intéressez et leur auroit dict qu'ils ne pouvoient pas douter combien cette entreprise lui estoit agréable, et combien elle estoit advantageuse à son royaume, puisque non seullement Elle l'avoit assistée de sa protection depuis son establissement, mais mesmes qu'Elle avoit faict payer jusques à 4 millions 200 mil livres, à condition que toute la perte qui arriveroit les dix premières années seroit prise sur cette somme, et qu'Elle les assuroit de plus que sa protection seroit encore plus puissante et son application à tout ce qui pourroit contribuer à son succès plus grande que jamais, et que ses finances estoient en assez bon estat pour leur pouvoir dire qu'elles ne leur manqueroient pas dans tous leurs besoins.

Le spectacle ne laisse pas d'être étrange, on l'avouera, de ce roi Soleil semblant faire sonner en l'air son escarcelle, pour mieux affirmer aux actionnaires qu'ils pouvaient être tranquilles et qu'il les aiderait autant qu'il le faudrait.

Mais ce n'avait pas été pour cette seule déclaration que le roi avait jugé nécessaire de parler en personne ; dans son allocution, il avait tenu à faire sentir par quelques mots topiques, quelle était son irritation contre les actionnaires qui avaient « abandonné ».

Après avoir rapporté ce qui précède, le rédacteur du procès-verbal poursuit en effet :

A quoy Sa Majesté adjousta qu'elle scavoit beaucoup de gré à tous ceux qui, nonobstant l'incertitude du succès d'une si grande entreprise, n'avoient pas laissé de payer le second tiers, qu'Elle ne doutoit point que tous les intéressez ne suivissent ce bon exemple après cette assemblée.

Qu'Elle avoit veu le roolle de ceux qui avoient abandonné et qui n'avoient pas voulu hazarder quelque petite somme en une affaire qu'ils sçavoient lui estre fort agréable, et qu'encores qu'Elle eust bien voulu ne s'en pas souvenir, sa mémoire se trouvoit trop bonne pour les oublier[1].

On peut se figurer, par cette violence finale, avec quel mépris des ménagements on avait dû procéder, pour détourner les actionnaires d'envoyer leur acte de renonciation.

Si l'on poursuit la lecture de ce qui reste du procès-verbal, on voit que, dans cette assemblée, Louis XIV fit jusqu'au bout fonction de président; on aura même une idée complète de la façon dont étaient dirigés des débats de cette nature.

Le roi avait prononcé les paroles qui viennent d'être rendues.

Ensuicte Sa Majesté auroit dit à la Compagnie qu'il estoit nécessaire de nommer trois directeurs, et qu'Elle croyoit que les Anciens estoient plus capables de juger les personnes qui pourroient s'acquitter le mieux de ces employs, et elle auroit ordonné au sieur Colbert de dire son avis.

---

1. Ce « roolle de ceux qui avoient abandonné » est dans le carton 1, C_2, INDES ORIENTALES *Correspondance générale* (1664-1710). Il y avait eu 258 renonçants, représentant une somme considérable.

Ledit sieur Colbert auroit dit qu'après avoir examiné tous les sujets qui en pourroient estre dignes, son advis estoit de choisir les sieurs Gueston, Picquar et Desmartins. — Le sieur prévost des Marchands aussy directeur, de mesme advis. — Le sieur de Thou de mesme. — Le sieur Berryer de mesme. — Les sieurs Cadeau, Bachelier, Iabach, de Chanlatte, tous directeurs, de mesme. Le sieur Worms, deputté de Lyon, id.

Sa Majesté, ayant pris l'advis de toute l'assemblée, auroit ensuicte nommé : Pour directeurs de la Compagnie des Indes orientales, les sieurs Gueston, Picquar et Desmartins.

Ainsi, en dépit de tout, Louis XIV en était encore à son autoritarisme du début, et n'entendait en rien laisser la nomination des directeurs au libre choix des actionnaires.

On peut se convaincre également par ce qui suit, que les contrôleurs, dans l'élection desquels les intéressés n'entraient pour rien, devaient présenter bien peu de garanties, et qu'il n'y avait rien là de nature à donner grande confiance aux actionnaires.

Ensuicte, *en effet*, Sa Majesté ayant pris la liste de tous lesdits intéressez, elle auroit choisi et nommé pour se trouver au Bureau de ladicte Compagnie, visiter et examiner, calculer et arrester les livres, les sieurs premier président au Parlement de Paris, — Pussor, conseiller d'Estat; — Voisin, id. — La Reynie, maistre des requestes, — Procureur général de la chambre des Comptes — Procureur général de la Cour des Aydes — Daubray, lieutenant civil — Bartillat, garde du Trésor royal — Mallet, secrétaire du Roy — Paullart, id. — Jacquet, secrétaire du

Roy — Rauchon, id. — Charpentier, Olivier, Pocquelin, Froisdames, Rousseau, Eustache de Faverolles, tous marchands.

Quand on a lu ce procès-verbal, dans quelques-uns de ses paragraphes et surtout dans le rôle qu'il attribue au roi, il bouleverse si complètement les idées reçues touchant Louis XIV, que nos lecteurs pourraient peut-être avec lui se croire devant une pièce plus ou moins rédigée à la légère, par quelque particulier ou par l'un des secrétaires de la Compagnie. Mais qu'ils se détrompent, nous leur avons mis au contraire sous les yeux le procès-verbal authentique, officiel, de l'assemblée générale des actionnaires du 15 décembre 1668 [1].

Car après avoir relaté tout ce que l'on vient de lire, son auteur ajoute :

Après quoy sa Majesté auroit licencié l'assemblée et commandé de dresser le présent procès-verbal de ce qui se seroit passé, qu'Elle a voulu signer de sa main et estre contresigné par moy, son conseiller secrétaire d'État et de ses commandements.

Signé : LOUIS, *et plus bas* : LE TELLIER.

Il émane donc, en somme, de Louis XIV et de Le Tellier.

1. Archives coloniales du Ministère de la marine et des colonies : fonds COMPAGNIE DES INDES ORIENTALES, *Administration en France*, registre 2, C_2, folios 268 à 271.

VI

Irritation du roi contre Montdevergue. — Lettre qu'il lui écrit.

Mais, si, contre les actionnaires récalcitrants, Louis XIV était animé de colère, au point de ne pouvoir se maîtriser, on pense bien qu'il en devait être à plus forte raison de même contre les auteurs des tracas au milieu desquels il se trouvait. Nous avons dit tout à l'heure que le messager de Montdevergue eut très probablement à se repentir de ses intempérances de langue.

Mais il ne faudrait pas croire qu'à ses yeux, Montdevergue lui-même fût innocent. N'était-ce point lui, après tout, qui pour porter ses dépêches avait choisi ce fâcheux personnage, lequel, à Paris, avait détruit le crédit de la Compagnie comme s'il eût été littéralement payé pour cela? N'était-ce pas lui encore dont l'inexplicable pessimisme avait déconsidéré de telle sorte l'entreprise de l'île Dauphine, que les actionnaires voulaient de moins en moins en entendre parler, et qu'on avait dû prendre l'engagement vis-à-vis d'eux d'y renoncer? En employant pour la subsistance de ses hommes une certaine partie de l'argent destiné au commerce des Indes, n'était-ce pas lui enfin, qui avait fourni à des esprits malintentionnés cet argument auquel tout le monde avait ajouté foi, que la Compagnie restait sans ressources, et que tout ce qu'on avait expédié avec lui était dévoré?

Il n'y avait pas à dire le contraire, quand tout marchait bien par ailleurs, quand les actionnaires avaient été ramenés, que tous consentaient à reprendre leurs versements et que les nouvelles de Caron étaient des meilleures ; quand la confiance, en un mot, avait reparu chez tous, c'était lui, lui seul, lui. qui avait tout renversé, tout détruit, tout remis en question. Sans lui, sans ses lettres, sans son envoyé, il n'y aurait eu que des sujets de satisfaction de toutes parts.

Aussi faut-il lire la dépêche que Louis XIV lui écrivit en janvier 1669, et qui devait lui être portée par ce navire, le *Saint-Paul*, dont Colbert, dans l'assemblée du 15 décembre, avait annoncé le prochain départ. Une colère contenue, terrible, y roule de la première à la dernière ligne. On y sent éclater ce ressentiment qui sera plus tard la perte de Montdevergue. Hélas ! ce ressentiment du roi n'avait alors pas lieu de surprendre. L'assemblée des actionnaires était loin d'avoir donné ce qu'on avait cru. Le 15 janvier, dernier délai pour le versement du 3e tiers, s'était écoulé sans qu'on eût presque rien touché !

Cette lettre, certes, est d'une injustice criante, car on y voit que Louis XIV s'efforce de méconnaître comme à plaisir les difficultés imprévues auxquelles s'était butté Montdevergue, lui reprochant précisément de n'avoir pas accompli ce que ces difficultés l'avaient mis dans l'absolue impossibilité de faire, et ne tenant aucun compte des preuves d'énergie, d'activité et d'intelligence qu'il avait données. En dépit de son injustice cependant, elle n'en offre pas moins un intérêt historique de premier ordre. Vu qu'en dehors d'une preuve nouvelle de l'âpreté réelle que le roi mettait à cette affaire de la Compagnie des Indes de 1664, elle sert encore à renseigner sur la façon dont Louis XIV se conduisait avec les agents dont il n'était pas satisfait.

Cette lettre, qu'on chercherait en vain dans la collection des documents sur l'administration du règne de Louis XIV, recueillis et publiés par Depping ou par Pierre Clément, est complètement inédite [1]. C'est une nouvelle raison qui nous engage à la publier *in extenso*.

1. Archives col. du Minist. de la mar. et des col., fonds MADAGASCAR, *Correspondance générale*, (1642-1754), Carton C$_5$.

Voici d'abord comment y débutait Louis XIV :

Monsieur de Montdevergue,

Vos dépêches datées de l'isle Dauphine du 28 février dernier 1668 ont esté icy apportées par celui que vous avez envoyé, et après avoir soigneusement lu et examiné ce qu'elles contiennent, ensemble toutes les relations qui ont esté envoyées à la Compagnie des Indes orientales que j'ay pris soin de voir exactement, je suis bien aise de vous faire sçavoir mes intentions sur tout ce qu'elles contiennent, ensemble sur la conduite que vous avez tenüe depuis votre départ des ports de mon Royaume.

Je vous diray en premier lieu que je fus étonné d'abord que toutes vos lettres et les discours que vostre Envoyé a faits partout, dans les cours, dans les antichambres et par toute la ville, ne tendissent à autre fin qu'à faire connaître à tout le monde que tout estoit désespéré tant dans l'isle Dauphine que pour la Compagnie des Indes, ce qui avoit produit un si meschant effet que si je n'avois sousteñu de ma puissante protection cet Establissement, cette double faute estoit capable de faire abandonner toutes choses, et par conséquent de vous laisser périr dans l'isle sans aucun secours. Je ne doute point qu'en lisant cecy vous ne connaissiez parfaitement l'embarras dans lequel vous nous aviez mis, et que vous ne preniez en bonne résolution de taire à l'avenir le désordre que vous connoistrez, affin de ne pas faire perdre le courage à tous ceux qui sont sous vous.

J'estois persuadé que la lecture que vous aviez faite de tous les voyages de ceux qui ont fait les découvertes des Indes orientales et occidentales, la résolution avec laquelle vous estiez party et l'importance, pour le bien de mon service, pour l'advantage de mes sujets et pour ma satisfaction mesme, de cette entreprise, pour l'exécution de laquelle je vous donnois la principale authorité, vous auroient donné assez de constance et de fermeté opiniastre pour surmonter les plus grandes difficultés ; mais je trouve que la distance est grande entre la méditation et l'action, et je vous avoue que j'attendois de vous plus de ressource pour subsister dans un pays mesme désespéré, et je trouve de plus que ou vous avez dissimulé, ou vous n'avez pas assez clairement connu les causes des difficultés que vous avez rencontrées.

Par exemple, vous dites que vous n'avez trouvé dans l'isle que misère et rien de toutes les commoditez que l'on vous avait dict icy que vous y trouveriez.

Il ne se faut pas trop estonner si les relations de cette isle qu'on nous a données icy, ne se sont pas trouvées si véritables qu'il auroit été à désirer, mais vous ne vous estes pas apperceu, ou vous avez dissimulé que la véritable cause de vostre misère vient bien plus tôt de la malheureuse route que vous avez prise, qui vous a consommé une année entière de temps et de victuailles, de sorte que si vous aviez faict ce voyage en 4, 5 ou 6 mois de temps, comme il se pouvoit facilement, vous auriez eu des vivres en arrivant dans l'isle pour autant de temps, pendant lequel le désespoir causé par la crainte de la faim n'auroit pas pris à toute votre suite, et vous auriez plus sainement vu le moyen de diviser vos colons et les envoyer en divers lieux les plus commodes et les plus fertiles de l'isle, avec des vivres leur donnant le temps de cultiver la terre et d'en recueillir les produicts pour leur subsistance.

Vous vous plaignez de n'avoir rien trouvé pour faire subsister un si grand nombre d'hommes que vous aviez mis à terre, et vous attribuez ce manquement à la stérilité du pays et à la maligne température du climat. Cela n'est pas fort extraordinaire de trouver un pays stérile, mais quand il auroit été le plus fertile du monde, il est constant qu'estant habité par des sauvages qui n'ont aucune connaissance de la culture de la terre, vous auriez facilement connu qu'arrivant dans un pays de cette qualité avec 12 ou 1,500 hommes, vos vivres étant consommés par la longueur du voyage, il ne fallait point s'estonner que vous n'y trouvassiez point suffisamment de vivres pour les faire subsister ; mais il y a bien lieu de s'estonner que vous n'en ayiez point envoyé une bonne partie dans le lieu d'où vous avez tiré du riz, puisque vous auriez épargné la voiture, et de plus ceux que vous auriez envoyez pour s'y établir auraient eu beaucoup plus de facilitez d'en trouver pour leur subsistance que ceux que vous avez envoyez pour en acheter n'en ont eu d'en trouver pour le transporter.

Vous attribuez encores à la malignité de l'air et du climat les langueurs, les maladies, et le grand nombre de morts. L'on ne peut pas douter que le climat n'y ayt contribué. Mais pour peu de réflexion que vous fassiez à la qualité des corps de ceux que vous avez menez avec vous, qui sont presque tous misérables, à la longueur de vostre voyage, à la mauvaise nourriture, et à la grande différence de l'air et du climat, vous aurez clairement connu que quand mesme cet air n'aurait eu autre malignité que celle de la grande différence avec celuy de mon royaume, cette différence joincte aux deux autres causes suffisoit pour en faire mourir beaucoup.

Vous vous plaignez encore que le Fort-Dauphin est situé dans un pays stérile, ingrat, sablonneux, dans lequel mesme il n'y a point d'eau douce que par le moyen de quelques puits qui se font au bord de la mer et d'un estang qui seroit à demi-lieue, et en mesme temps vous demeurez d'accord que vous faites venir du riz de quelques autres cantons de l'isle, et que les baies d'Anton-Gil et de Saint-Augustin sont situées en des pays beaucoup meilleurs, plus fertiles et plus agréables, et cependant je vois que vous estes demeuré un an entier depuis vostre débarquement jusques au jour de la datte de vos lettres dans ce pays si mauvais, si stérile et si ingrat, sans vous mettre en peine et sans faire aucune diligence pour aller vous-mesme occuper un de ces postes ou au moins pour y envoyer quelqu'un des officiers de mes troupes, avec une ou deux compagnies d'infanterie et une bonne partie de vostre colonie, veu que vous sçaviez qu'en l'occupation de divers postes dans cette isle consiste le plus grand advantage de mon service et le plus grand bien de la Compagnie.

Il n'est pas possible de se persuader que vous ayiez cru nécessaire de tenir ensemble toutes les troupes et tous les colons pour la sureté du poste, veu que vous-mesme vous dites que le Fort-Dauphin n'est rien que quelques pièces de bois liées ensemble qui enferment un fort petit espace de terre et que vous n'y avez trouvé que trente hommes ; et cependant ce poste s'est maintenu jusques à présent en cet estat faisant la guerre à toute l'isle, en sorte que vraisemblablement vous pouviez établir encore trois ou quatre bons postes pour le moins et par ce moyen occuper l'isle entière ou en bonne partie.

Vous avez fort bien fait de faire la paix avec tous les pays circonvoisins, et je vous sçais beaucoup de gré d'avoir en cela changé la mauvaise maxime de ceux qui jusques à présent ont commandé dans cette isle. Mais je vous avoue que je suis surpris que lorsque vous avez esté obligé d'envoyer au-dedans du pays pour avoir des bestiaux, vous n'ayiez point commandé partie des quatre compagnies d'infanterie qui sont auprès de vous.

En jugeant par ce commencement, il est aisé de s'apercevoir que cette lettre ne devait être qu'un long réquisitoire où les dépêches de Montdevergue seraient discutées pied à pied, retournées contre lui, et où Louis XIV s'était systématiquement proposé de fermer les yeux à tout ce qui pouvait être argué en faveur de son vice-roi.

On va voir, en effet, qu'il ne quittera pas ce ton d'accusateur.

Outre tous ces points qui regardent vostre conduite particulière, continue-t-il, je vous dois dire encores que je suis très mal satisfait de quelques changements de résolutions qui ont esté prises et exécutées, qui tendent à la ruine totale de la Compagnie, sans ressource, et à renverser tous les desseins que j'ai formez sur le succès de cette entreprise.

Le premier est d'avoir cassé les contrats faits avec les colons et d'avoir chargé la Compagnie de leurs gages et subsistance.

Le second, d'avoir diverty l'argent comptant qui avait esté chargé sur les vaisseaux pour porter dans les Indes et d'en avoir payé en espèces leurs gages et leur subsistance.

Le troisième, d'avoir donné cours à l'argent dans l'isle.

Et le quatrième de n'avoir encore estably aucun conseil réglé dans l'isle, en sorte que toutes les affaires en sont conduites et réglées par voye militaire et par l'authorité du commandement que je vous ay confié.

Je ne veux pas croire que vous ayiez contribué à une si mauvaise conduite, qui ne peut avoir pour fin que la ruine entière et indubitable d'un dessein que j'ay formé pour ma gloire et pour l'advantage de mes sujets.

Ceux qui ont pris la résolution de donner cours à l'argent doivent-ils s'étonner si les vivres deviennent chers, veu que les naturels voyant un si précieux métal duquel ils n'avaient aucune connaissance, ou s'ils en avaient, ce n'était que pour en donner et jamais pour en recevoir, voyant des gens pressés de la nécessité, qui n'ont ni la vertu ni la force de s'en garantir, qui n'ont autres recours qu'à trahir le dépost qui leur a été confié pour un plus grand dessein, et donner libéralement ce qui ne leur appartient pas pour leur subsistance, laquelle ils pouvaient avoir plus facilement et plus abondamment par beaucoup d'autres voyes ; il ne faut pas, dis-je, s'étonner s'ils vous ont fait acheter chèrement leurs vivres et denrées, et je ne peux pas m'empêcher de vous dire que vous courez grand risque de mourir de faim d'autant qu'ils s'imagineront toujours que vous avez beaucoup d'argent et qu'ils ne vous apporteront des vivres que pour satisfaire à l'envye que vous leur aurez donnée d'en avoir, et comme il paroît clairement que cette conduite leur a donné cette envye, laquelle vous sçavez estre insatiable, si elle augmentoit encore, vous courririez risque de voir joindre toutes leurs forces ensemble pour vous attaquer.

J'ai loué la résolution que vous avez prise d'establir la paix avec les peuples circonvoisins, mais comme la fin de toutes vos actions et de toutes vos résolutions doit estre en premier lieu la subsistance des peuples qui sont sous vostre conduite et en second lieu l'establissement de la Compagnie, comme vous n'auriez jamais deub avoir recours et disposer des deniers qui ont esté confiez sur les vaisseaux pour les Indes, d'autant que n'ayant point esté destinez à cet usage, ils ne devaient jamais estre employez et que c'était un remède lequel non seulement ne pouvoit durer longtemps, mais mesme qui attiroit la ruine infaillible de la colonie, d'autant que les naturels ayant pris goût à ce métal, après avoir tiré ce que vous, en aviez, ne vous apporteroient plus de vivres dans l'espérance de vous en faire trouver ; il valoit sans difficulté beaucoup mieux continuer la conduite que ceux qui ont commandé dans cette isle ont tenüe jusqu'à présent, c'est-à-dire de faire la guerre aux naturels puisqu'ils ont subsisté par ce moyen sans argent, et qu'il est impossible d'empêcher la ruine entière de la colonie si elle ne peut subsister qu'avec de l'argent. Vous voyez bien enfin qu'il y aurait à remplir un volume des raisons contre une résolution si préjudiciable à mon service.

Ainsi le malheureux Montdevergue était blâmé de tout ce qu'il avait fait. On ne prenait en aucune considération les circonstances inouïes auxquelles il avait eu à faire tête. On lui faisait justement un crime des ressources que, dans son génie inventif, il avait mis en œuvre pour parer aux difficultés que les gens qui lui avaient donné ses instructions n'avaient jamais eu eux-mêmes l'esprit de prévoir.

Aux reproches que l'on vient d'entendre en succédaient d'autres, qu'on est d'autant plus surpris de rencontrer sous la plume de Louis XIV qu'en somme il avait lui-même constamment tout fait au monde pour se substituer à la Compagnie. Mais ils n'en seront pas moins un argument inattendu, pour tous ceux qui regardent avec raison le gouvernement civil et autonome comme le meilleur qui convienne aux colonies.

Je ne puis vous céler, poursuivait en effet le roi, s'appuyant ici sur les délations, les rapports et les contre-rapports qui sont la plaie des gouvernements coloniaux, et auxquelles par une fatalité étrange la métropole accorde presque toujours d'autant plus de confiance qu'ils sont dirigés contre les agents les plus intelligents et les plus intègres, — je ne puis vous céler encores, disait-il, que beaucoup de relations et de discours particuliers venus de l'isle portent que vous n'avez laissé ny aucune authorité, ny aucune liberté aux directeurs de la Compagnie qui ont esté avec vous ; qu'il ne s'est tenu aucun conseil ou que s'il s'en est tenu, vous avez fait prévaloir et exécuter vos sentiments ; que vous avez mesmes souffert qu'en vostre présence les officiers des troupes ayent maltraité les directeurs, que vous avez disposé entièrement des effets de la Compagnie, et en un mot que vous vous estes servy de l'authorité que je vous ay confiée, pour disposer de toute chose à vostre volonté et pour déprimer entièrement les dits directeurs.

Vous pouvez croire que je n'ay eu garde d'adjouter foy à ces discours, n'y ayant aucune apparence que vous vous soyez oublié jusqu'à ce point après ce que je vous ay dit et ce que vous sçavez si bien estre de mes intentions à ce sujet.

Je veux croire plustôt que si la nécessité ou le besoin de toutes choses qui vous a pressé vous a porté à vous éloigner des règles estroites que vous avez deub tenir, vous aurez restabli parfaitement les choses en l'estat quelles doivent être.

Vous aurez étably le Conseil et tenu la main à ce qu'il s'assemble aux jours ordonnez.

Vous aurez laissé la liberté entière d'opinion à tous ceux qui le composent.

Vous aurez dit votre advis avec toute la modération nécessaire.

Vous aurez tenu la main et appuyé de l'authorité de votre caractère et mesme des troupes que vous commandez, en cas de besoin, les résolutions prises dans le Conseil.

Vous aurez tenu en crédit et en considération lesdits directeurs et aurez fait connoistre à tous ceux qui vous voyent, que toute la dépense que j'ay faite, les troupes et vostre personne mesme n'a esté choisie que pour les appuyer, les protéger et faire réussir leur commerce, et en un mot vous aurez usé comme un bon père de famille qui fait et qui procure par toutes les voyes le bien de ses enfants, avec cette différence qu'un père de famille a une authorité égale sur tous ses enfants, et que vous ne devez avoir autre authorité que celle du commandement des armes, laissant le surplus aux directeurs et au Conseil dans lequel vous ne devez avoir que votre voix, et mesme à l'égard du commandement des armes, vous ne vous en serez servy que pour appuyer les décisions prises dans le Conseil et pour faire connoistre aux peuples, tant françois que naturels, que toute votre authorité n'est employée que pour le bien, l'advantage et le service de la Compagnie.

Cette longue mercuriale était suivie d'un certain nombre d'ordres indirects; parmi lesquels on sera tout surpris d'en rencontrer un qui s'écarte tout à fait de l'engagement implicitement pris dans l'assemblée des actionnaires, d'abandonner la colonisation de l'île Dauphine.

A l'égard de la conduite générale, ajoutait effectivement le roi, je veux croire que lorsque vous vous serez un peu reconnu, vous aurez donné toutes les dispositions qui peuvent dépendre de vous pour la changer, et pour cet effet que vous aurez divisé vos colonies, et j'espère d'apprendre par vos premières lettres que vous aurez occupé la baye d'Anton-Gil ou celle de Saint-Augustin, ou les deux ensemble.

Que vous aurez empesché la continuation du paiement de la subsistance et des gages à tous les colons aux despens de la Compagnie.

Que vous aurez pareillement divisé les troupes et qu'elles sont à présent occupées à se fortifier en divers postes, soit sur les costes de la mer, soit au dedans des terres.

Que vous aurez absolument empesché la continuation du cours de l'argent dans l'isle et que vous aurez tenu la main à faire retirer ou tout ou la plus grande partie de ce qui en a esté débité.

Que vous aurez excité et donné le moyen au sieur de Faye de recharger sur quelqu'un des vaisseaux de la Compagnie le reste des marchandises et de l'argent demeuré dans l'isle et s'en aller ensuite trouver le sieur Caron dans les Indes.

Que vous aurez facilité le voyage des deux vaisseaux qui sont partis au mois de juin dernier dans les mesmes Indes.

Et enfin que vous aurez travaillé avec application et en conformité de vos instructions à bien faire subsister et establir vos colonies.

Au cas que pour quelque cause, prétexte ou occasion que ce puisse estre, les deux vaisseaux ci-dessus soient encore dans les rades de l'isle lorsque vous recevrez cette lettre, je veux qu'aussy tost vous les fassiez recharger et partir pour les Indes sans perdre un seul moment de temps. Au surplus, au cas qu'aucun de ces points n'ayt point encore esté exécuté, je veux croire de votre zèle pour mon service que vous les ferez exécuter incessamment.

Enfin, bien qu'il n'eût usé jusqu'ici que de reproches, de récriminations et de blâmes sévères, n'osant pas pourtant terminer sa lettre sans faire miroiter, s'il y avait lieu, quelque récompense d'importance, Louis XIV finissait dans les termes suivants :

Pour vostre congé dont vous me parlez dans votre lettre, je suis bien aise de vous dire que vous le prendrez quand vous le trouverez à propos et que le bien de mon service vous le pourra permettre ; et je seray bien aise que votre conduite soit telle qu'elle me porte à vous faire du bien à votre retour. Sur quoy il est bon que vous sachiez que j'ay donné le commandement de Dunkerque au sieur de Tracy, et ensuite le gouvernement du chasteau Trompette, d'autant qu'il a esté quatre à cinq années dans les isles de l'Amérique et dans le Canada, qu'il a estably là le commerce de mes sujets dans lesdites isles et chassé les Hollandois, qu'il a porté mes armes 200 lieues au dedans des terres du Canada, attaqué et vaincu les Irocquois et les a obligez de me demander la paix, et enfin que toute sa conduite a esté telle que j'en ay reçu beaucoup de satisfaction et mes sujets beaucoup d'avantages.

A l'égard des compagnies d'infanterie qui servent près de vous, je vous envoie les ordres pour licencier les deux compagnies dont les capitaines sont morts et pour réduire les deux autres à 60 hommes chacune. En cas que quelques soldats veuillent revenir en France (ce que vous devez éviter autant que possible) vous pourrez les faire embarquer sur les premiers vaisseaux qui s'en reviendront en France.

Je désire que vous donniez tous vos soins à sauver les vaisseaux de la Compagnie qui sont demeurés dans la rade du Fort-Dauphin et à les remettre en estat de pouvoir estre envoyés dans les Indes.

Ce qui ressort immédiatement de cette lettre, quand on cherche à en pénétrer l'esprit ou qu'on en serre les termes, c'est que tout en donnant carrière à son irritation, Louis XIV s'y arrangeait pour prendre ses distances et avoir, le cas échéant, la faculté de rendre Montdevergue responsable de tout.

On sent que, s'il y avait jamais des mécomptes, des échecs, des pertes, le roi avait voulu qu'on en tirât cette conclusion, non pas que ses desseins eussent laissé à désirer ou que son idée eût été mauvaise, mais qu'il avait été indignement trompé par son agent principal, que le coupable était Montdevergue et que tout le mal était venu de ce que là-bas, ayant agi à sa guise, ce dernier avait constamment méconnu ses instructions.

VII

Colbert de son côté écrit à Montdevergue. — Sa lettre.

Mais cette dépêche du roi n'était pas la seule que Montdevergue avait à recevoir au même moment. Elle était accompagnée d'une autre, qu'en sa qualité de président de la Direction générale de la Compagnie, Colbert avait cru devoir lui envoyer. Nous la donnerons, comme la précédente, dans son entier ; faisant ainsi encore beaucoup moins parce qu'elle est également inédite, qu'en raison des points historiques de différents genres qu'elle soulève [1].

Dans le but d'exciter Montdevergue à déployer

---

[1]. Arch. col. du Ministère de la marine et des colonies, fonds MADAGASCAR, *correspondance générale*, Carton C⁵. Cette dépêche, comme l'autre, n'a pas été transcrite dans les registres de la correspondance des ministres. C'est pour cette cause sans doute qu'elles n'ont pas été connues de Pierre Clément.

tout le zèle possible, Colbert cherchait, dans sa lettre, à lui faire comprendre combien Louis XIV désirait le succès de la Compagnie et celui de la colonisation de Madagascar, quelle chance par conséquent, il avait lui-même, en réussissant, d'obtenir des faveurs. Or les développements dans lesquels entre à ce sujet le grand ministre, sont une preuve irréfragable qui s'ajoute à celles que nous avons déjà produites de la passion dominante du roi pour ces deux entreprises.

Ce qui rendra cependant, à notre sens, cette dépêche tout particulièrement curieuse pour les historiens, c'est le ton d'obligeance, de politesse exquise, d'obséquiosité même, pourrait-on dire, qu'elle respire partout. Évidemment, — à moins, bien entendu, que Colbert n'ait, de parti pris, voulu atténuer le coup que les reproches et la raideur de Louis XIV devaient porter à Montdevergue, cette lettre est un démenti absolu aux écrivains qui ont accusé Colbert d'avoir toujours été de la dernière brutalité avec ses subordonnés.

Voici de quelle façon, en effet, Colbert écrivit à Montdevergue :

Monsieur,

J'ai receu toutes les lettres que vous avez pris la peine de m'escrire soit de la rade de Ténérif aux Canaries, de Fernambouc au Brésil, soit de celle de l'isle Dauphine, en datte du 1ᵉʳ mars de l'année dernière, avec un mémoire de tout ce qui s'estoit passé alors dans votre route dans ladite isle.

Je vous diray au sujet de votre route que c'est un grand malheur que vous ayez esté obligé à vous détourner, veu que vous avez mis un an entier à un voyage qui vraisemblablement ne devoit durer que quatre mois ou au plus quelque chose davantage, et c'est asseurement de ce malheureux esgarement que sont provenues la plus grande partie des disgrâces qui vous sont arrivées, lesquelles je ne doute point que vous n'ayez réparées pour la plus grande partie depuis la datte de vostre lettre du 1er mars de l'année dernière.

Quant à ce qui s'est passé dans l'isle Dauphine depuis le jour que vous y estes arrivé jusques à celui de la datte de vostre dite lettre, vous trouverez la lettre que Sa Majesté vous a escrite un peu forte et qui vous fait bien connoistre tous les défauts qu'Elle a remarquez dans la conduite qui s'est tenue dans ladite isle, laquelle quand vous considérerez bien et avec des yeux désintéressez (comme vous devez faire), vous jugerez que ses sentiments sont fort justes, et tous ceux qui sont icy (qui ont envye de vous servir) espèrent bien que par le premier vaisseau qui arrivera, ils apprendront des choses qui leur en donneront le moyen, comme plus conformes à la conduite qu'Elle a toujours fait estat que vous tiendriez tant pour l'establissement ferme et solide à faire dans ladite isle que pour le commerce des Indes orientales.

Je suis bien aise de vous faire sçavoir pour vous informer de la chaleur avec laquelle Sa Majesté poursuit ce dessein, que la ferveur des particuliers s'estant ralentie, Elle a redoublé à proportion cette chaleur, ayant mis encore dans la Compagnie deux millions de livres d'argent comptant pour la soutenir, fortiffier et augmenter et ayant en même temps excité toute sa cour et tous les intéressez à continuer leurs paiements, témoignant plus de fermeté qu'Elle n'en a jamais fait paroistre pour aucune autre affaire, quoyque cette fermeté paroisse (comme vous sçavez) dans toutes ses actions. Vous voyez donc bien que vous pouvez luy rendre un très grand et très agréable service, et bien que l'exemple de M. de Tracy vous doive faire connoistre qu'elle ne laisse point de ces sortes de services sans récompense, je dois vous dire pour vostre consolation qu'il n'y a nulle comparaison du service que ledit sieur de Tracy peut avoir rendu dans les isles de l'Amérique et dans le Canada, avec celuy que vous pouvez rendre à Sa Majesté dans les deux establissements de l'isle Dauphine et du commerce des Indes orientales. Aussy vous pouvez estre asseuré que les mesmes raisons qui L'ont portée à le récompenser si bien et si advantageusement, La porteront à vous récompenser aussy à proportion de l'establissement que vous ferez, qui est tout ce qu'Elle désire de vous.

Le plus important point du service qu'Elle attend donc de vous estant de travailler solidement à l'establissement du commerce des Indes orientales, vous devez y employer tous vos soins et toute votre industrie, et vous appliquer particulièrement à donner aux directeurs de la Compagnie et dans l'isle Dauphine et dans les Indes, toute l'authorité et faire en sorte que, non seulement ils paroissent satisfaits de vous par le témoignage qu'ils en rendront, mais mesme qu'ils le soient en effet, ce qui ne se peut, qu'en leur abandonnant toute celle qu'ils doivent avoir, et ne vous réservant le commandement des armes, et votre voix et vos conseils avec modération et sans envye de les faire prévaloir dans toutes les autres affaires.

Il est bien nécessaire que vous employiez vostre mesme application pour pousser et engager tout ce qu'il y a de François dans l'isle à la culture de la terre et à profiter de tous les autres moyens qu'ils peuvent avoir de ne pas périr de faim et de misère, et pour cet effet d'occuper dans l'isle autant de postes que vous jugerez à propos en vous rendant maistre de la plus grande étendue de terre qu'il vous sera possible.

Un autre point auquel vous devez aussy vous appliquer est de conserver soigneusement les vaisseaux et bastiments de mer que vous avez dans l'isle et d'envoyer dans les Indes tout ce qui pourra y estre propre.

La lettre de Sa Majesté vous instruisant de ses volontés à fonder, j'adjousteray seulement que pourveu que vous nous donniez les moyens de vous servir auprès d'Elle, vous ne devez pas douter que, comme nous en avons la volonté, nous ne le fassions en telle sorte que vous en serez content. Mais pour nous le faciliter, il faut que vous quittiez vostre esprit de l'isle Dauphine qui paroist dans vos lettres, et que vous repreniez celui que vous aviez en France.

Je suis, Monsieur, votre très humble et très affectionné serviteur,

COLBERT.

Paris, 19 janvier 1669.

On conviendra que ces deux lettres, écrites l'une par Louis XIV, l'autre par Colbert, et à la même personne, sur le même sujet et pour lui dire la même chose, présentent un certain piquant.

Quoi qu'il en soit, il semblerait cependant résulter de la dernière phrase de la lettre de Colbert, « il faut que vous quittiez votre esprit de l'isle Dauphine qui paroist dans vos lettres et que vous repreniez celuy que vous aviez en France, » que Montdevergue, dans les Conseils du roi, était trouvé changé et bien différent de l'idée qu'on s'était précédemment formée de lui.

Une chose ferait supposer au reste qu'on le croyait en proie à un découragement irrémédiable, et qu'on n'en attendait plus guère de bons services, c'est que, par le même courrier, un paquet partait à l'adresse de de Faye, alors à Fort-Dauphin.

Ce paquet, que de Faye seul pouvait ouvrir, ou, à son défaut, le procureur du Conseil Souverain, renfermait effectivement l'ordre à Montdevergue d'avoir à remettre son commandement au « sieur de Champmargou », son lieutenant, et de rentrer sur-le-champ en France, après avoir fait reconnaître ce dernier comme chef par tous les établissements de l'île Dauphine.

On laissait à la complète appréciation de de Faye le soin d'user ou non de cet ordre et de la commission au nom de Champmargou, qui y était jointe.

VIII

Arrivée du navire annoncé par Caron. — Conflit entre Caron et Montdevergue. — Contre-coup qui en résulte à Paris. — La Compagnie oblige le roi à reprendre Madagascar, et à la décharger de l'obligation de coloniser le pays.

Nous approchons à présent de l'épilogue de cette étude, qui, de détails en détails, d'exposés en exposés, se trouve avoir atteint des proportions qu'on n'aurait guère prévues au début, étant donné surtout le silence à peu près général que la plupart des historiens ont gardé sur cette affaire de la Compagnie des Indes orientales de 1664.

Cependant, après tout ce qui a été dit jusqu'ici de l'ingérence du roi dans les affaires de la Compagnie des Indes orientales de 1664, il est une réflexion que chacun a dû se faire au-dedans de soi, quelles que soient, en effet, les opinions politiques que l'on professe et le parti pris par conséquent avec lequel, dans la crainte de paraître mollir, on se croie tenu d'envisager le passé, lors même que ce passé n'a plus la moindre trace dans le présent, c'est qu'il n'est pas possible de se défendre d'une réelle sympathie pour Louis XIV, quand on le voit ne reculer devant aucun déboire, ne se laisser rebuter par aucune déception, et vouloir quand même et quand même la réalisation d'une idée, au bout de laquelle il était convaincu que la grandeur et la prospérité de son pays se trouvaient.

Et pourtant, combien n'en avait-il pas essuyé de déboires et de déceptions, sous lesquels tout autre aurait succombé! Toujours il avait compté sur de bonnes nouvelles et avait été en droit de compter sur de bonnes nouvelles, et toujours, au dernier moment, par un coup inattendu du sort, ces bonnes nouvelles s'étaient changées en de mauvaises, réduisant à néant tous les efforts passés, laissant tout à recommencer.

Au moment où nous sommes, commencement de 1669, une chose en dehors des lettres de Montdevergue avait tout particulièrement tourmenté Louis XIV. Pendant six mois, il avait journellement manœuvré à l'égard des actionnaires dans la prévision de l'arrivée de ce navire, dont Caron lui avait annoncé le départ des Indes pour la fin d'avril 1668; et ce navire n'était pas encore venu! Or, si en octobre, novembre ou décembre, il avait eu la chance de le voir aborder en France, comme il était permis d'y compter, nul doute que l'effet des lettres de Montdevergue aurait été totalement annihilé par lui. Malheureusement Caron s'était trompé dans ses calculs; il lui avait été impossible de l'expédier à la date fixée. Aussi, le roi l'avait attendu vainement en octobre, novembre, décembre. Janvier et la première quinzaine de février 1669 s'étaient même écoulés sans qu'on en eût la moindre nouvelle. Nous n'avons pas besoin de dire les commentaires défavorables qu'il s'en était suivi. Dans les entours du roi et des directeurs, on s'était lamenté, chacun faisant la supposition que le vaisseau avait péri, et se demandant dès lors s'il était bien sensé de persister dans une entreprise où la fortune semblait s'être donné mission de déjouer tous les plans. Mais, dans le public, les conséquences avaient été des plus graves. On se regardait comme ayant été tellement trompé depuis le commencement, qu'on n'avait pas hésité à se dire que, jamais, il n'avait été question de l'envoi de ce navire, et que tout avait été inventé à plaisir, dans le but pur et simple d'abuser les actionnaires.

Pour avoir la mesure des tribulations et de l'état d'oppression véritable où Louis XIV avait vécu relativement à ce navire, il suffit de rapporter l'espèce de révolution qui se produisit en lui, lorsque, dans la deuxième quinzaine de février, on lui apprit que celui-ci venait d'entrer à Port-Louis. Il en eut la fièvre; une joie vraiment enfantine s'empara de lui.

Il osa si peu tout d'abord en croire ses oreilles, tant il avait été de fois déçu, qu'il voulut voir le commandant de ses propres yeux, et le questionner lui-même. Par ses ordres, on le fit venir à Versailles. L'émotion du roi fut telle au reste que, perdant la proportion des choses, où cependant il excellait, il fit présent à cet officier de son portrait, enrichi de diamants, absolument comme s'il se fût agi de le récompenser d'une action du plus haut éclat.

Ce commandant, qui avait assisté aux opérations de Caron aux Indes, était à même d'en parler *de visu*; et comme, d'autre part, il avait relâché à Fort-Dauphin, au mois de septembre précédent, il put en outre donner au roi, sur Montdevergue et son administration, les nouvelles les plus fraîches.

Est-ce que les renseignements fournis par lui sur Montdevergue contribuèrent à faire revenir Louis XIV à de tout autres sentiments touchant son vice-roi? Ne serait-ce point au contraire que la foi la plus entière dans le succès, qui s'empara alors derechef du roi, produisit chez lui une certaine détente, le rendant plus accessible à l'indulgence ou à l'esprit de justice? On ne saurait se prononcer à cet égard. Mais, ce que l'on sait, c'est que, par rapport à Montdevergue, sa volte-face fut complète. Dans la dépêche en date du 9 mars, qu'un des deux navires dont il avait été parlé dans l'assemblée de décembre, devait emporter à Fort-Dauphin, plus de raideur en effet, plus de colère, plus de sanglants reproches. Louis XIV semble y donner à entendre que, si les résultats n'ont pas encore répondu à l'attente, c'est la fortune seule qu'on en doit principalement accuser.

Monsieur de Montdevergue, lui disait-il effectivement dans le premier paragraphe de cette lettre, les premières lettres qui m'ont esté rendues de vostre part depuis vostre arrivée en l'isle Dauphine et les discours qu'avoit tenus celuy que vous en aviez chargé, avoient persuadé tous ceux qui avoient pris intérest dans la Compagnie des Indes orientales et presque mon royaume entier, que cette entreprise ne pouvoit réussir. Mais encores que par l'arrivée du vaisseau le *Saint-Jean*, chargé d'une assez bonne quantité de marchandises de Surate, cette opinion se soit dissipée, ceux qui, comme moy, ont pénétré les principales et plus considérables fautes qui ont été faites dans les commencements, ne laissent pas de douter toujours du succès, particulièrement si l'on y apporte promptement les remèdes convenables.

Cette dépêche se trouvant dans les documents réunis par Pierre Clément, nous ne croyons pas nécessaire de la reproduire *in extenso*, mais, une fois ce paragraphe écrit, plus la moindre récrimination. Louis XIV se contentait de refaire d'un tout autre ton sa lettre antérieure, et d'expliquer à Montdevergue ce qu'il attendait de lui, appuyant toutefois expressément sur la recommandation suivante, preuve qu'en dépit de tout, il songeait plus que jamais à la colonisation de Madagascar : « Je désire qu'aussy tost que vous aurez receu cette lettre, vous travailliez à faire les establissements de la baye Saint-Augustin et d'Anton-Gil, et tous les autres que vous estimerez pouvoir faire. »

Somme toute, il n'avait pas fallu davantage que l'arrivée de ce navire, pour effacer chez Louis XIV toutes ses déceptions passées et raviver plus que jamais ses espérances. Après ses entretiens avec le capitaine du *Saint-Jean*, il fut tellement persuadé que rien désormais ne clocherait plus, que, dès le mois suivant, il chargeait Colbert de s'occuper sans retard de l'organisation de l'escadre imposante qu'il voulait faire partir pour les Indes. C'est l'escadre dont de la Haye devait avoir le commandement.

Nous aurons à parler très longuement de cette escadre, qui fut la première que la France envoya dans l'Océan Indien, car c'est seulement par elle qu'il est possible de percer à jour la profondeur des desseins dont Louis XIV avait cherché à préparer la réalisation avec sa Compagnie des Indes orientales et sa colonisation de Madagascar. Pour l'instant, nous n'avons qu'à continuer l'histoire des tribulations qui s'acharnaient sur Louis XIV, en montrant combien le retour en grâce de Montdevergue devait être de peu de durée.

Le roi était encore, en effet, tout à la joie de l'arrivée du *Saint-Jean*, et des horizons lumineux qu'il lui avait ouverts ; et les actionnaires, croyant le commerce des Indes définitivement organisé, se berçaient encore de cette assurance, que les affaires de la Compagnie ne tarderaient pas à les conduire à la plus haute fortune, quand voilà que tout à coup des lettres sont apportées qui détruisent encore une fois tous les rêves. Elles venaient de Caron.

Sous des dehors modestes et pleins de réserve, Caron, l'un des deux directeurs de la Compagnie aux Indes, cachait un orgueil et une ambition incommensurables. Hollandais de naissance, ancien employé de la Compagnie hollandaise, au service de laquelle, en Chine et dans l'Inde, il avait été pendant 22 ans, cet homme n'admettait que les choses du commerce ; aussi était-il enclin de parti pris à un dédain qu'il ne cherchait pas assez à dissimuler, pour les militaires, les considérant comme de coûteux instruments d'exécution, et déclarant à chaque occasion qu'on devait, le plus possible, essayer de s'en passer. Caron avait rêvé pour lui, dans la Compagnie française, la situation qu'avait dans les Indes le gouverneur de la Compagnie hollandaise, c'est-à-dire que, n'ambitionnant pas seulement de diriger en maître toutes les affaires commerciales de la Compagnie, il prétendait commander en outre à toutes les forces de terre ou de mer que la métropole entretiendrait là-bas.

On pense comme de pareilles visées étaient de nature à s'harmoniser avec le tempérament de Montdevergue. Montdevergue, soldat de fortune et d'honneur, prêt à tous les sacrifices, de sa vie comme de ses biens, pour le service du roi ou de l'État, et qui naturellement devait tenir dans la plus piètre estime des hommes du genre de Caron, ne courant de dangers que derrière leurs comptoirs et travaillant beaucoup moins pour la gloire que pour l'argent. Il fallait évidemment s'attendre à ce que lui, dépositaire de l'autorité du roi et son lieutenant dans les Indes, homme de naissance et chef d'armée, fut peu d'humeur à se laisser subalterniser à un degré quelconque, par un de ces particuliers que, dans le langage de l'époque, on appelait dédaigneusement des marchands.

Par cette sorte d'intuition commune aux hommes d'action qui se font une loi sévère de la droiture, Montdevergue, au reste, éprouvait une méfiance insurmontable pour ce Hollandais passé au service de la France. On n'aurait jamais réussi à lui enlever de la tête qu'à la première occasion, Caron trahirait la France et le roi au profit de ses anciens compatriotes, contre lesquels il le savait après tout mieux que personne, la Compagnie française avait été fondée. Cette raison était cause qu'en ce qui concerne Caron, il vivait constamment sur ses gardes, exerçant une surveillance journalière sur sa conduite.

Disons de suite que l'avenir devait donner raison aux justes suspicions de Montdevergue. Mais en attendant, on conçoit les conflits et les heurts qui dans ces conditions devaient fatalement, un jour ou l'autre, se produire entre ces deux hommes.

L'autorité dont Caron jouissait dans les comptoirs des Indes était absolue, en ce sens que contre les marchands, sous-marchands, commis ou simples particuliers français, il avait le droit de prononcer tels jugements qu'il entendait, sans que les intéressés eussent d'autre recours, que devant le Conseil Souverain siégeant à Fort-Dauphin sous la présidence de Montdevergue.

Or, dès le principe, Caron avait affiché une prétention que Montdevergue, comme il fallait s'y attendre pour toutes sortes de raisons, avait taxée d'inadmissible; c'était que ses jugements fussent purement et simplement ratifiés par le Conseil Souverain. Montdevergue s'était imposé au contraire la règle de les faire examiner avec le plus grand soin. C'est de la sorte que plusieurs avaient été cassés, un surtout, auquel Caron tenait extrêmement, car il s'était agi pour lui de déshonorer et de faire éloigner des Indes un homme dont il redoutait les conseils ou la clairvoyance, et qu'il considérait comme son ennemi personnel. Nous voulons parler ici de ce qu'on a appelé à l'époque « l'affaire Marcara ». Non seulement Marcara avait été acquitté devant le Conseil Souverain, mais Montdevergue l'avait renvoyé aux Indes, avec l'ordre à Caron d'avoir à le réintégrer dans ses fonctions.

Cet incident avait mis le comble à la sourde irritation que celui-ci nourrissait contre Montdevergue, aussi avait-il décidé d'employer tous les moyens pour lui faire enlever sa vice-royauté. De là, les lettres dont nous venons de faire mention.

Dans ces lettres au roi et aux directeurs, Caron se

répandait en plaintes désespérées. Il s'étendait sur tout ce qu'il faisait aux Indes, sur les difficultés qu'il avait à y surmonter chaque jour, sur les succès en tous genres dont ses efforts étaient sur le point d'être couronnés, sur l'avenir merveilleux réservé à la Compagnie française. Mais, du même coup, Montdevergue y était présenté par lui comme occupé sans relâche à le taquiner, à le gêner, à diminuer son autorité et la considération dont il avait besoin. Énumérant ensuite l'un après l'autre tous ses griefs, il affirmait que s'il n'avait pas encore fait tout ce qu'il aurait pu, la faute en devait revenir à Montdevergue. Bref, il exposait que si Montdevergue n'était pas rappelé ou hautement blâmé, il fallait renoncer à organiser un commerce sérieux aux Indes. En terminant, il donnait à entendre que, quant à lui, s'il ne recevait pas satisfaction à ce sujet, il était décidé à donner sa démission.

On ne s'expliquerait jamais l'émoi que produisirent ces lettres, si l'on ne connaissait pas le cas que l'on faisait alors de Caron. Durant son séjour à Paris, Caron avait procédé avec une telle adresse, que le roi, que Colbert, que les directeurs, que les actionnaires, que le public tout entier, en un mot, s'étaient fait de lui la plus haute idée et la plus avantageuse. Tous le regardaient comme un homme de premier ordre. Tous étaient convaincus qu'avec son expérience, son savoir-faire, son activité, lui seul était de taille à mettre la Compagnie française sur le meilleur pied. Caron, d'autre part, représentait aux yeux des actionnaires le commerce des Indes, tandis que Montdevergue personnifiait plus spécialement la colonisation de l'île Dauphine. Puis, en somme, il n'y avait que Caron qui eût jusque-là donné des satisfactions. Le chargement du *Saint-Jean* avait effectivement enlevé tous les esprits.

On imagine en conséquence le *haro !* qui, de toutes parts, s'éleva contre Montdevergue à la lecture de ces lettres. Ce fut un *tolle* général. Non seulement on réclama la destitution de Montdevergue, mais les plaintes allèrent plus loin. Il n'y eut plus qu'un cri : il ne fallait s'occuper que du commerce des Indes et ne voir que lui ; il fallait en finir avec cette colonisation de Madagascar qui ne produirait jamais de revenus. L'irritation soudainement fut si grande et si universelle, que, pour calmer les actionnaires et les directeurs, et pour éviter des démissions qui auraient été la fin de la Compagnie, Louis XIV, impuissant à dominer la situation, dut amener pavillon. On eut beau donner à sa capitulation toutes les formes propres à ménager son orgueil, et dire par exemple que la Compagnie rétrocédait l'île Dauphine à sa Majesté et s'en dessaisissait, à son avantage, moyennant le prix d'un million, ce n'en fut pas moins le roi battu avec son idée de colonisation.

On comprend que, cette fois, la faute de Montdevergue ait été aux yeux de Louis XIV irrémissible, et que dans son esprit elle méritât un châtiment.

Bref! grâce à une surprise, Louis XIV fut vaincu. Les actionnaires de 1664 et de 1665 eurent leur revanche, et ce fût eux qui, finalement, triomphèrent, puisque cette colonisation de Madagascar que, depuis près de six années, le roi leur imposait, était rejetée, et que la Compagnie, comme ils l'avaient toujours voulu, ne devait plus avoir désormais qu'à se consacrer exclusivement au commerce des Indes.

Disons néanmoins que cette capitulation eut lieu de si mauvaise grâce, et que les directeurs eurent si peu de foi dans la durée de leur victoire, que, sans perdre de temps, ils avaient poussé leurs avantages jusqu'au bout. Dans une délibération d'ordre intérieur, ils décidèrent en effet que, dorénavant, les navires de la Compagnie allant aux Indes ou en revenant ne s'arrêteraient plus à Fort-Dauphin ou sur n'importe quel autre point de Madagascar, à moins de cas d'extrême nécessité. Leurs points de relâche devaient être l'île de France ou plutôt Bourbon. Ils avaient cherché ainsi à rompre tout lien entre l'île Dauphine et la Compagnie des Indes, et même à empêcher tout courant commercial ou d'émigration que les arrêts de leurs navires auraient pu, par la force des choses, créer et entretenir entre la grande île africaine et la France.

Ils avaient uniquement agi de la sorte, parce que, redoutant un retour offensif du roi, ils avaient senti qu'il n'avait abandonné son idée que dans l'espérance d'y revenir quelque jour. Et, en effet, on va le voir, c'est ce qui serait très certainement arrivé, si l'expédition de de La Haye, comme tout autorisait à le croire, avait abouti.

CINQUIÈME PARTIE

LE ROI ENVOIE UNE ESCADRE AUX INDES
CAUSES RÉELLES DE LA GUERRE DE HOLLANDE DE 1672
CHUTE DE LA COMPAGNIE DES INDES DE 1664.

I

Expédition de de la Haye. — Son importance. — Instructions qui lui furent données. — Causes véritables de la guerre de Hollande de 1672.

Pour que Louis XIV, sans y opposer un *volo* absolu, eût consenti à passer par les conditions de la Compagnie et à la décharger de la colonisation de Madagascar, on n'en doit pas conclure qu'il avait renoncé à ses projets. Jamais au contraire, ils ne lui avaient été plus chers. Mais c'est que, pris par ailleurs, il n'avait pas jugé opportun d'engager un différend avec les actionnaires et les directeurs. Lors donc qu'il avait acquiescé à l'abandon de cette colonisation par la Compagnie, il n'y avait eu de sa part qu'une concession toute temporaire aux nécessités du moment. Son motif vrai est qu'il avait besoin de toute son attention et de tout son temps, pour régler la marche d'une nouvelle pièce qu'il venait de faire avancer sur l'échiquier de sa politique. Mais on peut être sûr qu'il comptait bien reprendre la question plus tard, et dans des conditions telles, qu'il aurait le dernier mot.

Quelle était donc cette pièce nouvelle ? Nous en avons déjà parlé ; c'était l'escadre qu'envoyait Louis XIV aux Indes. La seule chose que, dans le public, on savait sur cette escadre, c'est que le roi tenait expressément à ce qu'elle eût une importance toute exceptionnelle. Quant à son but, on ne lui en supposait qu'un : celui de montrer, pour la première fois, le pavillon français dans la mer des Indes. Or, dans les calculs du roi, cette escadre avait au contraire à jouer là-bas un rôle politique des plus prépondérants, rôle que les instructions emportées au départ par son chef, laissent sans peine entrevoir, mais qui éclate dans toute sa grandeur, dès que l'on s'avise de rechercher ce qu'était la politique continentale poursuivie par le roi à ce moment-là.

On s'expliquera tout à l'heure que nous nous arrêtions ici quelques instants. On ne s'en repentira même point, car c'est avec cette escadre que se déchire le voile qui nous a dérobé jusque-là les vues de Louis XIV et l'objectif précis, positif, *prochain*, vers lequel il marchait avec sa colonisation quand même de l'île Dauphine.

C'était en septembre-octobre 1669 qu'était intervenu entre le roi et la Compagnie l'arrangement relatif à Madagascar. Mais bien que l'escadre, aux préparatifs de laquelle Colbert était chargé de veiller depuis le mois d'avril, ne dût quitter la France qu'à la fin de mars 1670, dès le mois de novembre, Louis XIV s'était mis à dresser les instructions destinées à celui qu'on avait choisi pour la commander, le sieur Jacob Blanquet de la Haye, alors gouverneur de Saint-Venant et colonel du régiment de la Fère.

Quelques mots d'abord sur la composition de cette escadre. Elle devait être de six vaisseaux, dont une frégate, de deux flûtes et d'un navire devant servir de magasin aux Indes, c'est-à-dire de ce que nous appellerions aujourd'hui un ponton : Le *Navarre* de 56 canons, le *Triomphe* de 38 canons, le *Julle* de 36, le *Bayonnais* de 34, le *Flamand* de 34, la *Diligente* ; les deux flûtes étaient l'*Indienne* et la *Sultane*, et le ponton, l'*Europe*, ayant ensemble 40 canons soit un total de 238 canons. Ses équipages s'élevaient à 2,100 hommes, et elle portait en outre 400 hommes d'élite et 30 officiers, formant quatre compagnies. Avec ces 400 hommes, plus 5 à 600 qu'il était autorisé en cas de besoin à prélever sur la flotte, et 100 qu'il lui était possible de s'adjoindre à Fort-Dauphin, de la Haye disposait de la sorte d'un corps de débarquement de 1,000 à 1,100 hommes, force relativement très imposante pour les Indes.

En ce qui a trait maintenant aux instructions, il n'y a qu'à en reproduire les grandes lignes et à les rapprocher des événements que Louis XIV préparait en Europe, pour en saisir toute l'importance, et pour comprendre ce que le roi attendait de l'expédition.

En quittant la France, de la Haye, comme première destination, avait l'île Dauphine ; il ne devait s'arrêter en route que pour relever certains points de la côte occidentale d'Afrique se trouvant sur son passage, notamment la baie de Saldaigne, un peu au-dessus de la colonie du Cap.

A l'île Dauphine où il lui était enjoint de ne pas séjourner plus d'un mois ou six semaines, trois choses étaient à faire par lui : 1° s'enquérir de la cause véritable des difficultés passées ; 2° étudier le moyen de donner un grand développement à la colonie ; 3° et enfin avant d'en partir, installer comme gouverneur en remplacement de Montdevergue, le sieur de Champmargou avec le sieur Lacase, comme major général.

Puis cela fait, il devait en toute hâte cingler vers Surate.

A Surate, ordre lui était donné de se mettre totalement à la disposition des directeurs de la Compagnie des Indes, qui avait dans cette ville son principal établissement, et de se concerter avec eux pour s'emparer de différentes positions des îles et du continent indien, où il avait été jugé que des comptoirs seraient merveilleusement placés.

Ces instructions, prévoyant le cas où dans ces entreprises des obstacles seraient suscités par les Hollandais ou les Anglais, disaient : « Sa Majesté estime que les six vaisseaux sont assez forts pour résister à toute puissance maritime qui pourroit s'opposer à son dessein. »

Elles statuaient également d'une façon formelle sur les rapports de de la Haye avec les directeurs. « Sa Majesté, y était-il dit, estime si nécessaire d'agir de concert avec les directeurs, et mesme d'exécuter tout ce qu'ils jugeront à propos, que quand mesme ledit sieur de la Haye connoistroit qu'il feroit mal, après leur avoir représenté ses raisons, Elle désire qu'il suive ponctuellement leurs sentiments. »

Enfin le roi lui ordonnait dans tous les lieux de la mer des Indes où il rencontrerait les Hollandais, qu'ils fussent forts ou faibles, d'exiger d'eux qu'ils lui rendissent son salut.

Une certaine quantité de voies étaient en outre convenues, pour qu'entre de la Haye et le roi, il pût y avoir un échange aussi rapide que fréquent de communications réciproques et de nouvelles.

Dans ses instructions, Louis XIV évaluait à 6 ou 7 mois le temps dont de la Haye devait avoir besoin pour se rendre à Surate, plus à 18 mois environ celui qu'il lui faudrait pour faire les établissements en question. Et il y était ajouté que la deuxième année, à courir du jour de son départ de France, il devait s'arranger pour être de retour à l'île Dauphine, où des instructions nouvelles et de nouvelles forces lui seraient envoyées [1].

---

1. Arch. col. du Min. de la mar. et des col. REGISTRES DES ORDRES DU ROY ET AUTRES INSTRUCTIONS POUR LES COMPAGNIES DES INDES ORIENTALES ET OCCIDENTALES DE FRANCE, 1er *registre* : instructions de de la Haye.

De la Haye ayant mis à la voile le 29 mars 1670, si l'on prend soin d'ajouter deux ans à cette date, les deux années qui devaient être employées à la première partie de ses opérations en attendant des instructions nouvelles, on est reporté au 29 mars 1672 date exacte, à quelques jours près, du commencement de la guerre de Hollande de 1672, qui, comme on le sait, fut déclarée le 5 avril de cette année. Ce rapprochement ne dirait peut-être pas grand'chose en lui-même, mais si l'on veut bien se rappeler que, de l'aveu de tous les historiens français et étrangers et en s'appuyant de tous les documents diplomatiques de l'époque, il a été et il est souverainement établi, qu'avant de déclarer cette guerre, Louis XIV travailla quatre années à gagner les cabinets d'Europe à sa cause et à isoler les Provinces Unies, eh ! bien, une chose de prime abord certaine, c'est que, d'une façon ou d'une autre, dans ses plans de politique d'ensemble, Louis XIV devait forcément faire fond sur l'action de l'escadre de de la Haye aux Indes, et, qu'avant de la faire partir, il avait dû, dans son esprit, lui assigner une coopération. Cette opinion, s'il en était besoin, serait corroborée sur l'heure par le soin tout particulier que le roi avait pris, d'organiser tout un système de correspondance, lui permettant, autant par la voie du Cap que par celle de la Syrie, d'être constamment en rapports avec de la Haye, lorsqu'il serait aux Indes.

Où l'on en trouve en tous cas la preuve la plus

convaincante, c'est dans des instructions complémentaires, datées du 20 juin 1671, c'est-à-dire de près d'une année avant la guerre, et que Louis XIV, d'ordinaire secret et fermé avec ses agents, crut nécessaire de faire passer à de la Haye pour s'ouvrir à lui de ses sentiments. Dans ces instructions, en effet, il lui recommandait de mettre les établissements qu'il avait fondés aux Indes en état de résister aux Hollandais, « parce que, disait-il, estant difficile que je puisse souffrir encore longtemps leur mauvaise conduite envers moi, je ne pourrai pas me dispenser de leur faire sentir, peut-être dans peu de temps, des effets de mon indignation [2] ».

Cela étant, en envoyant de la Haye aux Indes avec une aussi puissante escadre, quel aurait donc été, se demandera-t-on, le genre d'action ou de coopération que Louis XIV pensait en obtenir?

Nous n'avons pas l'intention sur ce point de faire autre chose que d'émettre une simple supposition, car, pour être traitée à fond, la question réclamerait une étude à part. Mais notre conviction, en raisonnant sur tous les faits, et en tenant surtout le plus grand compte de la passion qui, pendant tant d'années, persista chez Louis XIV pour cette affaire de la Compagnie des Indes, notre conviction, disons-nous, est

2. Arch. col. du Min. de la mar. et des col. REGISTRES DES ORDRES DU ROY ET AUTRES INSTRUCTIONS POUR LES COMPAGNIES DES INDES ORIENTALES ET OCCIDENTALES DE FRANCE. 1ᵉʳ *registre* : instructions de de la Haye.

que l'envoi de l'escadre de de la Haye dans les Indes livre enfin le secret des causes véritables, et encore ignorées, de la guerre de Hollande de 1672. Plus on y réfléchit en effet, et plus on est forcé de reconnaître que cette guerre n'a été en réalité qu'une diversion opérée en Europe pour faire réussir une expédition entreprise aux Indes, et dont l'objet, dans l'esprit de Louis XIV, était de nous rendre maîtres de ces contrées, en nous permettant d'y prendre la place des Hollandais.

Le rôle voulu pour de la Haye par Louis XIV aurait donc consisté à recueillir là-bas les lauriers que lui-même se proposait de couper sur le Rhin.

Nous maintenons d'autant plus cette opinion, qu'avec cette intention du roi de s'emparer des Indes et de leur commerce par des batailles en Europe, nous avons le pourquoi des particularités qui nous ont frappés jusqu'ici et qui autrement resteraient incompréhensibles. Avec ce projet dans l'esprit en effet, on comprend du premier coup et l'ingérence inconcevable de Louis XIV dans la Compagnie des Indes de 1664, et son idée fixe de lui faire rapidement coloniser Madagascar, et sa propension pour ainsi dire à ne voir que cette colonisation dans le commerce des Indes, et enfin sa volonté absolue d'avoir cette Compagnie dans sa main.

Si l'extension qu'il rêvait au début pour elle devait beaucoup moins provenir de l'activité et de l'initiative qu'elle déploierait dans les Indes, que de combinaisons politiques que lui-même avait le projet de machiner en Europe, n'était-il point naturel qu'il se fît de la Compagnie à créer une conception toute spéciale, sans rapport avec les autres Compagnies existantes ? Et quand nous l'avons vu commencer par la pensée de faire le commerce des Indes pour son propre compte, c'est qu'il avait évidemment alors le dessein de mettre la main sur celui que les Hollandais avaient organisé là-bas, commerce qui dépassait de beaucoup en puissance celui qu'y possédaient les autres nations d'Europe.

D'ailleurs ce ne sont pas seulement toutes ces particularités qui s'expliquent ainsi, mais encore la façon dont fut menée cette guerre de Hollande de 1672 qui dura six années, et en prévision de laquelle pendant quatre années consécutives, Louis XIV travailla pour obtenir d'avance la neutralité ou l'alliance des principaux états européens.

II

Examen et critique des causes attribuées jusqu'ici à la guerre de Hollande de 1672.

Qu'on l'ignore ou non, depuis deux siècles, la guerre de Hollande de 1672 constitue un problème historique devant lequel les historiens de tous les pays se sont successivement arrêtés, sans qu'aucun d'eux ait réussi à lui découvrir des causes que les autres aient acceptées.

Beaucoup ont soutenu et soutiennent encore, qu'elle ne fut au total qu'une guerre de tarifs. Comme les tarifs consentis naguère en faveur de la Hollande empêchaient les réglements et autres mesures économiques édictées par Colbert, de produire de bons effets, ils ont cru devoir en conclure, que cette guerre avait été entreprise en vue d'arriver à l'abolition de ces tarifs. Or, lorsqu'on se met à examiner cette hypothèse, tout de suite on voit qu'elle ne saurait résister à deux objections. La première se trouve dans les négociations poursuivies de longue main par Louis XIV avec les cabinets d'Europe, et dans les préparatifs matériels qui précédèrent la guerre, préparatifs et négociations dépassant évidemment le but spécial et des plus secondaires qu'il se serait agi, en ce cas, d'atteindre. Il est clair comme le jour que tout cet appareil devait, au contraire, cacher des desseins politiques d'une haute importance.

Quant à la deuxième objection, elle sera jugée encore plus concluante. Si cette question des tarifs avait été véritablement la cause de la guerre, une chose sûre, c'est que, lorsqu'on en arriva aux pourparlers relatifs à la paix, il en aurait été parlé. Eh! bien, loin de là. Nos plénipotentiaires à Nimègue gardèrent à cet égard le silence le plus absolu. Il nous aurait été assurément possible d'obtenir de ce côté tout ce qu'il nous aurait plu de demander ; nous ne demandâmes rien ; nous accordâmes au contraire à la Hollande toutes les concessions douanières qu'elle prit la peine de solliciter.

D'autres écrivains, et Mignet a incliné tout à fait dans ce sens, n'ont voulu voir dans l'origine de cette guerre qu'une préoccupation de conquêtes chez Louis XIV. On se souvient qu'à la mort de Philippe IV d'Espagne, Louis XIV se fondant sur « le droit de dévolution », avait élevé des prétentions du chef de sa femme sur plusieurs provinces des Pays-Bas espagnols, et qu'il avait été arrêté dans l'invasion de ces provinces, par une coalition européenne suscitée par les Hollandais. Or, comme le traité d'Aix-la-Chapelle qu'on lui imposa, ne l'avait fait renoncer à aucun de ces droits et qu'il avait lui-même déclaré qu'il les laissait provisoirement dormir, — à entendre ces historiens, quand il délara la guerre à la Hollande en 1672, Louis XIV aurait uniquement eu pour but d'écarter le gouvernement hollandais de son chemin, de manière à n'avoir plus rien à craindre de lui, lorsqu'il reprendrait ses revendications.

A première vue, cette opinion semblerait avoir les plus solides fondements; et cependant, si on la soumet à l'analyse, on constate du premier coup qu'elle ne repose sur rien de sérieux, et en tous cas qu'il est matériellement impossible de la faire concorder avec ce qui a été le fait capital de cette guerre.

Louis XIV en effet avait quitté Saint-Germain le 28 avril 1672 pour aller prendre le commandement de l'armée. Il avait passé le Rhin à la tête de ses troupes; rien ne lui résistait; il n'y avait pas une ville qui ne capitulât; en quelques semaines il était arrivé au cœur même des Provinces-Unies. Tout à coup pris de peur, se sentant isolés et incapables de soutenir la lutte, les États-Généraux dépêchent à Louis XIV des ambassadeurs pour lui demander la paix. Ces ambassadeurs lui offrent 10 millions de livres d'indemnité, plus toutes les villes et tout le territoire de ce qu'on appelait alors la *Généralité*. La possession de la *Généralité* plaçant la France entre les Provinces-Unies d'une part et les Pays-Bas espagnols de l'autre, en acceptant ces conditions, non seulement avec la *Généralité* nous avions une position de premier ordre contre la Hollande, mais par la même occasion, dans un temps donné, elle nous assurait tous les Pays-Bas espagnols, sans en excepter les provinces qui ne tombaient point sous le droit de dévolution ; puisque tous les Pays-Bas espagnols se seraient trouvés par le fait enclavés dans le royaume de France.

Or nous le demandons, si Louis XIV avait vraiment eu en vue des agrandissements territoriaux, est-il admissible qu'il n'aurait pas souscrit à de pareilles offres ? Nous ne le croyons point ; néanmoins il les repoussa.

Mais ce ne sont pas là les seules raisons qui aient été données à cette guerre. Michelet a également produit les siennes, qui sont d'un autre genre que celles que nous venons de discuter. Écoutons-le à ce propos dans son langage d'inspiré :

Quatre ans avant que la guerre éclatât (1668), le colérique Louvois, écrit-il, s'était emporté jusqu'à dire: « C'est un plan arrêté ; le Roi détruira la religion prétendue réformée partout où ses armes la rencontreront. » Il parlait devant des envoyés des protestants d'Allemagne.

En partant pour la guerre (1672), le roi dit froidement à peu près la même chose : « C'est une guerre religieuse. »

Mot grave qu'adoptera l'histoire.

Les longs circuits diplomatiques qui précèdent cette guerre peuvent faire illusion. Que cette guerre ait été politique et commerciale, cela est secondaire. C'est l'affaire des ministres. Elle fut dans la pensée suprême qui les menait une guerre de vengeance et de religion [1].

Il n'est malheureusement besoin que d'une simple objection pour venir à bout de toute l'éloquente argumentation de Michelet. C'est que les contemporains sont cent fois meilleurs juges que la postérité des sentiments véritables qui ont pu donner lieu aux événements historiques dont ils ont été témoins. Or, si cette guerre de 1672 avait été une guerre religieuse, une croisade contre les protestants, n'est-il pas de la dernière évidence qu'elle aurait été vue du plus mauvais œil par les protestants du royaume et par ceux du dehors, et que tous auraient témoigné de l'hostilité à Louis XIV ? Eh bien ! il se trouve au contraire que de toutes les guerres de Louis XIV, celle de 1672 contre la Hollande, a été la plus populaire chez les protestants français, et que la plupart ont réclamé l'honneur d'y combattre. Il est, d'autre part, notoire que les alliés les plus fidèles de Louis XIV contre les Hollandais, ont été justement les pays protestants.

Si nous prenons maintenant Henri Martin, avec

---

1. Michelet : *Histoire de France*, tome XIII*, page 154.

lui c'est une autre affaire. Tout en reconnaissant que le roi éprouvait une antipathie profonde pour ce petit pays de Hollande, à la fois protestant et républicain, qui tenait dans les affaires d'Europe une place disproportionnée avec sa puissance continentale, et tout en convenant que cela ne dut pas être étranger à ses déterminations, il raconte qu'à son sens cette guerre fut surtout causée par de terribles froissements d'orgueil. Et, à ce propos, il réédite la vieille histoire de ces prétendues médailles frappées en Hollande en commémoration de la paix d'Aix-la-Chapelle, médailles dans l'une desquelles l'ambassadeur hollandais Van Beuninghen était représenté dans l'attitude de Josué arrêtant le soleil, et prononçant ces mots : *In conspectu meo stetit sol.*

Nous ferons d'autant moins l'injure à Louis XIV de lui prêter des mobiles aussi mesquins, que ces médailles n'ont jamais existé, que Louis XIV le savait fort bien, et que, d'ailleurs, Van Beuninghen protesta publiquement dès qu'il eut connaissance du bruit qu'on avait répandu à ce sujet.

On aura beau dire ou beau faire, aucune des raisons invoquées comme ayant été la cause de la guerre de 1672, ne saurait supporter l'examen des faits. La seule qui explique tout et contre laquelle aucune objection ne se peut élever, c'est, nous le répétons, le dessein qu'avait alors le roi d'écraser la Hollande en Europe, pour lui enlever son commerce et ses possessions des Indes. Viendra-t-on nous dire **que** cette question était minime et qu'elle n'aurait jamais décidé le roi à un pareil effort ? Peut-être qu'auparavant on aurait pu faire une pareille réponse, mais après tous les documents que nous avons produits dans ce travail, et quand on sait, à n'en plus douter, quelle importance, au contraire, Louis XIV attachait à cette question, nous ne croyons pas qu'il se trouverait un critique pour nous l'opposer.

Un argument en apparence assez plausible pourrait cependant nous être objecté, c'est que si vraiment telle avait été la pensée de Louis XIV dans la guerre de Hollande, rien ne l'aurait obligé à la céler, et que dès lors elle aurait été connue. Eh bien ! de ce côté, la réponse que l'on peut faire est des plus aisées. Nous en emprunterons les éléments aux documents dont Mignet s'est servi pour son grand ouvrage, les *Négociations relatives à la succession d'Espagne*.

Louis XIV, avons-nous dit, négocia pendant quatre années avec toutes les cours pour isoler la Hollande. Mais il y eut une cour avec laquelle il se donna surtout de la peine pour une alliance, c'est celle d'Angleterre. Il allait jusqu'à employer, comme intermédiaire, la sœur de Charles II, mariée au duc d'Orléans, cette Henriette d'Angleterre immortalisée par le beau cri de Bossuet : *Madame se meurt ! Madame est morte !* Et c'est grâce à son aide, qu'il s'efforçait de peser sur le roi de la Grande-Bretagne afin de le décider à un traité. Charles II, quoique consentant au fond, éprouvait des hésitations. Or, voici l'extrait d'une lettre que, le 8 septembre 1668, il adressa à sa sœur à ce sujet [1] :

Mes dispositions sont toujours les mêmes et j'espère finir par arriver en tout à ce que je veux. Mais il y a sur la route deux empêchemens dont le moindre résultat est de retarder les effets de la bonne envie qu'auroient les deux parties d'en venir à une union parfaite. Le premier est le grand soin que l'on se donne maintenant en France pour se créer un commerce et pour être une puissance maritime imposante ; c'est un si grand sujet d'ombrage pour nous qui ne pouvons avoir d'importance que par notre commerce et par nos forces de mer, que chaque pas que la France fera dans cette voie perpétuera la jalousie entre les deux nations. Ce sera un grand obstacle à l'établissement de relations tout à fait amicales, et vous ne pouvez vous refuser à croire qu'il sera très dangereux pour moi de faire ici un pacte d'union absolue avec la France, jusqu'à ce que le premier de nos intérêts, c'est-à-dire celui de notre commerce, ait été garanti.

D'autre part, page 60, nous trouvons une lettre de Louis XIV (26 décembre 1668) à son ambassadeur à Londres, dont l'extrait suivant sera certainement jugé encore plus explicite :

Si les Anglais comme Buckingham vous l'a dit, écrit en effet Louis XIV, vouloient se contenter d'être les plus grands marchands de l'Europe et me laisser pour mon partage ce que je pourrois conquérir dans une juste guerre, rien ne seroit si aisé de nous accommoder ensemble, ni rien

---

1. Mignet : *Négociations relatives à la succession d'Espagne*, 3e volume, page 50.

de si facile exécution que la première de ces deux choses-là, étant indubitable que si nous étions bien unis sur le fait du commerce, on détruiroit en moins de huit ou dix ans de temps celui des Hollandais, dont il est constant aussi que plus des trois quarts passeroient à l'avantage des Anglais et moins du quart seulement à mes sujets qui n'ont pas le quart du nombre des vaisseaux marchands qu'ont les Anglais.

Avec deux témoignages émanant d'aussi haut, n'est-il pas de la dernière évidence que si Louis XIV n'avait pas eu la prudence de dissimuler ses intentions, jamais le traité d'alliance qu'il convoitait n'aurait été signé, et que Charles II, au contraire, forcé par son peuple, aurait été obligé de se déclarer contre nous ?

Quelque étrange que cela paraisse, lorsque Louis XIV effectuait ce passage du Rhin si emphatiquement chanté par Boileau, et que comme dans une féérie, il voyait l'une après l'autre s'ouvrir devant lui les places les plus fortes, qu'on n'aille pas croire qu'il visait à étendre son royaume dans le Nord, à se venger d'épigrammes ridicules, à faire de la propagande religieuse, ou à permettre à ses industries de ne pas succomber sous la concurrence des Provinces-Unies. Non. Ce à quoi il songeait au-dessus de tout, c'était uniquement à prendre un pied sérieux aux Indes et à s'y substituer aux Hollandais. Qui sait même si, dans les nuits passées au bivouac, il ne s'endormit pas quelquefois avec l'espérance, le lendemain matin, de recevoir la nouvelle de quelque grand fait d'armes, accompli par son escadre dans l'extrême Orient.

Sans doute, on pourrait nous dire qu'au traité de Nimègue, il ne fut en rien question de tout cela. Tout le monde le sait. Mais il en fut malheureusement ainsi, parce que la partie avait été totalement perdue aux Indes, que nous étions allés là-bas d'échec en échec, et que tout s'était trouvé compromis par l'insuffisance de l'homme, à qui Louis XIV avait confié le commandement de l'expédition.

Pour en finir donc avec cette digression, quand, à la fin de 1669, Louis XIV avait plié devant les exigences des directeurs de la Compagnie touchant la colonisation de Madagascar, on devine de soi-même avec quelles restrictions mentales il avait dû le faire. Il était alors tout entier à cette escadre, dont il surveillait les préparatifs. Mais le fait même du coup qu'il méditait de porter là-bas, impliquait, dans un moment donné, la nécessité, et la nécessité plus absolue que jamais, de la colonisation de Madagascar. Car il est clair, si le coup avait réussi, qu'il n'y aurait eu qu'avec l'île Dauphine peuplée de Français, et avec un point intermédiaire fortifié comme la baie de Saldaigne, qu'il lui aurait été possible de défendre son commerce et son empire des Indes contre toute agression des autres pays d'Europe.

Il va en conséquence de soi qu'il aurait imposé de nouveau cette colonisation à la Compagnie. Mais en attendant, il entendait si peu que les résultats déjà acquis par Montdevergue fussent perdus, que les ordres les plus positifs avaient été donnés sur ce point à de la Haye.

Arrivons maintenant à ce que de la Haye fit à Madagascar et aux Indes, car il n'y a qu'avec le récit de ses faits et gestes dans ces contrées, que notre étude sur la Compagnie des Indes de 1664 sera complète.

III

Caractère de de la Haye. — Son arrivée à Fort-Dauphin. — Sa conduite impolitique provoque une insurrection des naturels.

Si Louis XIV avait été bien inspiré, de la Haye aurait été le dernier homme qu'il eût choisi pour l'accomplissement de ce qu'il avait projeté tant à Madagascar qu'aux Indes. On commettrait une injustice impardonnable, si l'on prétendait qu'il manquât de courage personnel ou de persévérance. Sous ce rapport au contraire il était partagé comme pas un, et il aurait été difficile de trouver un soldat plus capable que lui d'exécuter sans hésitation les ordres les plus périlleux. Il est même probable que ce fut à cause de ces qualités, que Louis XIV jeta les yeux sur lui. Car il avait senti qu'il avait besoin là-bas d'un homme de fer, d'une énergie indomptable, sur l'intégrité et l'obéissance duquel il pût absolument compter.

Mais si ces raisons lui avaient fait donner la préférence à de la Haye, il y avait une chose dont Louis XIV ne semblait pas s'être douté, c'est qu'une expédition semblable à celle dont il s'agissait, réclamait au même degré chez son chef une grande initiative, du tact, un esprit politique délié, une adresse extrême, et une intelligence complète des hommes et des choses. Or, sous ce rapport de la Haye était malheureusement l'homme le plus dépourvu. A idées étroites et absolues, brutal, d'un autoritarisme révoltant, beaucoup plus préoccupé de plier les hommes sous sa volonté que de les mettre en œuvre, il ne comprenait que la discipline et l'obéissance passive. Aussi était-il insupportable à ses subordonnés qu'il jetait hors des gonds, et dont il neutralisait par ses procédés l'activité, le zèle et le bon vouloir. D'autre part, en ce qui concerne les aborigènes des contrées où il avait à opérer, les atermoiements calculés, la douceur, la patience, la diplomatie qui pour tous les hommes d'expérience y étaient indispensables, tout cela constituait à ses yeux des faiblesses indignes et déshonorantes. Il n'admettait dans les relations à avoir avec eux que le sabre et l'écrasement.

Il n'est pas besoin de démontrer combien il est imprudent de confier des commandements lointains, et sans contrôle immédiat, à des individualités de ce tempérament. Il avait poussé les choses si loin avec les officiers placés sous ses ordres, qu'au bout de quelques mois, tous sans exception avaient rédigé et signé une plainte collective au roi. A ces simples traits, on se rend compte du peu de chance qu'il avait de réussir en matière de traités commerciaux, de colonisation ou de politique dans les pays où il était envoyé. Il n'y a donc pas lieu d'être surpris qu'il ait tout compromis et tout perdu à l'île Dauphine comme aux Indes, et tout compromis et perdu irrémédiablement.

Si l'on calcule que de la Haye avait pris la mer à Rochefort le 29 mars 1670, d'après les prévisions du roi, ç'aurait été en août qu'il eût dû mouiller à Fort-Dauphin. Mais la mauvaise fortune qui allait encore s'ajouter à de la Haye dans toute cette expédition, s'était, comme du temps de Montdevergue, mise à la traverse. Des coups de vent, des calmes, des vaisseaux en mauvais état et qu'il avait fallu réparer en chemin, tous ces accidents dont on n'avait pas tenu compte, avaient été cause que les premiers navires de l'escadre n'arrivèrent à Madagascar que le 23 novembre. C'était donc déjà plus de neuf mois que le voyage avait coûtés.

Mais voyons d'abord où en étaient alors les choses à l'île Dauphine.

Après les dépêches pessimistes qui avaient détruit les combinaisons de Louis XIV en 1668, le vice-roi, sans se douter du mal qu'il avait fait à Paris, avait continué à Madagascar sa politique de pacification et de colonisation. La paix entre les indigènes et les Français s'était, grâce à lui, de plus en plus consolidée. Les cultures avaient atteint une extension remarquable. De vastes « habitations » exploitées par des Français, avaient été fondées dans toute l'étendue de la contrée d'Anossy. La colonie était désormais en état de se suffire largement à elle-même. Bref, on pouvait considérer le centre de colonisation de Fort-Dauphin comme définitivement créé.

Telle était la situation, lorsque le 2 octobre 1669 le navire le *Saint-Paul*, qui apportait les paquets du roi destinés à Montdevergue et à de Faye, était entré au port.

A la lecture de la lettre fulminante de Louis XIV, la stupéfaction de Montdevergne avait été à son comble. Il avait déviné sur l'heure que Caron ou d'Épinay, procureur général au Conseil Souverain, et le correspondant de Caron à Fort-Dauphin, devaient être pour tout dans la colère et les mauvaises dispositions que lui marquait le roi. Aussi n'avait-il pas hésité à les accuser hautement d'avoir envoyé contre lui d'abominables dénonciations. Son irritation était d'autant plus violente qu'il avait la conscience plus tranquille. Il fallait donc s'attendre à ce qu'il essayât de tirer d'eux quelque vengeance exemplaire, quand d'Épinay, qui avait ouvert les paquets adressés à la Faye dont la mort était survenue quelques mois auparavant à Surate, jugea prudent de prendre les devants et de couper court à tout, en usant des pouvoirs envoyés par Louis XIV, c'est-à-dire en nommant Champmargou à la place de Montdevergue, avec le titre de lieutenant général du roi à l'île Dauphine et de commandant des troupes.

Devant un pareil acte d'autorité, Montdevergue n'avait naturellement eu qu'à s'incliner. Mais il n'en était pas moins resté à Fort-Dauphin comme simple particulier, attendant une occasion qui lui permît de retourner en France, et de s'y justifier.

Cela avait duré jusqu'à la fin de janvier 1670. Or, à ce moment, étaient arrivés les deux vaisseaux partis de France en 1669, vaisseaux, on se le rappelle, qui portaient à Montdevergue des lettres toutes différentes de celles que Louis XIV lui avait fait parvenir par le *Saint-Paul*. Ces lettres et ces paquets lui étaient adressés comme si, pour le roi et la Compagnie, il n'avait pas un seul instant cessé d'être le gouverneur de l'île Dauphine, et comme s'il n'avait jamais été question de le destituer.

On devine avec quelle joie Montdevergue lut ces lettres qui lui permettaient de confondre ses ennemis. Il n'eut rien de plus pressé que de les communiquer à Champmargou, aux officiers des troupes, aux membres du Conseil Souverain, aux notables de l'île; puis, ayant solennellement réuni la colonie le 13 février, avec l'assentiment de tous, il reprit le commandement en chef de Fort-Dauphin, Champmargou, qui d'ailleurs lui avait toujours donné raison en tout, restant comme précédemment son lieutenant.

Cette rentrée dans ses fonctions n'avait été toutefois pour Montdevergue qu'une satisfaction qu'il avait tenu à se donner. Mais il ne s'était pas illusionné. Il avait senti qu'en France, il devait être en butte à des imputations et à des calomnies, dont il était de son intérêt de se laver au plus vite. Aussi toute son autorité de gouverneur l'employa-t-il dès lors à faire disposer un navire, et le 15 avril il s'y embarquait pour la France, emmenant avec lui Lacase dont la réputation était arrivée jusqu'au roi et aux directeurs, et qu'il s'était proposé de produire devant eux comme témoin de sa conduite, comme garant de l'exactitude de tous les renseignements qu'il aurait à donner.

Mais, par un malheur singulier, il avait été impossible à Montdevergue de doubler le cap de Bonne-Espérance, en sorte qu'après un mois et demi d'absence, force lui fut de revenir à Fort-Dauphin dont il avait repris le gouvernement.

Voilà où en étaient les affaires, au moment où de la Haye vint mouiller en face de Fort-Dauphin.

Nous passons sur la surprise que causèrent à la première heure dans toute la colonie l'arrivée d'une pareille escadre, et surtout la nouvelle que la Compagnie avait abandonné Madagascar, et que cette escadre venait en prendre possession au nom du roi.

Où la surprise cependant fit place à une indicible stupéfaction, c'est quand on vit la façon d'agir de de la Haye.

De la Haye avait calculé que l'acte de la prise de possession de l'île Dauphine au nom et pour le compte du roi, devait être accompli dans un appareil imposant, capable de produire une impression aussi profonde qu'éternelle sur les imaginations. A cet effet, afin de laisser à Montdevergue averti, le temps de tout préparer en conséquence, il différa son débarquement de onze jours. On avait convoqué tous les Français disséminés sur les côtes de l'île ou dans les terres ; nos alliés indigènes avaient également été invités. Et ce fut avec un cérémonial réglé, comme s'il s'était agi de la représentation d'un opéra, que la reconnaissance de de la Haye comme gouverneur, la vérification de ses pouvoirs et la prise de possession de Madagascar au nom et pour le compte du roi de France, eurent lieu le 4 décembre 1670.

Ces formalités remplies, de la Haye s'occupa de ce dont ses instructions le chargeaient au sujet de l'île Dauphine. Il y avait urgence, puisqu'il n'y devait pas séjourner plus d'un mois ou de six semaines.

L'extrait suivant fera connaître les intentions du roi à cet égard, et ce qu'il attendait par conséquent de de la Haye :

Le sieur de la Haye, disaient les instructions de ce dernier, se fera rendre compte de toutes les causes de la misère que les François qui ont passé dans l'isle Dauphine ont soufferte, et donnera promptement des ordres sur tout ce qu'il estimera debvoir estre observé pour le bien, l'advantage et la conservation de cette colonie. Et comme Sa Majesté se remet à sa prudence sur tout ce qu'il estimera nécessaire de faire pour parvenir à la fin qu'Elle s'est proposée dans son establissement, il suffit seulement de luy dire que l'intention de Sa Majesté est de donner un establissement solide à une colonie, divisée en deux ou trois endroits principaux de ladite isle, qui puisse par la culture de la terre et par les accommodements nécessaires à la vie donner lieu à y envoyer tous les ans quelque nombre d'hommes pour la fortifier, et mesmes que le bon estat ou la commodité et l'abondance de cette colonie puissent devenir telles en peu de temps que les sujets de Sa Majesté y passent volontairement pour s'y habituer, et que par succession de temps à proportion de la force et du nombre d'hommes qui s'y trouvera, Sa Majesté puisse prendre ses advantages pour se rendre maistre de ladite isle, civiliser les naturels et les instruire à la Foy catholique.

On voit combien Louis XIV persistait à tenir à la colonisation de Madagascar, et avec quel soin il la recommandait à de la Haye. On saura dans quelques instants de quelle façon celui-ci allait répondre à ses vœux.

De la Haye commença par l'enquête qu'on lui avait commandée. Montdevergue, Champmargou, Lacase, les membres du Conseil Souverain, les officiers, tous ceux qu'il jugea bon de faire venir, pour avoir des renseignements, furent interrogés par lui avec une morgue, une raideur, un ton de brutalité, qui décontenançaient tout le monde. On eût dit qu'ils étaient autant d'accusés. Chacun était tenu par lui en suspicion. Il ne sortait de sa bouche que des paroles de blâme et de mépris pour tout ce qu'on avait fait jusque-là, il ne montrait qu'un dédain moqueur pour tous les résultats obtenus. Bref, en quelques jours, il arriva à semer le plus profond découragement partout. Il y avait une chose surtout qui le mettait hors de lui et provoquait ses sarcasmes. C'est la douceur et les ménagements qu'on avait employés et dont on continuait encore à user envers les indigènes. A ses yeux, c'était une lâcheté pure et simple, c'était cette lâcheté qui avait été la cause de toutes les difficultés passées. Aussi, afin de joindre l'exemple aux préceptes, avait-il littéralement pris à tâche d'accabler de mépris et de vexations les chefs indigènes ayant l'habitude de venir en visite à Fort-Dauphin.

On se rappelle que Montdevergue avait transformé un certain nombre de ces chefs en princes et ducs, relevant directement de la Compagnie. Or, le suzerain ayant changé, il fallait, pour la régularité, qu'un nouvel hommage fût prêté. Le 15 décembre avait été fixé pour la prestation de leur serment.

Quoiqu'ils eussent été rendus inquiets par l'allure brusque et hautaine et par le peu de considération de de la Haye à leur égard, tous les chefs cependant se présentèrent, sauf un seul, Dian-Ramoussaye qui s'était fait excuser, se disant malade.

Quand bien même ce prétexte eût été mensonger, ce qui n'est pas certain, tout aurait commandé à un gouverneur doué d'un peu d'intelligence politique, de s'en contenter, du moins provisoirement: la puissance de Dian-Ramoussaye, son autorité auprès des indigènes, la nécessité de ne pas troubler la paix, puis enfin la saison, puisqu'on était dans la deuxième quinzaine de décembre, c'est-à-dire en plein hivernage. Ç'avait été l'opinion de Montdevergue, de Champmargou, de Lacase, de tout le monde. Mais de la Haye, ne voulut entendre à rien. Il tenait, disait-il, avant son départ pour les Indes, à leur bien montrer de quelle façon il fallait se conduire avec des sauvages. Il déclara en conséquence qu'en ne se présentant point pour rendre hommage, Dian-Ramoussaye s'était mis en état de rébellion, et, le 2 janvier 1671, il marchait contre lui à la tête de « 700 François et de 600 Madascarrois ». C'était insensé, mais malheureusement tout devait finir au tragique.

Dian-Ramoussaye s'était retiré, à trois jours de marche, dans une position escarpée. De la Haye, l'ayant rejoint, enleva bien la position, mais il ne put réussir à mettre la main ni sur Dian-Ramoussaye, ni sur sa petite troupe, qui étaient allés se retrancher plus loin. Il aurait fallu les poursuivre, car avec les sauvages mieux vaut ne rien faire que de se retirer sans avoir eu le dernier mot; mais de la Haye avait si mal pris ses mesures que les vivres manquaient. Une inondation, des pluies diluviennes, un soleil de feu, puis le mécontentement qui gagna tous les soldats à la vue de la faute qu'on venait de commettre, tout cela joint ensemble obligea de la Haye à rentrer à Fort-Dauphin, ramenant avec lui un grand nombre de malades. Ce mouvement de retraite qui pour les indigènes avait déjà toutes les apparences d'une sanglante défaite, s'opéra comme une vraie débandade.

Il n'est pas besoin de parler des conséquences que devait avoir auprès des peuplades un semblable échec. Le prestige de Dian-Ramoussaye s'en augmenta considérablement du jour au lendemain. Et, comme il était actif, il s'en prévalut sur-le-champ pour travailler nos alliés et les mettre de son côté. Il leur rappela l'administration de Pronis, de Flacourt, les entreprises religieuses du P. Étienne. Tout cela s'était passé depuis moins de trente ans. Il leur fit entendre que les Lacase, les Champmargou et les Montdevergue dont on n'avait jamais eu qu'à se louer, avaient simplement été envoyés pour endormir la vigilance des indigènes, et dans le but de préparer les voies à des de la Haye, dont le dessein manifeste était de s'emparer de l'île et d'en réduire tous les habitants en esclavage. Malheureusement, tout dans la conduite de de la Haye justifiait ce que Dian-Ramoussaye pouvait dire dans ce sens. Ses dernières paroles étaient même corroborées par l'ordre qu'avant de partir contre lui, de la Haye avait maladroitement adressé à nos alliés les plus vieux et les plus fidèles, leur enjoignant d'avoir à rapporter au Fort toutes les armes à feu dont ils étaient détenteurs.

Il en résulta que ceux de nos alliés qui ne prirent pas ouvertement les armes contre nous, se retirèrent dans leurs cantons. C'était une insurrection générale qui était allumée. Et ce long et pénible travail de pacification, qui avait coûté tant de mal à Montdevergue, par la faute d'un homme inconsidéré, se trouvait pour ainsi dire entièrement à recommencer.

IV

Montdevergue, de retour en France, est arrêté et meurt en prison. — De la Haye, ne pouvant venir à bout de l'insurrection des indigènes, abandonne la colonie de Fort-Dauphin, sans moyens de défense.

En voyant cette retraite dont les résultats pouvaient être si graves auprès des indigènes, ç'avait été une huée universelle parmi tous ces braves gens de la colonie de Fort-Dauphin et des environs, dont les tribulations, les misères et les peines étaient naguère encore si grandes. Ils n'admettaient nullement que le fruit de tous leurs efforts fût en danger d'être perdu par l'incapacité d'un homme, fût-il gouverneur, sottement infatué de lui-même et de son autorité, et qui n'avait voulu écouter les conseils de personne.

Pour de la Haye, on imagine aisément son état de trouble et sa colère. Sa conduite avait été tout à l'opposé de ses instructions, et avait entraîné des conséquences absolument contraires à celles que le roi voulait. Puis son amour-propre et sa dignité étaient cruellement offensés. Quel visage faire devant ses subordonnés, devant ces hommes dont il avait fait fi de l'expérience, et qui lui avaient tout prédit ?

Dans ces conjonctures, une infamie odieuse fut ourdie ! Qui en doit-on accuser ? De la Haye, ou bien d'Épinay, le procureur général du Conseil Souverain de Fort-Dauphin, qui nourrissait pour Montdevergue une haine au moins égale à celle que lui avait vouée Caron ? Il serait impossible de le dire. Mais voici ce qui eut lieu :

On était alors dans la deuxième quinzaine de janvier, et Montdevergue que rien ne retenait plus à Fort-Dauphin avait pris ses dispositions pour s'embarquer sur la *Marie*, un navire de la Compagnie en ce moment en rade, retour des Indes et qui devait rentrer en France. De la Haye, redoutant que Montdevergue informât le roi des périls dans lesquels se trouvait présentement la colonie, et de l'homme qui en était cause, se proposa-t-il de le perdre pour n'avoir pas à craindre ses rapports ? D'Épinay qui ne relevait plus de Montdevergue, puisque Montdevergue n'était plus rien, voulut-il, au moyen de quelque venimeuse délation destinée à lui susciter en France les plus cruels embarras, se venger de ses duretés passées comme président du Conseil Souverain ? La seule chose que l'on sache à la décharge de de la Haye, c'est qu'à la date du 11 février 1672, c'est-à-dire onze ou douze mois après l'événement dont nous allons parler, Louis XIV se plaignait vivement de n'avoir encore reçu aucune lettre de lui depuis son passage aux Canaries. Si de la Haye est le coupable, il y aurait donc là une preuve qu'il n'a pas agi directement. Rien ne démontrerait cependant qu'il n'eût point poussé d'Épinay.

En tous cas, le 9 février 1671, en même temps que Montdevergue s'embarquait sur la *Marie*, montaient avec lui et sans qu'il en eût le moindre soupçon, quatre sergents chargés de le surveiller pendant le voyage, et une fois en France de le faire mettre en état d'arrestation. On leur avait même confié un paquet avec ordre, durant l'arrêt que la *Marie* devait faire au Cap, de l'expédier en France par le navire qu'ils supposeraient susceptible d'y aborder avant eux. On suppose ce que ce paquet renfermait, quand on saura qu'à la fin de juillet, en mettant pied à terre à Port-Louis, Montdevergue était sur le champ appréhendé au corps sur une lettre de cachet venue de Versailles, et transféré au château-fort de Saumur où il était mis au plus étroit secret. Tous ses papiers avaient été en même temps saisis. Et il lui était expressément interdit de le laisser communiquer avec âme qui vive.

Étant donné l'époque, on se doute de ce qu'il dut advenir dans ces conditions de Montdevergue.

Il ne lui était guère possible de compter sur les sympathies de jadis ou le bon vouloir ordinaire de Louis XIV. Quand bien même Louis XIV aurait encore été bien disposé en sa faveur, il lui eût été bien difficile d'oublier les embarras effroyables où il était convaincu d'avoir été mis par sa faute, en 1668 et en 1669. Qui sait, d'autre part, vu son idée de plus en plus persistante de coloniser l'Ile Dauphine, s'il ne devait pas alors considérer comme une bonne fortune d'avoir sous la main quelqu'un qu'il pût rendre hautement responsable des échecs éprouvés? Car c'était de la sorte une façon indirecte de déclarer que l'entreprise, excellente en soi, n'avait avorté que par l'exécution. D'ailleurs, il pourrait très bien se faire qu'on se fût arrangé pour laisser croire au roi que la révolte provoquée par l'incurie de de la Haye, avait été au contraire une œuvre tortueuse de Montdevergue, voulant donner libre cours à son dépit.

Or si Montdevergue n'avait rien à espérer de Louis XIV, il était encore moins en droit de faire le plus léger fond sur la Compagnie. En s'abstenant de protéger l'ancien gouverneur de l'île Dauphine, et même en excitant à des poursuites contre lui, n'était-ce point pour elle prendre le parti de ses agents aux Indes, et notamment de ce Caron dont elle attendait sa prospérité? Au surplus, comme nous avons déjà eu sujet de le dire, Montdevergue personnifiait à ses yeux la colonisation de Madagascar et l'intrusion de

Louis XIV dans les affaires des actionnaires ; il offrait donc une occasion détournée de dauber sur le roi et sur cette idée de colonisation.

Aussi arriva-t-il que, sans appui, sans secours, sans personne pour s'intéresser à lui, livré au farouche procureur tout spécialement depêché de Versailles, après sept mois de la captivité la plus dure, Montdevergue mourut subitement dans la prison du château de Saumur, le 23 janvier 1672, sans que sa mort ait paru avoir causé le moindre bruit. C'est encore un nom que les historiens devront ajouter à ceux de Dupleix et de Montcalm.

Bien cependant que cette infâme machination eût empêché le roi d'être exactement renseigné sur les fautes de de la Haye à Fort-Dauphin, la guerre n'en existait pas moins là-bas, et naturellement de la Haye, quoique malade, ne voulait pas partir avant sa fin.

Or, bien loin de finir, elle ne faisait que s'envenimer. Chaque jour en effet les dispositions des chefs, qui ne s'étaient pas encore prononcés contre nous, devenaient plus mauvaises ; et pour l'audace des autres, elle allait chaque jour augmentant.

Dans cette circonstance critique, de la Haye consentit enfin à prendre avis de Champmargou et de Lacase, qu'il avait été forcé de nommer, comme ses instructions le lui commandaient, l'un lieutenant-général, l'autre major-général de l'île Dauphine.

Ils lui donnèrent le conseil de s'éloigner pour quelque temps, lui ayant fait observer que sa présence à Fort-Dauphin entretenait la méfiance des indigènes, et que tant qu'ils le sauraient là, il serait impossible d'essayer de reprendre sur eux l'ancienne autorité. Voyant qu'il n'avait qu'à obéir, de la Haye dispersa son escadre ; il envoya deux de ses navires explorer la baie Saint-Augustin et la côte occidentale de l'île, tandis que deux autres se rendaient à la baie d'Antongil et à Sainte-Marie ; et luimême, avec le reste, mit à voile, le 14 avril 1671, pour l'île Bourbon, où on lui avait dit qu'il se guérirait de la fièvre dont il souffrait.

C'est deux mois seulement après, et tout à fait rétabli, que de la Haye revint à Fort-Dauphin. Il s'était bercé de l'espoir que, durant cette absence, Champmargou et Lacase auraient arrangé les affaires. Mais la guerre, au contraire, continuait plus féroce que jamais. Les indigènes s'étaient de plus en plus montrés implacables. Toutes les propositions de conciliation qui leur étaient venues de la part de Champmargou ou de Lacase, les avaient trouvés absolument fermés. L'héroïque et dévoué Lacase avait même succombé dans une embuscade à lui tendue par les indigènes, tandis qu'il parcourait le pays à la recherche de ses anciens amis pour les voir, leur parler, les ramener à l'alliance des Français. Ç'avait été là une perte irréparable à un pareil moment.

On comprend quels durent être, dans ces conjonctures, les soucis de de la Haye. Il lui avait été ordonné par le roi de ne pas rester plus de six semaines à

Madagascar, et il y avait près de sept mois qu'il y était. Et ce n'était pas tout, cette colonie de Fort-Dauphin, en pleine paix, en pleine prospérité à son arrivée, il avait attiré la guerre sur elle, et une guerre terrible, impitoyable, où tout ce qu'on avait fait depuis trente ans menaçait de sombrer.

Que faire ? Telle est la question qu'il dut se poser chaque jour. Écrire au roi dans de pareilles conditions ? impossible ; comment aurait-il pu lui pallier les choses ? D'autre part, il lui était moralement interdit de s'embarquer pour les Indes, en laissant derrière lui l'incendie qu'il avait allumé, et cependant il ne pouvait indéfiniment demeurer ici.

Durant son séjour à Bourbon, de la Haye avait parcouru cette île, dont il avait conservé la meilleure impression. Une idée lui vint, c'était d'y transporter les colons de Fort-Dauphin. Il les réunit et leur en fit la proposition, leur offrant de les prendre eux, leurs biens et leurs domestiques noirs, sur ses vaisseaux et de les débarquer à Bourbon où ils pourraient, disait-il, se livrer en toute sécurité à leurs cultures, sans crainte des sauvages.

Évidemment, si les colons avaient accepté, ç'aurait été l'éponge passée sur les fautes de de la Haye, et il aurait pu ensuite, à propos de Fort-Dauphin, raconter au roi tout ce qu'il aurait voulu. Ses calculs ne laissaient donc rien à désirer. Montdevergue, pour se venger de sa destitution, avait soulevé les naturels, et sans lui, de la Haye, qui avait eu la bonne inspiration de passer tous les membres de la colonie à Bourbon, pas un homme n'aurait survécu.

Mais six mois à peine s'étaient écoulés depuis le moment où les colons entrevoyaient le plus brillant avenir pour leurs établissements. Toutes leurs plantations avaient réussi à souhait. Ils pratiquaient déjà l'élevage sur une assez vaste échelle. Leurs récoltes de riz les dispensaient d'aller comme auparavant en acheter dans le nord de l'île. Répandus dans tout le pays d'Anossy, ils avaient engagé une foule d'indigènes qu'ils faisaient travailler à leurs terres. Après cinq années d'épreuves de toute nature, il leur avait enfin été donné de voir que le rêve, dont ils avaient été bercés en France à l'heure de leur embarquement pour Madagascar, était sur le point d'être complètement réalisé.

Aussi tous, en entendant les offres de de la Haye, se répandirent-ils contre lui en malédictions de toute sorte, accusant son ignorance, sa présomption, sa sottise, le rendant responsable de tout. Et, non seulement ils lui répondirent par un refus formel, mais ils le supplièrent en grâce de s'en aller et de ne jamais revenir à Fort-Dauphin. Les malheureux se refusaient à croire que tout fût à jamais perdu. Ils espéraient que, laissés seuls en présence des indigènes, ils parviendraient à la longue à se reconcilier avec eux et à les apaiser.

Devant cette réponse qui rendait ses fautes encore plus éclatantes, ivre de colère, et dans l'intention probable de faire disparaître des témoins qui pourraient un jour l'accuser, de la Haye se rendit coupable d'un crime dont il ne saurait être trop flétri.

Il fit en premier lieu partir tous les navires qui étaient dans le port, de façon qu'il n'en restât pas un, dont les colons pussent faire usage. Puis, ayant embarqué sur ses vaisseaux la plupart des soldats en garnison avant lui à Fort-Dauphin, il se prépara à lever l'ancre, laissant seulement 40 soldats, sur lesquels Champmargou, qui allait avoir la responsabilité de la colonie, l'obligea de reconnaître lui-même qu'il y avait « plus de la moitié hors d'estat de rendre aucun service ». Et encore ces 40 hommes, il avait poussé la cruauté, jusqu'à ne pas même leur donner les vivres et les munitions dont ils pouvaient avoir besoin [1].

Bien mieux, comme si cela n'eût pas suffi, comme s'il eût craint encore qu'en dépit de tout, l'établissement n'arrivât à se relever, lui, l'homme de la hiérarchie quand même et avant tout, il donna séparément à chaque employé des ordres contraires à ceux des autres, en sorte qu'il en devait fatalement résulter une désorganisation irrémédiable.

Ce fut seulement après avoir pris ces dispositions, et désigné, comme major général en remplacement

---

1. Arch. col. du Ministère de la marine et des col. Fonds MADAGASCAR, *correspondance générale*, carton n° 1. C. 5 ; lettres et rapports de Champmargou, datés du 28 oct. 1671.

de Lacase, le « sieur de la Bretesche », qui avait épousé une de ses filles, que de la Haye quittait Fort-Dauphin, le 26 juin 1671, se rendant à Bourbon.

A Bourbon, qui renfermait déjà un certain nombre d'habitants, de la Haye institua un gouverneur ; c'est le premier qu'ait eu cette île. Ce fut de cette île, qu'il écrivit au roi, lui expliquant que, tout bien vu et considéré, il n'y avait rien à faire à Madagascar, mais que, sous tous les rapports, pour la salubrité comme pour la richesse du sol, Bourbon étant de beaucoup préférable, il y avait pour cette raison installé un gouverneur. Il laissait même entendre, en terminant, que toute la colonie de Fort-Dauphin ne tarderait pas elle-même à s'y transporter.

Une fois cela fait, ainsi que ses instructions le lui ordonnaient, de la Haye avait fait mettre le cap sur Surate.

Ainsi, on dirait que de la Haye, comme un mauvais génie, n'avait abordé à Madagascar que pour y déchaîner tous les fléaux de la guerre, et que pour mettre la colonie française dans l'impossibilité d'échapper à la destruction.

Mais malheureusement sous d'autres rapports, de la Haye ne devait pas être moins funeste aux Indes.

V

Fautes irréparables commises par de la Haye dans la première partie de sa campagne aux Indes. — Il a l'imprudence de prendre Caron pour guide et pour confident.

Ce fut vers la fin de septembre 1671 que de la Haye parut devant Surate. Ainsi ses opérations étaient déjà en retard d'un an environ sur les prévisions de ses instructions.

Surate alors était le seul endroit des Indes où la Compagnie française eût à proprement parler un centre de commerce; c'était là au reste le siège de la Compagnie. Dans toutes autres localités où elle faisait des affaires, elle ne possédait que de simples comptoirs, avec des marchands ou des sous-marchands.

Nos directeurs aux Indes, au moment de l'arrivée de de la Haye, étaient au nombre de trois, Caron,

Blot et Baron. De Faye dont il a été plusieurs fois question dans ces pages et qui avait quitté Fort-Dauphin pour Surate à la fin de 1668, était mort dans cette ville quelques mois après, d'une façon tellement inattendue, que personne ne s'était fait scrupule d'accuser Caron de l'avoir empoisonné. De Faye avait effectivement si bien réussi, dès les premiers temps, à se mettre au courant de ce commerce spécial des Indes, et il y obtenait tant de succès, que l'ancien directeur de la Compagnie hollandaise n'avait pu dissimuler tout l'ombrage qu'il en prenait.

Lorsqu'avait mouillé l'escadre, Caron était à la côte de Coromandel, faisant une tournée d'inspection dans nos comptoirs. Or de la Haye avait été si bien précédé de sa réputation d'homme difficile à vivre, maladroit et violent, que Blot et Baron lui firent un accueil plein de réserve. Un jour même où il les pressait trop et voulait faire l'important, pour le refroidir ils allèrent jusqu'à lui donner clairement à entendre qu'à leur avis, ils ne voyaient nullement en quoi lui ou ses vaisseaux pouvaient être utiles au développement de la Compagnie; ils lui avaient même dit qu'à leur idée, ce qu'il avait de mieux à faire était de s'en retourner en Europe.

D'après ses instructions, de la Haye devait prêter la main aux directeurs pour la fondation de deux établissements l'un à Ceylan, l'autre à Banca. A Banca, parce qu'en raison de sa situation, cette île permettait de centraliser le commerce des épices, lesquelles dans l'archipel de la Sonde passaient pour être d'une qualité de beaucoup supérieure. Il montra à Baron et à Blot les paragraphes de ses instructions relatifs à cette question. Mais ces derniers déclarèrent qu'en l'absence de Caron ils ne statueraient sur rien. De la Haye dut de la sorte se morfondre un mois et demi dans le port de Surate. Car le retour de Caron n'eut lieu que le 11 novembre.

Dès que Caron fut revenu, de la Haye mit expressément les directeurs en demeure d'avoir à se prononcer au sujet des établissements à faire à Ceylan et à Banca. Plusieurs objections furent soulevées dans le Conseil. Mais finalement l'opinion de Caron qui était pour, finit par prévaloir. « Les directeurs, écrivait alors au roi de la Haye qui n'avait pas du reste beaucoup à se féliciter d'eux, au lieu de s'unir et de concourir au bien de la Compagnie se faisoient des artifices pour se faire tomber en faute, afin d'avoir lieu de blâmer. » On décida en conséquence qu'on commencerait par l'île de Ceylan, et que l'établissement y serait créé sur la côte orientale, à Trinquemalé, aujourd'hui *Trinkonomali*, excellente baie, très facile à défendre. Et, comme Caron connaissait la localité, et que d'autre part, au temps où il avait été au service de la Compagnie hollandaise, il avait eu des rapports personnels avec le roi de Ceylan, avec lequel il allait être nécessaire de se lier par un traité, Blot et Baron décidèrent en outre qu'il accompagnerait de la Haye. L'escadre, ayant donc embarqué pour six mois de vivres, partit incontinent de Surate le 6 janvier 1672. Caron était avec de la Haye sur le vaisseau amiral.

Le peu de cas que les directeurs Blot et Baron avaient semblé faire de lui et de son titre de vice-roi dont il s'était affublé en arrivant aux Indes, les sept mois qu'il avait perdus dans les parages de Madagascar, puis les tristes événements de Fort-Dauphin, tout cela avait fait rentrer de la Haye en lui-même et n'avait pas laissé de l'inquiéter sur ce que Louis XIV penserait de sa conduite. Ses instructions s'exprimaient au sujet de Caron dans les termes les plus élogieux. Le roi y était intarissable sur ses capacités, vantant son intelligence, sa prudence, et recommandant par-dessus tout à de la Haye de s'efforcer de lui témoigner une haute considération. De la Haye en conclut que l'approbation et les suffrages d'un homme aussi bien en cour auraient certainement pour effet de contre-balancer les difficultés qui lui pourraient être suscitées à propos de Madagascar. Dans cette pensée, il entreprit de gagner complètement Caron à sa cause, et comme le mieux était de paraître lui accorder toute sa confiance, il lui communiqua ses instructions, non seulement dans la portion qui pouvait le concerner, mais dans toute leur teneur.

C'était là un manquement insigne, dont de la Haye comprit plus tard toute la portée, lorsqu'il lui fut donné de s'apercevoir que Caron était à la solde de la Hollande et de la Compagnie hollandaise, pour trahir les intérêts français dans les Indes.

Caron possédait trop de flair pour n'avoir pas tout de suite deviné entre les lignes de ces instructions que dans l'esprit de Louis XIV quelque chose se tramait contre la Hollande, dont de la Haye n'avait pas encore tout le mot. Comme bien on pense, il répondit avec empressement aux avances de ce dernier, et travailla à acquérir le plus grand empire sur lui. La chose était facile avec un homme tout d'une pièce et d'une intelligence aussi bornée que de la Haye.

Et, en effet, après quelques jours de navigation, avec ses façons cauteleuses, simples, insinuantes, Caron avait tellement bien réussi à capter sa confiance, qu'il était désormais sûr d'être renseigné sur tous les ordres que l'escadre pourrait recevoir ultérieurement de France, et qu'il avait même assez d'influence pour neutraliser de la Haye, chaque fois qu'il voudrait entreprendre quelque chose de sérieux contre les Hollandais.

L'arrivée de l'escadre de de la Haye aux Indes n'avait pas beaucoup inquiété les directeurs de Compagnie hollandaise, néanmoins dans la crainte qu'il ne s'ensuivît quelque prestige pour nous auprès des peuples, ils avaient eu un soin, celui d'ordonner à leurs agents de répandre partout le bruit que notre escadre était une escadre de pirates à la recherche d'occasions de piller et de faire des esclaves, et qu'il fallait rester sur ses gardes. On suppose en conséquence de quel œil notre pavillon était regardé sur les parties du littoral que de la Haye serrait d'un peu près, ou dans les villes où il jugeait à propos de s'arrêter. L'hostilité comme la défiance étaient générales. En dehors de cette précaution, l'amiral de la Compagnie hollandaise, Rickloff, avait été chargé d'exercer sur les faits et gestes de notre flotte une surveillance des plus actives.

Depuis une huitaine de jours, l'escadre avait quitté Calicut, voguant vers Ceylan, lorsqu'elle fit tout à coup la rencontre de douze navires de guerre, commandés par Rickloff. Si l'on n'a pas oublié les instructions de de la Haye, on doit se souvenir qu'il devait non seulement s'emparer de vive force, s'il en était besoin, des lieux où les directeurs auraient décidé que la France planterait son drapeau, mais qu'il lui était en outre tout particulièrement ordonné d'exiger le salut des Hollandais, forts ou faibles, dans tous les lieux de la mer des Indes où il les rencontrerait.

Étant donné la puissance de la Hollande aux Indes et l'autorité considérable dont elle y jouissait, cette question du salut était d'une importance capitale. Être salué des Hollandais aurait été la preuve pour les indigènes de ces contrées, que la France était un pays sinon supérieur en puissance à la Hollande, du moins son égal. Caron avait pesé les conséquences que ce salut aurait pour la France et la diminution de prestige qui en résulterait fatalement pour les Hollandais, lesquels, par politique, étaient presque obligés d'afficher aux Indes un mépris des plus profonds pour les autres nations d'Europe. Connaissant d'autre part la force de l'escadre française et les dispositions belliqueuses de ses équipages, il était clair à ses yeux que, si Rickloff refusait de saluer, c'en était fait de lui.

Eh! bien, en cette circonstance, sans parler des renseignements confidentiels qu'il avait déjà très certainement fait passer aux Hollandais, Caron commença son œuvre de traître.

De la Haye voulait exiger le salut, et, dans la prévision où on ne lui accorderait pas satisfaction, il avait même déjà commandé les préparatifs du combat, quand Caron, se précipitant vers lui, l'accabla d'objurgations, l'assurant qu'avec sa bataille, il allait compromettre à jamais les intérêts de la Compagnie française aux Indes, et que le roi ne le lui pardonnerait jamais. De la Haye fut tellement ébranlé, intimidé, qu'il contremanda ses ordres, et se détourna de sa route pour éviter Rickloff et n'avoir pas de salut à demander.

Faute impardonnable, et dont la Compagnie hollandaise, qui avait à son service le fils aîné de Caron, dut savoir le plus grand gré à ce dernier !

Si de la Haye avait obéi à ses instructions sans

s'arrêter aux observations de Caron, nul doute que l'amiral Rickloff eût refusé de saluer, et ç'aurait été sa flotte anéantie, et tous les peuples des Indes despotisés par les Hollandais, passant immédiatement de notre côté, se seraient donnés à nous. Quel pendant merveilleux là-bas aux prouesses que, quelques mois plus tard, Louis XIV devait accomplir lui-même sur le Rhin !

En parlant de cette affaire au roi, de la Haye, pour se disculper, se retrancha dans ses lettres sur Caron, sur son insistance, et sur les raisons dont il se servit. Excuses inacceptables ! Les instructions de de la Haye lui enjoignaient d'obéir en tout à l'avis des directeurs et non d'un directeur ; et, si Louis XIV avait mis « des directeurs », c'est qu'il y en avait trois, dont deux français, et que, dès lors, tant au point de vue des intérêts français que sous le rapport de la réflexion, cet avis lui offrait de sérieuses garanties.

Mais ce ne devait pas être la seule faute de de la Haye.

Quand, le 22 mars, l'escadre arriva en vue de Trinquemalé, elle fut extrêmement surprise de voir que la baie était occupée depuis peu par les Hollandais, et qu'ils y avaient déjà fait élever un certain nombre de fortifications. Il était manifeste que le but que l'escadre se proposait avait été trahi, et que la Compagnie hollandaise avait réussi à nous prévenir dans nos desseins. Caron, qui ne pouvait faire autrement que de se rendre à l'évidence, s'empressa d'en accuser les religieux de Surate.

Quoi qu'il en soit, sur ce point encore les instructions étaient formelles. Elles spécifiaient que de la Haye userait de la force, s'il le fallait, pour s'emparer des lieux de Ceylan ou de Banca qui seraient désignés par les directeurs comme devant être occupés, peu importe d'où vînt la résistance, des Hollandais ou des Anglais.

Ce qu'il avait à faire ne pouvait donc être plus clairement tracé. Caron intervint encore. Il pria, supplia de la Haye, de ne pas bouger, se faisant fort d'écrire au roi pour faire complètement approuver sa conduite. Il lui demanda au reste, avant d'agir contre les Hollandais, d'attendre le résultat de négociations qu'il venait de faire engager avec le roi de Ceylan.

Si, en arrivant, de la Haye eût attaqué les Hollandais, il est certain qu'il les aurait délogés sans peine de toutes leurs positions. Mais il eut encore le tort d'écouter Caron, et se contenta, en attendant le résultat des négociations susdites, de prendre possession de deux îlots situés au milieu de la baie et de les faire fortifier.

Mais l'ambassade qui s'était rendue auprès du roi de Ceylan tardait de plus en plus. D'autre part, les provisions s'épuisaient. Impossible d'en tirer de la côte de l'île à cause de la présence des Hollandais. On se rappelle qu'en partant de Surate, il n'en avait été embarqué que pour six mois ; or, comme on approchait de mai, de la Haye jugea prudent d'envoyer deux de ses navires pour s'en procurer à la côte de Coromandel.

Mais voilà que tout à coup, le 15 mai, apparaît à l'entrée de la baie toute la flotte de l'amiral Rickloff. Rickloff resta plusieurs jours dans cette position, puis, s'étant emparé des deux navires de de la Haye qui revenaient chargés de provisions, il alla s'embosser dans la partie est du port, dans un endroit que protégeaient les batteries hollandaises établies sur la terre ferme et où il pouvait défier toute agression de notre part. Attaquer les Hollandais retranchés à terre, impossible maintenant avec la flotte de Rickloff sur notre flanc, qui nous empêchait de dégarnir nos vaisseaux de troupes. Attaquer la flotte hollandaise, impossible également, nous aurions été coulés par le feu plongeant des batteries à l'abri desquelles elle restait. Amener Rickloff à sortir de sa position pour engager la bataille, on l'essaya bien, mais il n'y fallait pas songer. Non seulement il était trop avisé pour cela ; mais sachant que nous étions sur le point de manquer de vivres, il aimait mieux attendre que la faim nous obligeât à quitter de nous-mêmes Trinquemalé.

L'affaire était complètement manquée. Nous n'avions plus qu'à partir.

De la Haye poussa les fortifications des deux îlots dont nous venons de parler, y laissa une garnison avec des vivres et des munitions, et cingla au plus vite sur la côte de Coromandel vers Trinquebar, 2 juillet. Il manquait alors, pour ainsi dire, de tout. Il comptait revenir une fois ravitaillé, et prendre sa revanche. Mais les événements en devaient disposer autrement.

Dès qu'il eut connaissance du départ de de la Haye, Rickloff vint attaquer les deux îlots et, après un bombardement terrible qui dura six jours, il força nos troupes à capituler, 18 juillet 1672.

Non seulement nous avions sottement perdu notre temps à Trinquemalé, mais nous avions fourni l'occasion à la Compagnie hollandaise de dire de toutes parts qu'elle nous empêchait de faire quoi que ce fût, que nous n'osions pas nous attaquer à ses vaisseaux, et qu'elle nous avait déjà vaincus.

VI

Prise de San-Thomé par de la Haye. — Nouvelle faute commise par lui. — Reddition de San-Thomé après le siège de 26 mois.

Ainsi en raison de l'insuffisance absolue de son chef, cette escadre dont la présence aux Indes aurait pu être pour nous la source des plus grands avantages, ne nous avait valu jusque là que des affronts : et cela uniquement parce que celui qui était à sa tête, ne tenant aucun compte de ses instructions, avait toujours agi contrairement à ce qu'elles lui ordonnaient. Une circonstance heureusement vint ouvrir les yeux de de la Haye sur Caron, sans quoi l'on se demande jusqu'où ce dernier ne l'aurait pas conduit.

Après son départ de Trinquemalé, l'escadre était venue jeter l'ancre à Tranquebar, 9 juillet 1672.

Tranquebar, port fortifié de la côte de Coromandel, appartenait aux Danois. Dès l'arrivée de de la Haye, le supérieur du couvent des capucins de la ville était venu lui remettre un paquet de France, renfermant une lettre de Louis XIV, datée de l'année précédente, juin 1671 ; lettre dont il a déjà été fait mention, et dans laquelle Sa Majesté lui annonçait son intention de déclarer la guerre aux Hollandais [1].

Or, s'étant empressé de faire voir cette lettre à Caron, de la Haye fut stupéfait de la douleur et du chagrin dont Caron fut saisi à cette nouvelle d'une guerre entre la France et la Hollande ; il en conçut tout d'abord une certaine défiance. Mais plusieurs autres faits ne tardèrent pas à lui prouver bientôt que Caron était de cœur et d'âme avec ses anciens compatriotes et qu'à n'en pas douter, il trahissait les intérêts de la France à leur profit.

Lui ayant demandé, par exemple, ses cartes de l'Inde pour étudier les lieux et préparer quelque grosse opération en vue de la guerre, Caron lui répondit qu'il ne les avait pas, les ayant laissées à Surate. Or de la Haye eut la preuve matérielle qu'il n'en était rien et qu'en cela Caron lui mentait. En plusieurs circonstances il s'aperçut, en outre, que Caron était tout à fait au courant des préparatifs de la Compagnie hollandaise des Indes, tant au point de

---

[1]. Cette guerre devait en effet éclater neuf mois après cette lettre.

vue de l'offensive que de la défensive, mais qu'il gardait tout pour lui, ne l'informant de rien de ce qui pouvait être utile à la France, ne lui disant les choses, que lorsqu'il savait que, lui, de la Haye les allait immanquablement apprendre par une autre voie.

C'était plus qu'il n'en fallait à de la Haye pour entrevoir le rôle que Caron avait jusque-là joué auprès de lui. Aussi modifia-t-il brusquement sa conduite à son égard. Mais c'était malheureusement bien tard. Il y mit même si peu de ménagements que Caron se sentant découvert se tint complètement à l'écart, et que, quelques semaines après, en septembre, il s'embarquait pour la France. Mais le navire sur lequel il était monté se brisa à l'entrée du port de Lisbonne, et son cadavre fut trouvé parmi ceux des noyés.

On aurait pu s'imaginer qu'ayant secoué l'influence funeste de Caron, de la Haye chercherait à tout réparer. Mais il ne devait pas hélas! donner à ses opérations une direction plus conforme aux intérêts bien entendus de notre pays.

Au sortir de Trinquemalé, le grand point pour lui était de se ravitailler. N'ayant pu le faire à Tranquebar où on lui suscita des difficultés, il remonta jusqu'à San-Thomé, dans l'espérance que, dans cette ville, il pourrait se procurer tout ce dont il avait besoin.

La ville de San-Thomé, située sur la côte de Coromandel, à 9 kilomètres plus bas que Madras, appartenait alors au roi de Golconde qui l'avait prise sur les Portugais dix ans auparavant. Au temps des Portugais, elle avait été le marché principal de toute la côte de Coromandel. Mais elle servait encore de débouché à tout le commerce du royaume de Golconde et de celui de Vizapour, et rien n'aurait été facile comme de lui rendre son ancienne prospérité.

De la Haye ayant jeté l'ancre devant San-Thomé le 21 juillet, envoya deux de ses officiers pour les achats à opérer. Mais ces officiers furent injuriés par la populace et les autorités, battus et obligés de rembarquer sans avoir rien pu faire. L'insulte était grave, si grave même qu'une réparation était indispensable; autrement, partout dans les Indes tout le monde aurait pu se croire le droit de nous traiter ainsi. Cette idée était au reste d'autant mieux celle de de la Haye, qu'il voyait là une occasion, en mettant la main sur la ville, de donner à la France sur la côte de Coromandel un poste à la fois militaire, maritime et commercial de premier ordre. Le 22 juillet donc, il fait avancer l'escadre dans le port. Le 23, il entame des pourparlers, et, ces pourparlers n'ayant pas abouti, le 25, après une attaque des plus audacieuses, il chasse les ennemis de la ville, sans faire éprouver à celle-ci le moindre dégât.

Jamais acquisition pareille ne s'était faite dans de meilleures conditions.

La première chose dont de la Haye s'occupa le

lendemain de sa victoire, fut de compléter les défenses de San-Thomé, sans attacher la moindre attention aux quelques milliers d'hommes que le roi de Golconde avait envoyés sur l'heure pour reprendre la ville. Cela dura quelques semaines. Mais la nouvelle officielle étant tout à coup arrivée aux Indes que la guerre avait été déclarée par l'Angleterre et la France à la Hollande en avril de l'année précédente, c'était une transformation complète de la situation de nos forces à San-Thomé.

De La Haye, pas plus en hommes qu'en munitions, ne disposait de moyens suffisants pour marcher sur Golconde et obliger son roi à nous laisser la libre possession de San-Thomé. Le plus qu'il pouvait faire, était de maintenir à une distance respectueuse de la ville les troupes du roi dirigées contre nous. Mais que les Hollandais vinssent à s'allier avec le roi de Golconde, et la prévision était toute naturelle puisque la guerre existait maintenant entre eux et nous, alors nous avions à craindre du côté de la terre un siège en règle conduit par des officiers hollandais à la tête des troupes indigènes, et du côté de la mer un blocus effectué par l'amiral Rickloff ou quelqu'un de ses lieutenants. Dès lors, ce n'était pas trop de toutes les forces possédées par de la Haye aux Indes pour résister à San-Thomé.

Qu'au contraire, par un sourire de la fortune, il nous fût donné de traiter avec le roi de Golconde sur les bases de la cession de San-Thomé, alors les conséquences les plus favorables en découlaient. Non seulement à la paix ce traité nous assurait une ville et un port sur la côte de Coromandel, et une ville dont on pouvait faire le centre commercial le plus considérable des Indes, mais pendant la guerre, il nous donnait contre la Hollande un lieu de relâche, où nous pouvions nous ravitailler de tout ce qu'il était possible de tirer de l'intérieur, indépendamment qu'il nous laissait la libre disposition de nos moyens pour causer aux possessions hollandaises tous les dommages possibles.

Il suffisait d'une ombre d'intelligence pour comprendre l'intérêt primordial qu'il y avait pour nous à désarmer le roi de Golconde.

Sur ces entrefaites, un des principaux marchands de la Compagnie française, le sieur Martin, celui à qui l'on dut plus tard la création de Pondichéry, vint, le 16 janvier 1673, à San-Thomé, offrir ses services à de la Haye. Il se faisait fort, en se rendant auprès du roi de Golconde à la cour duquel il avait des intelligences, d'obtenir un arrangement avec lui. De la Haye ne pouvait pas faire autrement que d'accepter, et Martin partit le 14 mars.

Les négociations furent conduites par ce dernier avec une habileté extrême. Il montra au roi que trois peuples d'Europe, les Hollandais, les Anglais et les Portugais, cherchaient depuis des années à mettre la main sur ses États, mais qu'en s'alliant aux Français sous la condition qu'il renoncerait à revendiquer

San-Thomé, il était certain d'avoir avec eux des amis sûrs et dévoués qui, s'il était nécessaire, le défendraient contre les autres. Les ministres du roi qu'il avait gagnés par des promesses ayant renchéri sur ses paroles, le 15 mai, Martin revenait à San-Thomé avec un projet de traité, nous accordant non seulement la propriété de San-Thomé, mais le concours armé du roi en cas de besoin. C'était plus que nous ne pouvions désirer ! Pour que ce traité devînt définitif, il n'y avait plus à régler que la question des cadeaux d'argent au roi et à ses ministres.

Car personne n'ignore que, même encore de nos jours, dans les contrées de l'extrême Asie, l'argent est la grande force et que c'est surtout par l'argent que les choses importantes de la politique arrivent à se trancher. Il n'était pas supposable que des difficultés pussent être élevées de ce chef par de la Haye. Et cependant c'est justement sur ce détail qu'allait se trouver la pierre d'achoppement.

Sur cette question des cadeaux, en effet, de la Haye fut intraitable. Par une aberration incroyable de jugement, il répondit à Martin avec une indignation qui, pour être sincère, n'en était pas moins injustifiable, que de pareils moyens d'action étaient immoraux, « déshonnêtes », bref qu'un Français n'achetait pas la paix de ses ennemis avec de l'argent, mais qu'il l'arrachait par la force, et que si, ensuite, des cadeaux étaient à faire, ils ne pouvaient consister qu'en armes de luxe, rappelant celles avec lesquelles la victoire avait été remportée. C'était tellement insensé que Martin, ne pouvant croire qu'à une plaisanterie, insista. Mais de la Haye, rendu furieux, le congédia honteusement, lui donnant à entendre que cet argent qu'il demandait, il le soupçonnait de vouloir se l'approprier. C'était complet!

Tout glorieux d'avoir démasqué sinon un traître, du moins un concussionnaire, de la Haye chargea un autre ambassadeur d'aller traiter avec le roi de Golconde, mais cet ambassadeur se taisant sur les cadeaux, on le fit attendre tant et tant, que les Hollandais avertis arrivèrent avec force sequins. Eux n'hésitèrent pas à acheter roi et ministres, et ils obtinrent de la sorte un traité par lequel le roi s'engageait à se joindre aux Hollandais pour faire le siège de San-Thomé et en chasser les Français. Quelque temps plus tard, en effet, la ville était complètement investie par terre, pendant que les Hollandais se préparaient à en faire le blocus par mer.

Voilà où nous avait menés l'entêtement imbécile de de la Haye.

N'avions-nous pas raison de dire plus haut qu'il était le dernier homme que Louis XIV aurait dû charger de cette expédition?

Tout autre que lui avec un peu de bon sens et d'esprit politique aurait consolidé la colonie de l'île Dauphine, contraint les Hollandais à nous accorder le salut, fondé l'établissement de Trinquemalé, contracté une alliance avec le roi de Golconde. Et qui sait si la nouvelle de la présence d'une escadre française, commandée par un officier d'énergie, n'aurait pas fait réfléchir les États-Généraux, et si Louis XIV connaissant le succès que ses armes obtenaient aux Indes, n'aurait pas donné à la guerre de 1672 une tout autre tournure ?

Durant le siège qu'il eut à soutenir à San-Thomé, de la Haye donna des preuves d'une bravoure et d'une puissance de résistance, qui n'ont peut-être jamais été dépassées. Mais le mieux n'aurait-il pas été que ce siège eût été évité ? N'aurait-il pas mieux valu que les grandes qualités qu'il montra en cette circonstance eussent été dépensées dans des opérations offensives contre les établissements hollandais ? Quoi qu'il en soit, les nôtres se défendirent jusqu'au bout, et, quand la capitulation eut lieu, le 6 septembre 1674, après un siège de vingt-six mois, la garnison qui le soutenait en était réduite à manger de l'herbe !

Et cependant, bien que nous en fussions réduits à cette extrémité, de la Haye inspirait encore aux Hollandais tant de crainte, qu'ils souscrivirent à toutes ses conditions. Il devait sortir de la place avec armes et bagages, tambours battants, mèches allumées, et on devait lui fournir deux vaisseaux de guerre « en bon estat et huit mois de vivres pour rentrer en France ».

La capitulation n'était d'autre part valable que quinze jours après, et pour le cas seulement où des secours de la France ne seraient pas venus dans l'intervalle.

L'unique engagement que les Hollandais eussent demandé à de la Haye avec la reddition de la place, était qu'en s'en retournant en France, il promît de ne pas attaquer les colonies hollandaises ou les vaisseaux hollandais qu'il trouverait sur son chemin.

La capitulation de San-Thomé, en somme, était la ruine de tous les projets formés par Louis XIV sur l'expédition dont de la Haye avait eu le commandement.

VII

Rentrée de de la Haye en France. — Sa mort. — Anéantissement en 1674 de la colonie de Fort-Dauphin.

Ce fut le 25 septembre 1674 que de la Haye s'embarqua à San-Thomé pour revenir en France, ayant perdu tous ses vaisseaux et ramenant à peine le cinquième des hommes qui avaient été mis sous ses ordres. Tout le reste était mort de maladies ou dans la lutte.

Avec lui avait été perdue la plus grande occasion que nous ayons peut-être jamais eue dans notre histoire, de fonder, d'un seul coup, un grand empire des Indes. Or, lorsqu'on a vu de quoi le succès a dépendu, on est forcé de reconnaître que tous les calculs de Louis XIV, de ce côté, avaient été justes, et tous ses projets, pratiques, mais que les échecs n'étaient venus que de la faute de de la Haye.

Nul doute que de la Haye dut avoir conscience du mal irréparable dont il avait été cause. Pour nous son héroïque défense de San-Thomé en serait la preuve.

Quoi qu'il en soit, parti de San-Thomé pour la France le 25 septembre, de la Haye arriva à Bourbon le 19 novembre. La colonie était dans le même état où il l'avait laissée, en ce sens que le roi n'avait pas touché à l'organisation administrative qu'il y avait instituée trois ans et demi auparavant; sauf que le gouverneur avait été changé, et que le chiffre des colons s'était accru d'un certain nombre de gens amenés de France par des navires, qui dans l'intervalle s'étaient rendus aux Indes.

De la Haye se livra à une inspection détaillée de l'île. Mais, ayant demandé des nouvelles de la colonie de Fort-Dauphin, on ne put rien lui apprendre de précis. On lui parla seulement d'une vague rumeur de désastre, apportée on ne savait par qui et que, au surplus, personne n'avait cherché à vérifier. Voulant se renseigner par lui-même, le 2 décembre, il remit à la voile de Bourbon, et il arrivait le 8 devant Fort-Dauphin. Aucun pavillon ne flottait au fort, lequel cependant paraissait intact. Pas une figure humaine ne se montrait; la solitude la plus absolue. Intrigué, il commanda d'armer sur-le-champ un canot pour aller reconnaître les lieux et prendre des renseignements positifs.

Le fort était totalement désert, pas un être humain. Et deçà, delà gisaient les « 52 pièces de canon sans affûts, marquées aux armes de la France[1] », que, soixante années plus tard, les voyageurs pouvaient encore voir, à demi enterrées dans le sable du fort.

Quelques naturels rencontrés un peu plus loin répondirent avec un certain effarement, qu'il n'y avait plus de Français dans l'île, qu'ils s'étaient tous retirés à Bourbon. Comme on venait de Bourbon, on savait à quoi s'en tenir. Aussi, dans la crainte de quelque embûche, le canot s'empressa-t-il de regagner le bord, et de la Haye, à qui ce rapport inspira probablement de tristes réflexions, donna l'ordre immédiat de poursuivre la route pour la France. Il dut se dire que l'œuvre de destruction à laquelle il avait inconsciemment concouru, était malheureusement aussi générale que complète.

Qu'on nous permette de raconter en quelques lignes ce qui s'était passé à Fort-Dauphin après le départ de de la Haye, en juin 1671. Les versions qu'on a données à ce sujet sont des plus contradictoires. Quant à la nôtre, elle repose sur les documents officiels.

Une fois de la Haye parti, Champmargou et de la Bretesche s'étaient loyalement mis à l'œuvre pour renouer de bons rapports avec les peuplades ; mais leurs efforts n'avaient abouti qu'à empêcher les chefs, jusque-là fidèles, de se prononcer ouvertement

---

1. *Mémoire sur Madagascar de 1731*, par Grossin, publié pour la première fois en 1884 par M. Marcel Gabriel, *Revue de Géographie*, 13ᵐᵉ vol. p. 338.

contre nous. De La Haye avait laissé chez tous les naturels une terreur indicible ; ils étaient persuadés qu'un jour ou l'autre il reviendrait, et qu'ils ne pouvaient avoir de paix et de salut qu'après la mor ou le départ de tous les Français.

Dans cette occurrence, Champmargou et de la Bretesche s'étaient résolus à la création de tout un système de postes, lesquels, défendus par les colons eux-mêmes couvraient les cultures et les herbages où paissaient les troupeaux. Mais ce n'en était pas moins à tout instant des alertes, des coups de main, des incursions, des incendies, de la part des indigènes. On avait néanmoins vécu tant bien que mal dans cette situation pendant l'espace de dix-huit mois. Mais le 6 décembre 1672, Champmargou ayant été tué comme Lacase dans une embuscade, il en était résulté une aggravation dans l'état de choses. Champmargou habitait Fort-Dauphin depuis dix-huit années, et ce long séjour, comme ses procédés conciliants et simples, lui avaient permis de se créer avec de puissants chefs, notamment avec Dian-Manangue, des relations personnelles, grâce auxquelles il les avait constamment maintenus de notre côté. Certes, de la Bretesche qui lui succéda dans le commandement, était loin d'approcher, pour la capacité ou les talents, de Lacase et de Champmargou ; cependant, comme chaque colon y mettait du sien, peut-être, même après la perte de ce dernier, la colonie aurait-elle été sauvée, sans un incident des plus imprévus.

Pendant toute l'année 1673, en dépit de l'hostilité de Dian-Manangue qui n'avait pas voulu accorder à de la Bretesche l'amitié qu'il avait toujours fidèlement gardée à Lacase et à Champmargou, nous étions parvenus à conserver nos positions, et tout avait continué à marcher comme précédemment, lorsqu'en janvier 1674, apparut devant Fort-Dauphin un navire, la *Dunkerquoise*, commandé par le sieur de Beauregard, envoyé de France comme gouverneur de Bourbon. Dès les premiers jours de son arrivée, il avait signifié aux colons que l'intention du roi était qu'ils allassent s'établir à Bourbon, et que, s'ils refusaient on les y tranporterait de force. Il leur déclara qu'en tous cas, défense formelle avait été faite aux navires se rendant aux Indes ou en revenant, de s'arrêter à Fort-Dauphin ou de s'y livrer au moindre échange. C'était une façon indirecte de dire à ces braves gens qu'ils ne pourraient plus désormais troquer leurs produits contre ceux d'Europe. C'était, en conséquence, la misère et des privations sans nombre pour eux.

Et cependant, comme au temps de de la Haye, pas un n'avait consenti à quitter le pays, tant ils s'y trouvaient bien, tant il leur offrait de garanties de prospérité. Mais le langage de Beauregard n'en avait pas moins eu pour résultat de semer le désespoir chez quelques-uns et, dans une certaine mesure, d'énerver la défense, pas assez toutefois pour qu'on pût être entamé par les naturels. Ces derniers auraient donc continué à être tenus en respect, quand, reconnaissant qu'ils ne pourraient jamais venir à bout de la colonie par la force, ils eurent, justement après la visite de *la Dunkerquoise*, l'idée d'un complot.

Nous avons eu occasion de dire que les Français de Fort-Dauphin employaient sur leurs plantations, comme domestiques et travailleurs, une quantité assez considérable d'indigènes. Ces derniers répondirent d'autant mieux aux offres d'alliance que les chefs insurgés vinrent leur faire, qu'ils entendaient journellement leurs maîtres parler de l'abandon total de la colonie par la France, et qu'ils supposaient, en conséquence, qu'il n'y avait pas à craindre l'arrivée de renforts quelconques pour tirer vengeance de ce qu'on tenterait contre les Français. Nos alliés, qui se voyaient livrés à leurs seules forces au cas où les Français partiraient, avaient fait de leur côté des réflexions analogues. Et, l'espoir du pillage aidant, puis Dian-Manangue ayant sur ces entrefaites arboré hautement le drapeau de la révolte, il n'y avait bientôt plus eu un naturel qui restât franchement de notre parti.

Un complot ayant donc été ourdi, le 27 août 1674, pendant la nuit, à un signal donné, les colons français de 75 établissements, avec leurs femmes et leurs enfants, étaient égorgés par leurs domestiques et leurs ouvriers noirs, tandis que, de toutes parts, les tribus assaillaient en même temps le territoire de la colonie, mettant tout à feu et à sang.

On devine ce qu'il arriva des nôtres, pareillement surpris. Tous ceux qui échappèrent au massacre furent refoulés en désordre sur Fort-Dauphin et étroitement bloqués par les naturels. Et l'attaque avait été si soudaine, que pas un n'avait songé à faire entrer des vivres avec lui. Aussi tout le monde courait-il le risque de mourir de faim, quand heureusement un navire, le *Blanc-Pignon*, qui était en vue, ayant remarqué les signaux qu'on lui fit, jeta l'ancre à Fort-Dauphin et, le 9 septembre 1674, à onze heures du soir, de la Bretesche s'y embarquait avec les 63 Français qui lui restaient. Le *Blanc-Pignon* les déposa à Mozambique, d'où ils se répandirent un peu partout, les uns se faisant conduire aux Indes, les autres à Bourbon, d'autres prenant du service chez les Portugais ou s'en revenant en France. Un certain nombre de Français, dont les communications avaient été coupées avec Fort-Dauphin lors de l'attaque des indigènes, s'étaient échappés de leur côté, en traversant l'île jusqu'à la baie Saint-Augustin, d'où grâce à des navires de passage ils avaient pu se faire transporter, qui dans une direction, qui dans une autre.

Ainsi, puisqu'il ne s'agit que d'un écart de trois jours, presqu'à la même heure où de la Haye capitulait à Saint-Thomé, périssait le centre de colonisation que nous possédions à Fort-Dauphin.

A quelque point de vue que l'on se place, les fautes de de la Haye avaient été si grosses, si visibles, si inexcusables, que tout le monde, et lui tout le premier, s'attendait à sa disgrâce. Et cependant il n'en fut rien. Lorsque, débarqué en mai 1675, il s'était rendu à Saint-Germain pour une audience de Louis XIV, il en avait reçu le meilleur accueil, et avait été envoyé tout de suite à l'armée, en Alsace et plus tard en Lorraine, sous les ordres du maréchal de Rochefort. C'est même dans cette dernière province qu'il fut tué à l'attaque d'un convoi qu'on l'avait chargé d'enlever.

Lorsqu'on connaît la sévérité ordinaire de Louis XIV pour tous les hommes dont la conduite était à reprendre, on cherche d'où put bien provenir son indulgence pour de la Haye. Peut-être tint-elle à ce qu'à la rentrée de de la Haye, il n'avait pas encore eu le temps d'être exactement renseigné sur ce qui s'était passé à Madagascar et aux Indes. Quant à nous, nous lui attribuerions plutôt une autre cause. Dans cette affaire de la Compagnie des Indes de 1664, Louis XIV s'était personnellement donné tant de mal, tant ingénié, et avait, en somme, abouti lui-même à si peu de chose que, par une superstition commune aux grands hommes d'État, il avait certainement cru, pour cette entreprise, à l'existence d'une malchance contre laquelle aucune puissance humaine ou les actes les mieux conçus auraient été incapables de lutter.

En excusant de la Haye, ç'avait donc, par le fait, été pour lui, une occasion de s'excuser lui-même.

Une particularité à noter, car elle atteste combien la question de Madagascar tenait au cœur du roi, c'est qu'à partir du jour où la Compagnie lui eut rétrocédé l'île, on ne vit plus Louis XIV intervenir aussi passionnément qu'autrefois dans la direction de la Compagnie, et qu'on chercherait vainement sa présence dans les assemblées d'actionnaires qui eurent lieu ensuite.

Et son ancienne idée le poursuivit si bien, qu'à dix ans de là, après la paix de Nimègue, quand la Compagnie de 1664, qui ne faisait que se traîner, fut forcée, en 1685, de se dissoudre pour céder sa place à une autre, Louis XIV fit tous ses efforts, lors de la concession donnée à cette dernière, pour lui faire accepter l'île Dauphine. Oh! il demandait peu de chose en échange; il se contentait d'une simple « redevance, à chacune mutation de Roy, d'un sceptre et d'une couronne d'or du poids de cent marcs ». C'était insignifiant. Mais les actionnaires de la nouvelle Compagnie, qui se composaient, pour la plupart, de ceux de l'ancienne, refusèrent le présent. Ils connaissaient les anciens projets du roi sur Madagascar, et ils auraient craint en acceptant que leur société ne fût quelque beau jour impliquée, malgré elle, dans quelque entreprise de colonisation.

A la suite de ce refus de la nouvelle Compagnie des Indes, par arrêt du Conseil du 4 juin 1686, l'île Dauphine fut rattachée au domaine de la Couronne. Et jusqu'en 1768, où Modave se proposa de reprendre la colonisation de Fort-Dauphin, on n'entendit plus parler de Madagascar que comme d'un lieu de traite, où les gens de l'Ile de France et de Bourbon, moyennant finances, obtenaient le privilège d'aller commercer.

CONCLUSION

Maintenant que notre étude est terminée, avant de la clore, il nous semble indispensable de résumer en quelques traits les conclusions qui, pour tout lecteur impartial, ont dû se dégager d'elles-mêmes des développements dans lesquels nous sommes entrés.

D'abord, après les documents et les faits que nous avons cités, il est de la dernière évidence que l'on ne saurait plus s'en tenir sur Louis XIV à l'opinion généralement acceptée aujourd'hui, et contre laquelle nous nous sommes élevé dans notre préface.

Pour que, en effet, pendant sept années consécutives — depuis la formation de la Compagnie de 1664 jusqu'au départ de l'escadre de la Haye, le roi se soit occupé de la façon que nous savons de l'affaire de cette Compagnie, force est d'admettre qu'il a nécessairement possédé une puissance d'application, une continuité d'idées et une capacité de travail peu communes, et que la critique aurait désormais grand tort de lui refuser.

D'autre part, avec des preuves aussi positives d'une pareille activité du roi, durant une période relativement aussi longue, et pour une affaire dont les historiens ont à peine fait mention, une conclusion s'impose, c'est que s'il en a été ainsi pour une Compagnie des Indes, *a fortiori* en a-t-il été de même pour les autres affaires de son règne, relevant plus spécialement de la diplomatie, de la guerre ou de la marine.

Nul doute donc, comme nous l'avons déjà dit, qu'on ne doive accorder à Louis XIV, une large part dans tout ce dont il est convenu aujourd'hui d'attribuer exclusivement la paternité à Louvois, Colbert, Lyonne, ou à ses autres ministres.

Maintenant, quant à cet insuccès de la colonisation l'île Dauphine par la Compagnie des Indes de 1664, dont les historiens ont généralement fait remonter la cause à la nature du sol et au climat du pays, on a dû voir, par les détails que nous avons mis au jour, qu'on aurait tort de s'appuyer sur le dire de ces historiens pour conclure à l'impossibilité de coloniser la grande île africaine, et qu'il faut revenir à une opinion plus conforme à la vérité. Non seulement les résultats obtenus alors démontrent en effet que cette colonisation est des plus possibles, mais on a pu se rendre compte, en outre, que, sans l'intrusion néfaste de de la Haye, elle aurait par la suite fait les plus grands progrès, et que Madagascar aurait peut-être, encore plus rapidement que nos autres colonies, été colonisée et peuplée de Français.

Enfin, bien qu'au début de ce travail, nous n'eussions pas en vue de toucher au difficile problème des causes de la guerre de Hollande de 1672, nous espérons que les idées que nous avons été conduit à émettre sur ce point, seront suffisantes pour guider les recherches que d'autres voudraient entreprendre à cet égard. Plus on fouillera les archives, en effet, plus on étudiera attentivement les documents, et plus on devra reconnaître que Louis XIV, dans cette guerre, ne visait que le commerce des Indes, et que, dans ses desseins, cette guerre avait uniquement pour objet d'ébranler et de secouer la Hollande en Europe, afin que la Compagnie de 1664 et l'escadre de de la Haye pussent recueillir aux Indes l'influence ou les colonies que les Hollandais y possédaient.

FIN

ANNEXE

Pétition adressée à Louis XIV en 1663 pour la création, par l'initiative privée, d'une Compagnie des Indes orientales.

Malgré les proportions qu'elle présente, nous n'hésitons point à donner place ici à la pièce inédite suivante; car il n'y en a point, selon nous, qui puisse être plus intéressante pour l'histoire du commerce de la France aux Indes [1]. Elle doit avoir été le résumé, fait à destination du roi, d'une demande beaucoup plus étendue, à lui adressée par « plusieurs notables marchands de Tours, Nantes, la Rochelle et autres lieux », dans le but d'obtenir le monopole du commerce aux Indes et le concours

---

1. Archives colon. du Ministère de la marine et des colonies. Fonds COMPAGNIE DES INDES ORIENTALES, *administration en France* (1649-1669), registre C_2.

encore plus moral que matériel, de Louis XIV pour la Compagnie qu'il s'agissait de créer.

L'exposé méthodique de la question, les raisons produites par les « proposans » pour mettre en relief les avantages que la France pouvait retirer du commerce des Indes, l'énumération des preuves jusquelà fournies par la nation française de son goût et de de ses aptitudes pour les voyages au long cours et le commerce d'outre-mer, puis l'insistance des signataires à vouloir expressément que l'entreprise ne relevât que d'eux-mêmes, sans ingérence quelconque de la part du roi ou de ses « officiers », tout cela, comme sa lecture va le montrer, donne à ce document une valeur historique de premier ordre.

Si Louis XIV s'en fût tenu à ce projet, se contentant ainsi, comme la chose avait eu lieu en Hollande et en Angleterre, d'accorder son appui à la Compagnie, il n'est pas douteux qu'en une dizaine d'années celle-ci aurait atteint un certain développement, et que nous aurions été en passe d'avoir en peu de temps un commerce avec les Indes, constitué sur des bases sérieuses et rationnelles. Mais Louis XIV eut malheureusement de trop grandes visées. S'étant proposé de supprimer le temps, qui est le facteur principal dans des œuvres de cette nature, il voulut réaliser en une seule fois et en quelques années, ce qui avait demandé à l'initiative des citoyens hollandais ou anglais des efforts de plus d'un demisiècle. De là son échec. « Échec » même, n'est pas assez fort, attendu que sa tentative malheureuse eut pour effet d'engager l'avenir, et que les pertes dont elle fut suivie détournèrent à jamais les capitaux et nombre d'intelligences de la création d'une Compagnie des Indes, sur le modèle de celles de Hollande ou d'Angleterre.

On sait la jalousie dont Louis XIV fut constamment tourmenté à l'égard de Fouquet, et avec quel soin il l'imita chaque fois que, par un moyen ou par un autre, il ne pouvait parvenir à le dépasser. Or, comme dans la demande des marchands de Tours, Nantes, la Rochelle et autres lieux, il était question d'un « mesme dessein que celui qui avoit esté accepté par M. Fouquet quelque temps avant sa détention au subjet de Belleisle, qui estoit de former une Compagnie soubz l'auctorité du Roi et uniquement la conduitte et bonne foy desdits marchands », il n'est point téméraire de supposer que l'idée de faire à la fois plus grand et plus rapidement que Fouquet, a probablement contribué en quelque chose à la conception que Louis XIV se fit de la Compagnie de 1664, et aux combinaisons de politique européenne dans lesquelles il se lança, afin de permettre à cette Compagnie d'acquérir à bref délai la plus grande extension.

Nous nous contentons d'indiquer cette opinion.

En transcrivant cette pièce, nous nous sommes fait un devoir de lui conserver son orthographe, ainsi que toutes ses tournures de phrases, même celles qui pourraient être regardées de nos jours comme incorrectes ou ayant trop vieilli.

La voici donc dans toute son originalité :

En 1663, plusieurs notables marchands de Tours, Nantes, la Rochelle et autres lieux qui ont accoutumé et de tout temps ont fait le grand commerce à la mer dans touttes les costes du monde, particulièrement dans celle de Guinée, où récemment ils ont envoyé des navires de 600 tonneaux montez par 200 hommes et 40 pièces de canon pour la traitte des neigres qu'ils ont amenez vendre au nombre de quatre ou cinq cens chaque fois dans les îles d'Amérique, et françois proposent un mesme dessein que celuy qui avoit esté accepté par M. Fouquet quelque temps avant sa détention au subjet de Belleisle, qui estoit de former une compagnie soubz l'auctorité du roy et uniquement la conduitte et bonne foy desdits marchands qui autrement n'auroient pas voulu s'y engager à cause des grands frais et inconvénients qui arrivent quand les officiers s'y meslent, dont le magazin tant pour l'embarquement que desbarquement ou retour seroit à Belleisle, où l'on auroit équippé trois navires, sçavoir un de trois à quatre cens tonneaux monté par 100 hommes et 30 pièces de canon, l'autre de deux à trois cens tonneaux par 75 hommes et 20 pièces de canon, l'autre de 130 tonneaux et 50 hommes et 12 pièces de canon.

Lesquels doibvent partir au mois de mars ou avril pour Sumatra ou Java-Mayor qui sont deux royaumes séparez dans l'Inde orientale soubz la ligne équinoxiale, où librement et indifféramment on traitte et négocie avec toutes les nations du monde, et qui demandent des François.

Le fonds de la compagnie debvoit estre de cent mille escus

ou pièces de 8, non compris l'armement et achapt desdits trois navires qui auroyent estés négociés audit lieu et ménagez par un desdits marchands qui offre de faire le voyage et dont la suffisance et solvabilité de ce qui luy peut estre confié est reconnu, aagé de 35 ans, de la ville de Tours et qui parle fort bien, outre sa langue naturelle, la flamande et hollandoise pour avoir longtemps demeuré avec lesdites nations et fait plusieurs voyages avec eux, où il a estudié leurs maximes les plus voilées pour le soustien de leur commerce, dont il rendra raison quand il plaira à Sa Majesté de l'entendre de vive voix bien mieux que par escript où il est obligé d'estre succinct. Et comme cette entreprise ne se peut faire sans estre soustenue par une puissance majeure, à cause des Hollandois qui la traverseront autant qu'ils le pourront et comme ils ont desjà fait comme il est dist cy après,

Lesdits marchands qui la proposent supplyent très humblement Sa Majesté d'y vouloir entrer d'une portion telle qu'il lui plaira, pour laquelle on lui donnera seureté, affin que par ce moyen lesdits estrangers n'ozent traverser ladite Compagnie par le bruslement ou prinses de ses navires, comme ils ont déjà fait; auquel cas luy accorder dès à présent représailles sur les leurs, et privilège que personne dans la suitte n'ozera s'ingérer de faire mesme commerce, n'estant pas juste que les estrangers, ni mesme les autres François, jouissent de l'advantage que l'on prétent qui se peut rencontrer dans la suitte de ces voyages des Indes, après que les proposans y auront estably la seureté aux risques de leurs personnes, leurs coust et despens.

Le principal négoce qui s'y peut faire est la soye et les espiceries; personne ne doubte que ce ne soit un advantage très considérable pour toutte la France, si l'on pouvoit se passer des Hollandois pour aller quérir lesdites espiceries, desquelles il faut en France, suivant le calcul des bureaux où elles passent par chacun an et sur le prix qu'ils nous les font valoir, pour 3,193,130 livres et en soierie qui viennent du Levant dont nous nous pourrions fort bien passer en France, et notamment à Tours où la fabrique est la plus considérable, pour plus de 2,000,000 livres. Ce qui fait une somme assez considérable pour donner à panser que le proffit pour les Hollandois ne peut estre médiocre, notamment sur lesdites espiceries qui ne leur peuvent revenir, suivant la connoissance qu'en ont prinse lesdits proposans par les navires qu'ils ont envoyez ausdites costes et par les grandes correspondances qu'ils ont en Hollande et partout ailleurs, mesme par celle que leur donne celuy qui offre de faire ledit voyage, qu'à un sixième tous frais payés de ce qu'ils nous les font valoir. Et comme touttes les autres nations qui ont estably touttes leurs fameuses compagnies qu'ils ont maintennent parce qu'elles leur apportent beaucoup d'or et d'argent, n'ont pas eu de commancements plus considérables,

Il est à espérer que lesdits marchands proposans s'il plaist à Sa Majesté de les y maintenir, que le royaume de France en recepvera un notable avantage principalement à cause que l'establissement s'en peut faire dans un temps de paix si glorieux à toutte la France et qui obligera le peuple reculé des Indes à confesser que nostre monarque est à luy seul comparable en ces entreprises, et que nos François sont pour le moins aussy industrieux que les Hollandois, Espagnols et Portugais à s'establir dans le Nouveau-Monde, et par la suitte de s'y faire admirer. Et affin de prouver par des exemples les advantages qu'ont receu ceux qui se sont poussez dans les Indes,

Nous commancerons par Colomb pour les Castillans, qui descouvrit en 1492 les Indes d'Espagne, et pour dix mil escus seulement qu'il cousta à Ferdinand de Castille pour esquipper trois ou quatre médiocres vaisseaux, il descouvrit une coste et s'en rendit maistre, d'où il vint en Espagne en une seule année 60,000,000 de livres d'or. Et il se voit par les registres de Séville en Espagne que depuis l'an 1519 jusques en 1615 on apporta dans cette seule place, des Indes occidentales, 1,536,000,000 de livres d'or. Ces sommes prodigieuses et presque incroyables à de si petit commancement et gaignées à si peu de frait, dont nos François seroyent plus capables par leur courage et par leur ardeur qu'aucune nation du monde.

A l'exemple dudit Colomb plusieurs entreprirent, tant pour le Roy de Portugal que pour celuy de Castille, de nouveaux commerces. Fernand Cortez s'estant mis en mer avec peu d'hommes et de vaisseaux descouvrit l'Amérique ditte Nouvelle-Espagne en 1519, puis en 1525 il se fit une société entre trois personnes seulement, sçavoir : François Pizarre, Don Diègue Almagro et un prestre appelé Fernando de Leucques, lesquels ayant esquippé un seul navire de 150 tonneaux avec 114 hommes descouvrirent le Pérou dont ensuitte sont venues de grandes richesses en Europe.

Mais comme ce qui est bien remarquable à ce sujet est que le commancement de ces choses aye esté si petit, il a fallu que les roix se soyent interessez dans les Compagnies et ayent donné des immunitez pour les maintenir. L'on ne parlera point des commancemens des Compagnies d'Angleterre si célèbres à présent, comme de celle de Moscovie qui a commancé par un seul navire soubz la conduitte de Dracq.

Les Hollandois ayant porté leur dessein de faire une

république indépendante de l'Espagne, ils songèrent d'abord pour plus asseuré moyen et plus efficace de sçavoir le chemin des Indes pour participer comme les autres aux richesses qui se tirent de ces païs-là, et pour cet effect donnèrent des immunitez à une Compagnie qui en 1595, le 13 avril fit sortir deux vaisseaux d'Amsterdam de 200 tonneaux chacun avec une patache de 60 tonneaux, qui tous trois retournèrent richement chargez et ont esté le commancement de la célèbre Compagnie des Indes orientales en Amsterdam qui entretient à présent pour cela 45 navires de guerre et plus de vingt-deux mil hommes tant sur mer que sur terre en plusieurs places des Indes, touz prest, en cas de besoin pressant, au service de l'Estat.

Nous ne parlerons point aussy de celle des Provinces-Unies en 1608 pour la négociation depuis le tropic du Cancer jusques au cap de Bonne-Espérance et depuis le destroit de Magellan jusques aux terres neufves, ny de celle establie aussy en Amsterdam en 1621 des Indes occidentales où les Hollandois ont si notement profité et tiennent à présent presque toutte cette coste. Il y a de plusieurs autres Compagnies audit Amsterdam comme pour le Levant et pour le Nord, au moyen desquelles ils trafiquent en Moscovie et vont à Spitsberge au nord, en Suède, Danemarck, Pologne, Russie. Ils ont encores une autre Compagnie d'asseurance qui entretient 60 vaisseaux de guerre, tient la mer asseurée contre les pirates, escorte leurs vaisseaux marchands dans leurs voyages et tousjours prest à fortiffier le païs en cas d'allarmes.

Et ce qui est encores à remarquer est que non seulement ceux de la Compagnie ont liberté de trafiquer dans la pluspart des païs estrangers, mais tous les estrangers peuvent y aller soubz la protection de ces Compagnies, ce qu'ils font fort souvent et fort heureusement. Enfin il faudroit estre trop long si l'on vouloit descrire tout ce qui se passe dans l'économie et bonne conduitte de ces Compagnies. Mais ce qu'il faut le plus remarquer c'est que tout se fait et conduit par le ministère des marchands seulement, sans participation d'officiers et de bonne foi, soubz l'auctorité qui leur est concédée ou par leurs Roix ou leurs Estats qui leur donnent les prérogatives nécessaires.

Que si l'on prétendoit dire que nos François ne sont pas propres à ces entreprises et qu'ils ne les ont jamais faittes, nous répondrons qu'en 1415 Urbain de Bracquemont admiral de France envoya Jean de Bétoncourt avec une flotte qui conquit les sept isles des Canaries depuis si connues et les laissa à un sien parent qui depuis les engagea à don Henry, troisième fils du roy de Portugal. Les Indes occidentales ont esté découvertes par un pescheur françois qui en donna l'instruction à Colomb. Les Bretons et Normands ont trouvé le Brésil avant Américq l'an 1504. Les Bretons et Normands descouvrirent le Grand Bancq vers cap Breton. L'an 1520 trois frères nommez les Parmentiers, natifs de Dieppe, descendirent à Fernambourqt où ils chargèrent de riches marchandises, puis firent encores voyage en Guinée, au cap de Bonne-Espérance et aux Molusques. En 1524 Jean Vézaran, Florentin, envoyé par François Ier, descouvrit la coste d'Américq depuis le cap Breton jusques à la Floride et Virginie et environ ce temps là aussy les capitaines Gérard et Roussel de Dieppe descouvrirent le Marignan avant que aucun Espagnol y eust esté. L'an 1524 Jacques Cartiers avec deux vaisseaux que luy donna Philippe Chabot admiral de France descouvrit tout le Canada. En 1616 et 1617 trois vaisseaux françois partirent de Dieppe, entreprirent le voyage des Indes orientales, arrivèrent à Sumatra et à Java où les proposans ont dessein d'aller pour le premier voyage, où les Hollandois et Anglois qui y traficquent les combatirent cruellement dans la crainte qu'ils ont encores à présent que l'on n'y mette le nez; nonobstant que le roi de Bentam les receut fort bien leur donnant faveur et protection pour leur commerce, les asseurant qu'il honoroit les roix de France et chérissoit la nation françoise. En 1619 se fit encores de Dieppe un autre embarquement de trois gros vaisseaux dont l'admiral, nommé le *Montmorancy*, estoit commandé par un marchand de Rouen, lequel mouilla dans toutes les costes des Indes et puis chargea à Sumatra du poivre qui est le plus gros et meilleur de toute l'Inde, et retourna en France en 1622.

Mais les guerres civiles estant survenues par l'émulation de nostre François premier avec Charles-Quint, rompirent tous ces beaux commancemens des François dont les autres nations ont profité à nostre désavantage. Puis ont suivy les guerres en France sous les règnes de François second, Charles neuf, Henri trois et quatre qui ont esté encore plus grands soubz Louis treize. Ce qui ayant glorieusement fini soubz nostre glorieux monarque il est à espérer plus que jamais que nostre France y peut rencontrer des advantages tout autres que ceux que les Espagnols, Hollandois et autres nations tirent à présent des Indes, puisque l'on y demande les François avec empressement, qui jusques dans le Nouveau Monde se peuvent targuer d'estre eux seuls pour touttes entreprises ce que les autres nations sont ensemble. Jamais l'occasion ne fut plus favorable puisque nous sommes dans une ferme paix qui nous promet abondance dans ce voyage qui se peut commancer à frais assez médiocres et par des marchands assez huppez pour donner seureté de ce qu'ils manieront, et qui sont expérimentez et eslevez au commerce de la mer et ont esté nourris la pluspart chez les estrangers, particulièrement chez les directeurs de la Compagnie des Grandes Indes en Amsterdam, dont ils ont estudié les maximes, qui s'offrent d'aller en personne faire le voyage, qu'il y a plusieurs pilottes et matelots françois qui servent les estrangers dans ces longues routes, qui ne respirent que le dessein d'y bien servir le Roy.

Et aussi quiconque voudra considérer la situation de Belleisle advouera facilement qu'elle a des commodités non pareilles qui la firent choisir pour le théâtre de ce dessein, puisqu'elle est sçituée au milieu du grand Océan sans pourtant estre bien esloignée de la terre ferme, ce qui est un advantage très considérable et presque unique au monde pour les magazins dans les grandes assemblées de mer et qu'elle est comme au milieu de l'Espagne et l'Angleterre pouvant aller de l'un à l'autre à moins de 20 heures de temps, et que de tous les autres royaumes voisins et estrangers l'on ne se puisse dispenser de passer par là et que de par là et de partout l'abord y est commode et que de plus elle est arrozée par la cheute de l'arrivière de Loire dont l'embouchure est la porte la plus commode, la plus proche et la plus grande que les marchands estrangers ayent en France pour y venir faire leur commerce, puisque à l'adveu de tout le monde c'est le plus beau fleuve de la France, le plus large en son lit, le plus long en son cours, estendu en plus de provinces, fortifié de plus grand nombre de rivières et ruisseaux, ur laquelle on peut aller à voile dans le royaume plus de 160 lieues et ce qui ne se trouve en aucun autre a plus de vingt grandes villes de conséquence et de renom sur ses bords, il communique dans presque touttes les provinces de France par le moyen des autres rivières qui viennent se confondre dans ses eaux, comme dans le Poictou, haute et basse Bretagne, le Mayne, l'Anjou, le Vandoumois, Montreuil-Bellay, Tours, Limouzin, Berry et jusques à Paris qui est le lieu de la consommation de touttes sortes de fruit par le moyen du canal de Briare qui va descendre dans la Seyne, Nevers, Auvergne, Bourbonnois, et finalement sa source n'estant esloignée de Lion que de douze lieues, on reçoit et on envoye facilement à peu de frais les marchandises d'Orient par la mer Méditerranée dans toutes les villes et provinces de France, de sorte qu'il paroist évidemment que par l'union et communication de tant de rivières avec celle qui vient perdre son nom dans l'Océan au pied de notre Belleisle, il se peut establir un trez bon, trez notable et trez profitable commerce et avec toutes les villes du Royaume et les plus considérables provinces.

Il ne faut pas oublier à tant de commoditez les quatre principales choses que les estrangers sont précipitez d'emporter de la France, qui sont le bled, le vin, le fil et les toiles. Les vins y viendront comme à Nantes, d'Orléans, Blois, Anjou, Poictou et Bretagne, en abondance, le fil de Bretagne en quantitez où il se fait, les bleds y croissent et s'y apporteront comme les toiles de tous costés de la Bretagne où il s'en fait grand trafficq ; touttes autres sortes de denrées n'y manqueront pas et mesmes des manufactures considérables s'y peuvent establir comme la fabrique de soye, au cas que l'on y en apporte de Sumatra dans le voyage que l'on propose, qui sera facile à y establir en peu de temps et par ce moyen en faire une des plus marchandes et plus considérables places pour le trafficq de toutte la France, pour ce que en elle seule elle contient éminemment, à cause de sa scituation advantageuse, ce que touttes les provinces de France ne peuvent contenir que réunies, et en effet les estrangers qui ont ouy parler que notre roy en vouloit faire, outre une place de conséquence par sa force, une place de commerce considérable ont bien témoigné leur crainte qu'elle leur fut une espine qui les molesteroit dans la suitte du temps.

Touttes ces propositions ne sont pas la juste mesure de ce que l'on peut faire à Belleisle pour l'establissement d'une Compagnie des Indes suivant la proposition cy-dessus, mais l'ouverture à ce que l'on y peut entreprendre sans beaucoup de paine et advances avec grande gloire pour nostre monarque et grands fruits pour ses sujets. Puisse sa majesté désirer entendre et en faire les advances. L'on luy fournira les asseurances nécessaires de marchands de conséquence et de renommée dans les villes de Tours, Nantes et La Rochelle qui proposent le voyage, aux conditions que l'on se fiera à leur bonne foy et que l'on leur laissera diriger les choses comme l'on a accoustumé de faire parmi les négotians en telles entreprises, protestant tous de ne rien inventer ny dissimuler, mais de proposer à découvert et le plus succinctement que peuvent faire les marchands dans leur stille ordinaire de négoce ce qui sera nécessaire dans la suitte, et que ce n'est ny la présumption non plus que l'adversion contre les Hollandois qui les pousse à donner cet advis salutaire, mais le seul désir de glorifier leur roy, de proffiter à leur patrie dans l'équité que Dieu commande à tous, avec supplication que le dessein en demeure secret, à cause que les estrangers qui sont advertis de tout ne manqueroyent pas de faire tous leurs efforts pour empescher ce coup qui assurément ne peut leur estre que bien sensible.

TABLE

Pages.

A M. DE MAHY. . . . .

AVANT-PROPOS

Opinion de la critique historique actuelle sur le rôle de Louis XIV dans les actes de son Gouvernement. — Objection décisive qu'on lui peut opposer. III

PREMIÈRE PARTIE

CE QU'ÉTAIENT LES ANCIENNES COMPAGNIES DES INDES ÉTAT DU COMMERCE DE LA FRANCE AVEC LES INDES ORIENTALES EN 1664

I. Avant de voir ce que fit Louis XIV pour la Compagnie des Indes orientales de 1664, nécessité de deux aperçus préliminaires, l'un sur les anciennes Compagnies des Indes, l'autre sur l'état du commerce de la France en 1664 avec les Indes orientales. 2

II. Quels étaient les principes économiques des gouvernements d'Europe, quand on découvrit l'Amérique et le passage du cap de Bonne-Espérance pour aller aux Indes. — Compagnies des Indes occidentales et des Indes orientales. — Caractères distinctifs de ces diverses Compagnies 5

TABLE

		Pages.
III.	Première raison d'être de la formation des grandes Compagnies des Indes : dangers de tous genres que couraient les navires isolés	10
IV.	Impossibilité où l'on aurait été de constituer sérieusement les anciennes Compagnies, sans leur accorder le monopole du commerce et tous les droits de souveraineté dans les pays de leur concession. — Sans ces anciennes Compagnies les États n'auraient pu jadis faire de la politique coloniale et se tailler des empires coloniaux. . .	16
V.	Preuves de la solidarité étroite existant entre les États métropolitains et leurs grandes Compagnies des Indes.	24
VI.	Dans les premières années du XVIIe siècle, grâce à l'invention du système des grandes Compagnies, tous les peuples du bassin de l'océan Atlantique avaient un commerce organisé avec les Indes. — La France seule faisait exception. — Où et comment s'était constituée en Europe la première Compagnie des Indes	28
VII.	Tentatives infructueuses faites sous Henri IV et Louis XIII pour doter la France d'un commerce avec les contrées exotiques. — En 1664, nous n'avions pas de commerce avec les Indes orientales et, pour les produits qu'on en tirait, nous dépendions de l'étranger. — Conséquences générales de cet état de choses.	35
VIII.	Obligation morale pour Louis XIV d'essayer d'établir chez nous un commerce avec les contrées exotiques et surtout avec les Indes orientales. — Raison particulière qui pouvait l'y encourager. .	46
IX.	Étant donné l'importance économique du commerce des Indes orientales et notre manque absolu de relations commerciales avec ces contrées, exposé de ce qu'aurait fait Louis XIV en pareille circonstance, s'il eût été le roi que les critiques se sont efforcés de nous décrire	48

DEUXIÈME PARTIE

LOUIS XIV, POUR LE COMMERCE DE LA FRANCE
AVEC LES INDES ORIENTALES,
FAIT FONDER UNE COMPAGNIE PAR ACTIONS

I. Probabilités que Louis XIV eut de lui-même l'idée d'organiser un commerce suivi entre la France et les Indes orientales. — Faits attestant, en tous cas, qu'il eut une façon particulière à lui de comprendre ce que devait être la Compagnie qui serait chargée de ce commerce. 53

II. Difficultés présentées, en 1664, par la création en France d'une Compagnie pour le commerce des Indes orientales. 61

III. Plan de conduite général adopté par Louis XIV pour lancer l'affaire de la Compagnie des Indes à créer, et pour trouver des actionnaires. — Il commence par faire faire une brochure. — Analyse de cette brochure. 65

IV. Louis XIV s'occupe de gagner à la Compagnie le patronage du commerce de Paris. — Il fait travailler les principaux commerçants. — Réunions publiques. — Vote des statuts de la Compagnie. — Nomination d'une délégation chargée d'aller à Fontainebleau saisir le roi de l'affaire, et lui demander d'approuver les statuts. 79

V. Accueil bienveillant et empressé fait par le roi à la délégation. — En la recevant, il se conduisit comme s'il se doutait à peine de ce dont il s'agissait. 90

VI. Assemblée publique convoquée par les délégués à leur retour à Paris. — Salle manifestement préparée. — Nomination d'un comité d'initiative de douze syndics, tous marchands de Paris. . . . 95

VII. Le comité d'initiative constitué, Louis XIV travaille au placement des actions de la Compagnie. — Lettre qu'il écrit à cet effet à 119 villes de province. — Pression exercée dans le même but sur les différents ordres de l'État. 101

VIII. Genres divers de réclames employés à Paris pour le placement des actions de la Compagnie. . . . 113

IX. Résultats de la propagande faite en vue de la souscription des actions. — Paris reste seul réfractaire. — Devant le succès obtenu, Louis XIV cherche sur-le-champ à réaliser ses idées sur Madagascar. 118

TROISIÈME PARTIE

LOUIS XIV, CONTRE LE GRÉ DES ACTIONNAIRES,
IMPOSE A LA COMPAGNIE
LA COLONISATION DE MADAGASCAR OU ILE DAUPHINE

I. Exposé des vues de Louis XIV sur Madagascar. — Il veut en poursuivre l'application, sans attendre le versement et la souscription intégrale du capital. 127

II. Louis XIV réussit à faire voter par les syndics l'envoi d'un premier armement à Madagascar. — De Beaussé est à sa tête. — Ligne de conduite tracée par les syndics à ceux qui font partie de cet armement, en ce qui regarde les indigènes. . 133

III. Instructions données aux chefs de cette première expédition pour l'exploration de la côte orientale d'Afrique et de la mer Rouge, et pour une enquête économique approfondie sur Madagascar. . 143

IV. Résultats donnés par le premier armement 153

V. Louis XIV amène sournoisement les syndics à faire de tels achats que, dans la crainte d'une revendication de la part des actionnaires et pour être protégés contre eux, ils deviennent ses âmes damnées et font désormais tout ce qu'il veut. . 157

VI. Louis XIV fait voter aux syndics, qui n'avaient aucunement le droit de rien décider à ce sujet, que Madagascar serait colonisée par la Compagnie des Indes orientales. 164

VII. Localités de Madagascar où Louis XIV fit décider que l'on fonderait des centres de colonisation. — Affiches qu'on apposa à Paris et dans les provinces pour avoir des colons. 173

VIII. Dispositions hostiles des actionnaires. — Appréhensions que leur première assemblée devait causer au roi et aux syndics. 182

IX. Pour être sûr des délibérations de l'assemblée des actionnaires, Louis XIV la convoque au Louvre, la préside, et fait emporter ensuite les urnes dans son cabinet pour dépouiller lui-même le scrutin. 187

X. Immédiatement après l'assemblée, pour calmer le ressentiment des actionnaires et leur accorder quelque satisfaction, Louis XIV et les directeurs prennent plusieurs mesures relatives à l'organisation du commerce des Indes. 195

QUATRIÈME PARTIE

EXPÉDITION DE MONTDEVERGUE
LES ACTIONNAIRES FORCENT LE ROI A LES DÉCHARGER
DE L'OBLIGATION DE COLONISER MADAGASCAR

I. Le mécontentement des actionnaires s'accentue à tel point qu'au moment du second paiement, plus des trois quarts d'entre eux refusent de rien verser. — Le roi payant d'audace n'en fait pas moins vaquer aux derniers préparatifs de la grande expédition. — Elle part le 14 mars 1666. — Détails sur cette expédition. — Instructions données à de Faye et à Caron, directeurs généraux pour le commerce aux Indes............. 205

II. Mauvaises nouvelles qu'on reçoit à Paris au sujet de la *Vierge-de-Bon-Port* et de l'expédition de Montdevergue, laquelle avait été dans la nécessité de relâcher au Brésil. — Mécontentement persistant des actionnaires : pour le 3ᵉ versement, au lieu de toucher 2 millions 709 mille livres, on ne reçoit que 16,000 livres. — Le roi ne cesse de faire bonne figure, mais la panique a gagné les directeurs. — Ces derniers exigent que, jusqu'à nouvel ordre, on ne fasse plus de dépenses pour le compte de la Compagnie............. 215

III. Difficultés inouïes dans lesquelles s'était trouvé Montdevergue en débarquant à Fort-Dauphin. — Qualités supérieures déployées par lui pour en sortir et faire face à tout............ 226

IV. Pendant près de 18 mois, Louis XIV attend vainement des nouvelles de l'île Dauphine. — Dans le courant de l'année 1668, il dispose tout en vue de relever l'affaire de la Compagnie presque entièrement abandonnée de ses actionnaires. — A cet effet, il lui accorde une nouvelle subvention, fixe de nouveaux délais pour les versements auxquels on avait naguère renoncé. — L'affaire était sur le point d'être complètement remise à flots, quand arrivent de Montdevergue des lettres qui renversent tout........................ 241

V. Manœuvres de Louis XIV afin de faire revenir les actionnaires qui avaient envoyé leur désistement ou pour retenir ceux qui voulaient se désister. — Assemblée générale des actionnaires du 15 décembre 1668. — Discours du roi......... 25

		Pages.
VI.	Irritation du roi contre Montdevergue. — Lettre qu'il lui écrit.	269
VII.	Colbert de son côté écrit à Montdevergue. — Sa lettre.	284
VIII.	Arrivée du navire annoncé par Caron. — Conflit entre Caron et Montdevergue. — Contre-coup qui en résulte à Paris. — La Compagnie oblige le roi à reprendre Madagascar, et à la décharger de l'obligation de coloniser le pays..	290

CINQUIÈME PARTIE

LE ROI ENVOIE UNE ESCADRE DANS LES INDES
CAUSES RÉELLES DE LA GUERRE DE LA HOLLANDE DE 1672
CHUTE DE LA COMPAGNIE DES INDES ORIENTALES DE 1664

I.	Expédition de de la Haye. — Son importance. — Instructions qui lui furent données. — Causes véritables de la guerre de Hollande de 1672..	305
II.	Examen et critique des causes attribuées jusqu'ici à la guerre de Hollande de 1672.	314
III.	Caractère de de la Haye. — Son arrivée à Fort-Dauphin.—Sa conduite impolitique provoque une insurrection des naturels.	325
IV.	Montdevergue, de retour en France, est arrêté et meurt en prison. — De la Haye, ne pouvant venir à bout de l'insurrection des indigènes, abandonne la colonie de Fort-Dauphin, sans moyens de défense.	337
V.	Fautes irréparables commises par de la Haye dans la première partie de sa campagne aux Indes.— Il a l'imprudence de prendre Caron pour guide et pour confident.	347

VI. Prise de San-Thomé par de la Haye. — Faute capitale commise par lui. — Reddition de San-Thomé après un siège de 26 mois. 358

VII. Retour de de la Haye en France. — Sa mort. — Anéantissement, en 1674, de la colonie de Fort-Dauphin 368

CONCLUSION. 379

ANNEXE

Pétition adressée à Louis XIV en 1663 pour la création par l'initiative privée d'une Compagnie des Indes orientales 383

107
262
290
354

www.ingramcontent.com/pod-product-compliance
Lightning Source LLC
Chambersburg PA
CBHW050902230426
43666CB00010B/1984